KB271072

김수환 추기경과
나눈 대화

김수환 추기경과
나눈 대화

김수환 추기경과 나눈 대화

초 판 제1쇄 발행　1981. 12. 8.
신 판 제1쇄 인쇄　2010. 2. 10.
신 판 제1쇄 발행　2010. 2. 16.

엮은이　구 중 서
펴낸이　김 경 희

경 영　강 숙 자
편 집　박 수 용 주 세 진
디자인　이 영 규
영 업　문 영 준
관 리　강 신 규
경 리　김 양 헌

펴낸곳　(주)지식산업사
　　　　본사 ● 413-832, 경기도 파주시 교하읍 문발리 520-12
　　　　전화 (031) 955-4226~7 팩스 (031)955-4228
　　　　서울사무소 ● 110-040, 서울시 종로구 통의동 35-18
　　　　전화 (02)734-1978 팩스 (02)720-7200
　　　　한글문패　지식산업사
　　　　영문문패　www.jisik.co.kr
　　　　전자우편　jsp@jisik.co.kr
　　　　등록번호　1-363
　　　　등록날짜　1969. 5. 8.

책값은 뒤표지에 있습니다.

이 책을 읽고 저자에게 문의하고자 하는 이는
지식산업사 전자우편으로 연락바랍니다.

바보 야
김옥환 자화상
2007

사제 서품을 받고 어머니와 함께(1951. 9. 15. 왼쪽 위)
동성상업학교 을조(소신학교) 재학시절(1936, 왼쪽 아래)
마더 데레사 수녀 방한(1981. 5. 3. ~ 5. 6. 오른쪽 위)

〈노사 관계의 평화적 해결을 촉구하는 호소문〉 발표, 강원룡 목사, 김 추기경, 송월주 스님(1996. 6. 19. 왼쪽 위)
다산 현양 문화제 축사(마재, 1993. 10. 18. 왼쪽 아래)
심산 김창숙 묘소 참배(수유리, 2000. 5. 24. 오른쪽 위)
미전향 장기수의 집 '우리 탕제원' 개원(봉천동, 1999. 6. 21. 오른쪽 아래)

우
리
탐
세
우리
지

독도 방문(1996. 4. 23. 위)
김 추기경과 엮은이(아래)

■ 엮은이의 말

시대와 현실의 진정한 대안

— 고 김수환 추기경 1주기에

어느덧 김수환 추기경 서거 1주기를 맞이하고 있다. 1년 전 김 추기경에 대한 조문 행렬을 잊을 수 없다. 명동대성당 빈소를 향한 조문 행렬이 퇴계로로 이어져 남대문 시장까지 늘어서 있었다. 날씨는 추운데 서너 시간 동안 한 발짝씩 걸음을 옮기는 침묵의 행렬, 가두의 상점들은 화장실을 내어주고, 더운 녹차를 끓여 나눠주는 젊은 여성들은 돈을 받지 않았다.

조문 행렬의 침묵은 그 자체로 기도였고 마음의 평화였으며, 김수환 추기경이 그리워 속으로 우는 울음이었다. 그들이 모두 가톨릭이나 개신교의 신자였던 것도 아니고 신앙생활을 하지 않는 시민들도 그 행렬 안에 있었다.

신문들, 특히 진취적 성향의 신문들은 더러 만년의 김수환 추기경이 이른바 민주개혁 정당에 대해 일정한 거리를 두는 것 같다고 섭섭해 하는 기사를 보이기도 했었는데, 막상 김 추기경의 서거 이후로는 역시 깊은 추모의 뜻을 보였다.

신자와 시민과 언론 모두가 고 김수환 추기경에 대해서는 애도하며 그리워하는 마음을 끊임없이 이어오고 있다. 이번 2월에 들어 명동의 평화화랑에서 열린 김 추기경 사진 전시회에도 사람들이 열을 지어 입장하고 있다.

무엇이 많은 사람들로 하여금 고 김수환 추기경을 이처럼 그리워하고 사랑하고 존경하게 하는가. 그의 서거는 한국 국민의 가슴에 구멍이 뻥 뚫리게 한 것 같다. 무언가 허전하고, 의지할 가치의 거점을 잃은 것 같다.

왜 많은 사람들이 끊임없이 그를 그리워하는가. 그는 교회의 최고위 성직자만이 아니었다. 그가 '70년대와 '80년대의 군사독재를 앞장서 물리쳤다고 하지만 정치가는 아니었다. 열변으로 사자후를 토하는 웅변가도 아니었다. 그 자신의 말마따나 그는 미남도 아니고 타산도 못하는 바보였다. 그래서 사람들은 그를 '바보 성직자'라고도 부른다.

가톨릭 교회에는 성서에 따른 교리 말고도 사회교리가 있다. 그러므로 김수환 추기경이 일상에서 말하거나 관계한 일들은 광범하고 다양하다.

당연한 의무인 교회의 사회참여, 누구도 대상에서 제외될 수 없는 대화, 민주주의와 통일, 하나의 진리를 향해 가는 서로 다른 종교들, 가난하고 힘없는 이들과 더불어 살기, 진보는 인격에도 해당되어야 하는 개념, 이렇게 다양한 생각과 일들이 실제로 김 추기경에게 관계되었다. 그는 회피하지 않고 이 모든 일을 끌어안았다. 그리하여 그는 과로하고 고뇌하고 불면증에 걸렸다.

그러나 그는 우울하지 않고 온유하고 자상하고 명랑하였다. 그는 생각의 체계가 단순했으므로 이 많은 일들을 할 수 있었다. 그는 오직 한 가지 인간적이고자 하였다. 물질보다 제도보다 '인간'이 우선이었다. 그에게는 보수도 진보도 없었다. 자기완성을 지향하는 뜻에서 진보가 긍정된다면 '인격' 안에서 진보가 이루어져야 한다고 보았다. 신의도 사랑도 없이 산업이나 이념 안에서만 진보를 외쳐서 되는 일은 없다.

　김수환 추기경은 남다르게 풍부한 인간성을 타고나 생애의 마지막 날까지 변함이 없었다. 그가 세상과 나눈 대화들을 담아 1981년에 처음으로 간행한 책이 《김수환 추기경과 나눈 대화》이다.

　이 책 안에 들어있는 내용은 바로 그의 생애 전부라 할 수 있다. 영원한 초심이다. 그는 순교자의 손자로 태어나 가난한 옹기장수의 아들로 자라났다. 소신학교(동성상업학교 을조) 재학 시절에 자기는 일본 천황의 신민이 아니라고 시험지에 써 놓았다. 강제로 징집된 학병 시절에는 태평양 전쟁의 현장에서 동포들을 구출해 귀국시켰다. 마치 이집트에서 동포들을 구출한 모세의 모습을 연상시킨다.

　'70년대와 '80년대에 한국의 민주화를 위해 십자가를 지고 앞장선 역사적 사실은 국민이 잘 알고 있다. 그러나 김수환 추기경이 들려주는 이야기는 정치에 관한 것이라기보다 언제나 '인간'에 관한 것이었다. "오늘의 사회가 안고 있는 가장 본질적인 문제는 '인간상실' 그것이지요. 인간의 가치를 존재에 두기보다는 소유에 두고 있지요." "외적으로 어려운 때일수록 내적으로는 더 심화되고 마음의 눈이 열려서 인생을 더 깊이 볼 수도 있게 됩니다." 이처럼 평이한 표현으로 들려주는 김 추기경의 이야기가 한국의 민주화를 이끌었고 가난하고 힘없는 많은 사람들에게 위로와 희망을 주었다.

앞으로도 한국에서 민주주의가 다시 정대한 길에 들어서 역사를 이끌고 가려면 역시 인간성에서부터 진보가 이루어져야 한다. 역사의 차질과 후퇴에서 착잡해진 국민이 김수환 추기경을 더욱 그리워하는 것이다.

21세기 한국의 비인간화 현실에서 진정한 대안을 갈구하는 사람들은, 가장 인간적이고 가장 돈독했던 사랑의 화신 김수환 추기경을 잊지 못한다. 영원히 그리워한다. 그러나 이 그리움은 과거에 대한 회고로 끝나서는 안 된다. 언제나 실천을 동반했던 김 추기경의 생애는 장엄한 낙조로 끝나는 것이 아니다. 날마다 다시 뜨는 여명의 빛으로 우리와 함께 있다.

2010년 2월 16일

구 중 서

차 례

일러두기

1. 이 책은 1981년 펴낸 《대화집: 김수환 추기경》을 30년 만에 책 이름을 바꾸어 새로 낸 것이다. 지금의 표기법에 맞춰 글을 손보고 설명이 필요한 대목에 주석을 달았으나, 내용과 체재는 당시의 모습을 될 수 있는 대로 살렸다.

2. 이 책에 수록된 글들은 1969년에서 1981년 사이에 여러 지면(紙面)에 발표되었던 글 또는 대담을 골라 모은 것으로, 각 글의 말미에 당시 수록된 신문 또는 잡지 이름을 밝혀 두었다.

3. 이 책에서 김수환 추기경과 인터뷰 또는 대담을 나누었거나 글을 쓴 이에 대한 약력은 권말에 정리해 두었다.

1

평화를 위한 나의 기도

김수환

'평화의 기도'라든가 '평화의 문제'는 무엇을 말함인가. 그것은 궁극적으로 인간 본연의 기도이고, 인간 본연에 관한 문제가 아니겠는가. 그렇다면 우리가 평화를 간절히 희구할진대 끝까지 사수해야 할 가치는 결국 인간의 존엄성이고 그것의 회생이 아니겠는가.

당신의 백성입니다

얼어붙은 자연에 봄의 입김이 서려옵니다.
그런데 우리의 얼어붙은 마음엔
언제 봄이 옵니까?

공포에 사로잡힌 표정들!
핏기 가신 그 창백한 얼굴들!

이 불안에 떠는 겨레를 위해
주여! 진정 당신의 위안과 평화를
기도하지 않을 수 없습니다.
당신의 빛을 하늘에서 가득히
우리 마음에 내려주소서.

주님, 진실이 무엇인지, 어디 있는지
깨닫게 하여 주소서.
목숨 다하는 그 마지막 순간까지
우리가 지켜야 할 가치는 무엇입니까?
당신의 도움 없이는 이 역사의 오밤중에
길을 잃지 않을 수 없습니다.
영원에로의 길을 우리에게
밝혀주소서.

우리들은 당신의 선민(選民) 이스라엘은 아닙니다.
그러나 역시 당신의 백성입니다.
가난하고 헐벗은 가운데도,
길고 긴 형극(荊棘)의 여정(旅程) 속에서도,
이스라엘에 못지않게 받은
이민족(異民族)의 학정과 그 수모 속에서도,
이 분단의 비운과 전화의 가혹한 시련 속에서도,
당신만은 끝내 두려워할 줄 알던 백성이 아니옵니까?

그런데 주님,
우리의 현실은 너무나 각박합니다.
불안이, 체념이, 허탈이
우리 모두의 마음을 무겁게 짓누르고 있습니다.
아슬아슬한 권력의 절벽.
무섭게 공허한 침묵의 심연.
칠흑 같은 불신의 장막.
이 장막을 벗길 빛은 없습니까?
저 절벽과 심연을 이을
믿음의 다리는 없습니까?

어느 때 불어 닥칠지 모를
돌풍이 세차게 일면
절벽에 매달려 있는 돌들이
일제히 심연으로 내려칠 것만 같습니다.
그 강타(强打)가 지열(地熱)을 건드리면
침묵의 심원(沈源)은 삽시간에 활화산의 분화구로 바뀌어,
맹렬한 불기둥을 솟아올려
그 절벽을 송두리째 삼키지 않을까 두렵기만 합니다.

그러나 주여!
공포에 질린 얼굴은 생각뿐입니다.
누구도 그 위험 앞에서 무력합니다.
'생각하는' 갈대는 약합니다.

입도 귀도 눈도 얼어붙었습니다.
이를 녹일 사랑의 불은 없습니까?
주여! 우리는 사실 당신께 은총을 구할 자격조차 없습니다.
우리의 마음은 눈같이 희다 할 수도,
우리의 얼굴이 천사처럼 맑다 할 수도 없습니다.
오히려 우리 영혼은 그 밑바닥까지 죄에 젖어 있을지도 모릅니다.
우리는 사실, 양심에 어긋나는 일을 너무나 많이 저질렀습니다.
지금도 부정과 불의가 우리 안에 창궐하고 있습니다. 배리(背理)와 역리(逆理)가, 순리와 도리에 앞지르고 있습니다.
우리 손은 깊이 부패되어 있습니다.
우리 발은 깊이 흙탕물에 젖어 있습니다.

그러하오나 주여!
하염없는 참회의 눈물을 머금은 채,
우리의 한결같은 소망은
저 맑고 푸른 하늘 높이
당신 어전(御前)에까지 날고 싶사옵니다.

하오니 주여!
당신의 무한하신 자비로
우리의 모든 죄를 용서하시옵소서.
당신 은총의 자우(慈雨)를 내리사

우리 모두의 잘못을 씻어주소서.

그리하여, 당신 빛으로
우리 마음을 환히 밝혀주시고
당신 평화의 길이 우리 안에
훤히 트이게 하소서.

해방을 향한 갈구

이렇게 나는 '평화를 위한 기도'를 바쳐본다. 우리 모두는 지금 간절한 마음으로 평화를 희구하고 있다. 그런데 우리가 말하는 평화란 무엇을 뜻하는 것일까? 그리고 본능적이든 의식적이든, 희구하는 평화를 얻으면 그것은 과연 영속적일 수 있을까? 또는 그 이전에 오늘의 인간의 사회적 및 실존적 여건에서 평화란 과연 가능한가? 우리는 도대체 어떠한 평화를 소망하고 있는 것일까?

사람마다 제 나름대로의 평화를, 크게는 세계 어느 곳에든 전쟁이 없는 상태, 작게는 각자의 마음에 근심 걱정이 없는 평안한 상태라고도 말할 수 있을 것이다. 혹은 오늘의 경직된 우리 사회처럼 어둡거나 불안스럽지 않은, 저마다 서민생활을 덕 자유스러운 분위기에서 영위할 수 있는 사회환경이 조성되는 것이라고도 볼 수 있을 것이다. 또는 모든 것을 합한 것이라고도 할 수 있을 것이다.

어떻든 현대인은 현대세계와 사회로부터 받는 일체의 위기와

중압감, 모든 혼란과 불안에서 해방되고 싶어하는 것이 사실이다. 그 사회가 비인간적이면 비인간적일수록 이같은 해방을 향한 갈구도 그만큼 짙을 것이다. 이러한 목마름은 지성인에게, 그리고 특히 젊은 세대에게 더욱 강하게 나타나고 있으며, 이 목마름은 하나의 심각한 고뇌와 거의 병적인 내적 갈등을 자아내고 있다. 또 그 이전에 우리 사회와 같이 빈부의 격차가 심한 곳에서는 부(富)의 공정한 분배, 곧 빈곤에서의 해방이라는 어쩌면 인간의 가장 원시적인 문제가 미해결의 장으로 남아 있다. 그 밖에도 여러 형태의 억압에서의 해방, 자기 밖에서 오는 억압뿐 아니라 자기 안에서 일어나는 정신적 억압에서의 해방, 더 나아가 삶과 죽음의 공포에서의 해방 등, 인간의 소망은 실로 끝이 없다 하겠다.

'평화의 기도'라든가 '평화의 문제'는 무엇을 말함인가? 그것은 궁극에 가서 인간본연의 기도이고, 인간본연에 관한 문제가 아니겠는가. 그렇다면 우리가 평화를 간절히 희구할진대, 끝까지 사수(死守)해야 할 가치는 결국 인간의 존엄성이고, 그것의 회생이 아니겠는가. 인간회생의 문제는 비인간화되어 가는 사회 안에서 가장 크고 가장 핵심적이고 가장 본질적인 문제라고 볼 수 있겠다. 인간회생 없이는 기아를 비롯하여, 전쟁이라든가, 우리 사회의 부조리, 정치권력이 가하는 물리적 위협에서의 인간해방, 즉 평화를 기대할 수는 없으리라. 더욱이 현대의 '사회적 소외, 더 깊게는 인간의 실존적 소외'가 안겨주는 내적 고뇌·갈등·불안·공포 등에서의 해방, 다시 말해 참된 평화의 길은 찾을 수 없을 것이다.

인간부재의 사회구조

우리가 살고 있는 이 땅, 특히 서울은 문자 그대로 초만원이다. 사람의 홍수다. 그러나 이런 소용돌이 속에서 우리는 모두 무언가 소중한 것이 자기 안에서부터 사라져가고 있음을 느끼지 않을 수 없다. 인간성! 그렇다. 우리는 모두 이것이 내 속에서부터 점차 무산되어 가는 공허에 체읍(涕泣)하고 있다. '사람이란 무엇입니까? 왜 삽니까? 왜 이렇게 모두 아귀다툼을 해야만 살 수 있습니까?' 하고 진지하게 이야기를 나눌 만한 사람은 거의 없는 듯하다. 때문에 그 많은 사람 속에서 오히려 '내겐 사람이 아쉽다'는 소망의 눈물이 우리 가슴 속에 선혈처럼 흐르고 있다.

인간회생! 나는 이 인간회생의 문제를 얼마 전에 모두가 목격한 한 사건에서 더듬어보았다. 지난해 크리스마스, 그날은 바로 모든 이를 위해서, 원수를 위해서까지도 평화와 행복을 빌고 싶던 날이었다. 그런데 바로 그날 화염에 싸인 대연각*에서 백 수십 명의 인간 목숨이 파리 목숨처럼 아깝게 죽었다. 또한 몇 십 명이 대낮에 아스팔트 위에 처참히 떨어져 죽었다. 이는 근대화의 상징처럼 말하고 있는 고층건물, 문명의 탑에서 벌어진 인간의 폭사(爆死), 추락사였고, 삶을 향한 탈출구가 막힌 채 어디로 향하든 사신(死神)만이 기다리는 실로 진퇴유곡의 절망적 상황이었다. 현대문명에서의 인간의 추락? 그 메커니즘의 심연, 그 화

---

* 1971년 12월 25일 서울 '대연각빌딩'에서 발생한 화재로 163명 사망, 63명 부상이라는 참사가 빚어졌다. 사고 당시 건물의 안전장치 미비, 옥상 및 비상계단 폐쇄 등으로 말미암아 인명피해가 더욱 컸다.

염의 나락에서 일어난 인간의 소사(燒死), 이것이 오늘날의 인간 실존이라면 과장일까. 왜 이같이 인간이 인간의 눈앞에서 추락하고 죽어가야만 했던가. 물질 위주가 아니었을 때도 이같은 참사가 빚어졌는가. 인간이 있고 경제가 있는 것이다. 그런데 우리는 언제부터인지 경제가 있고 인간이 있는 양 살고 있다. 경제발전이 신앙처럼 숭상되고 있다. 건물만이 아니라 저 길, 저 건널목, 저 언덕, 저 강, 저 다리……어느 것 하나라도 인간생명 존중의 손길이 조금만 더 닿았더라면 그런 사고, 그런 참사는 미연에 방지될 수 있었으리라는 한이 너무나 크다. 더 나아가 우리의 정치체질과 사회구조가 전근대적 폐쇄성을 탈피하고 혁신된다면, 오늘과 같이 질식해야 할 상황에서 참된 인간구제가 시작될 텐데 하는 아쉬움이 또한 크다. 그런데도 우리는 여전히 물질 우위의 가치관에 사로잡혀 있다. 이런 상황에서 인간의 갈 길은 추락이나 소사밖에 더 있겠는가?

인간성의 회복을 위하여

그런데 나는 화재 당일 같은 광경 속에서, 인간이 아주 죽은 것이 아니라는 것을 또한 목도했다. 한 사람의 목숨이라도 더 살려야 한다고 가슴 조이며 애태우던 그 무수한 시민들의 표정 속에서, 11층에 생존해 있던 '그 사람'을 구출하려고 총동원된 장비와 온갖 가능한 노력과 지혜와 선의(善意) 속에서, 옥상에 대피해 있던 사람들이 헬기로 구출될 때에 터져 나오던 그 기쁨의 환호성에서, 그리고 한 청년이 헬기에서 내려준 줄을 잡고 매달려 가다가 아차 하는 순간에 허공에서 떨어지는 모습을 목격한 시민들의 '앗' 하는 울부짖음 속에서, 인간은 아직 살아 있다는 것을 보았던 것이다. 그리고 그곳에는 필사적이요, 헌신적인 소방대원들을 비롯하여 군·관·민의 차이도, 구호대상자들에 대한 내외국인(內外國人)의 차별도 없었다. 모두가 먼저 인간이었고, 한마음, 한뜻이었다. 오직 인간의 목숨을 구하는 데 하늘의 헬기와 땅의 시민이 혼연일체를 이루었다. 우리는 그곳에서 분명히 우리 안에 인간성이 아직 죽지 않았다는 것을 목도했다. 또한 그날이 휴일이었는데도 즉각 동원된 의료진의 기민하고 봉사적인 활동에서, 기쁘게 헌혈하는 사람들에게서, 무엇인가 도울 것이 없는지 자진해 나서는 사람들에게서, 흐뭇한 인정과 동포애를 읽을 수 있었다. 그건 바로 숭고한 인간애의 발로였으리라.

이같은 인간애의 발로는 누구의 명령에 따라서가 아니라 순수한 인간 양심과, 명예나 영웅심과는 거리가 먼 조건 없는 사랑이 표현된 것이었다. 나는 그날, 인간은 저렇게 소사하고 추락해야 하는가 하는 처절한 비애와 함께 그럼 참담한 상황에서 눈뜨는 아름다운 인간성과 다시 만남에 눈시울이 뜨거워졌다. 인간희생! 그렇다. 우리 안에 인간다움이 점점 시들어가고, 인정이 메말라가고 있는 것은 사실이다. 그렇다고 인간성이 아주 죽은 것은 아니다. 엄동설한에도 아름답게 피어나는 에델바이스처럼 아직은 차디찬 눈 속에 덮여 있을 뿐이다. 이제 봄이 오고, 그 얼어붙은 외각(外殼)을 헤치면 솜같이 부드러운 눈 속에서 인정의 꽃, 인간애, 우리의 참다운 인간성은 곱게 움트고 있을 것이다. 따스한 햇살을 받으면 곧 피어날 생명이 감추어져 있을 것이다. 우리에게 오직 필요한 것은 우리 서로의 마음 깊숙이에서 숨쉬는, 이 지극히 소중한 것을, 이 귀한 생명을 무엇으로도 짓밟지 않는 것이다. 감상적인 생각! 실은 그럴는지도 모른다. 왜냐하면 오늘 아름다운 인간성을 지닌 그같은 군중이 내일 다른 계기를 만나면 살인 방화도 감행할 수 있는 무서운 군중으로 돌변할 가능성이 없지 않기 때문이다.

사실 대연각 사건은 하나의 더 큰 재앙의 징조에 불과하다고 볼 수도 있지 않을까? 물질 위주의 이 사회 전체가, 이 나라가, 더 나아가 무서운 핵무기를 보유한 전 세계가, 인간을 소사와 추락사로 끝낼 대연각, 곧 인페르노(inferno: 지옥)로 변하지 않을 것이라는 보증은 없다. 혹은 아우슈비츠의 비극이 다시 되풀이되지 않으리라고 누가 보장할 수 있는가? 이미 많은 선각자들은 이런 무서운 가능성에 대해 예언자적인 경고를 하고 있다.

물량과 권력의 비인간화 현상

인류세계의 미래를 이렇게 어둡게만 볼 필요는 없기도 하다. 사실 많은 현상이, 비록 지금은 부정적인 것일지라도 더 나은 미래를 약속하는 것으로도 볼 수는 있다. 하지만 만의 하나라도 오늘의 이 정신적인 공백에서 오는 인간의 우둔과 오만이 세계를 불바다로 만들었을 때, 거기서도 인간은 삶을 향한 탈출구를 찾을 수 있으리라 믿기는 매우 힘들다.

그럼, 누가, 무엇이 우리를 이 위험에서 미리 건져줄 수 있는가? 선진민주주의? 자유주의? 유엔? 사회주의? 공산주의? 그 어느 것도 우리가 찾는 답을 주지는 못할 것이다. 나는 특히 유물론적 공산주의는 그 답을 지니지 못할 뿐 아니라, 인간을 비인간화시키는 가장 무서운 주의요, 정치체제임을 확신한다. 공산주의 세계 속에는 아직도 참혹성과 잔인성의 차이가 있을 뿐, 아우슈비츠와 근본적으로는 같은, 죽음의 수용소들이 무수히 상존해 있음을 알고 있다. 그 전체가 하나의 거대한 수용소라 해도 지나친 말이 아닐 것 같다.

우리는 또한 고도의 산업사회 속에서 인간이 만들어낸 그 물량적·기술적 조직과 구조, 이를 바탕으로 한 권력과 정치체제 속에서 인간 자신이 비인간화되는 현상을 목도하고 있다. 우리와 같은 발전도상국이나 후진국은 그것을 가장 큰 미래상과 목표로 삼고 있고 선망까지 하지만, 그런 사회에서는 오히려 솔제니친처럼 죽음을 넘어선 인간부활의 깊은 정신을 낳을 수도 없는 만큼, 안일한 생활로 비인간화가 모르는 사이에 모든 인간 속에 고르게 스며들지나 않을지 의심스럽다. 인간 스스로가 의식하지 못하는 가운데 스며들고 있기 때문에 그 결과는 더 무서울지도 모른다. 고도의 기술발달이 오히려 심각한 정신적 공백을 불러올 수 있는 것도 사실이기 때문이다. 그러나 이 사회에 아직도 희망을 걸 수 있다면 그곳에는 비판적 정신 혹은 마르쿠제가 말하는 부정적 사유의 힘(the power of negative thinking)이 진정한 의미의 언론자유를 통하여 새로운, 인간다운 인간사회 창조의 세력으로 아직 살아 있다는 점 때문이다.

전체적으로 현실의 인간사회를 더 나은 방향으로 계속 개조해 나갈 수 있느냐 없느냐는, 그 사회의 구조와 조건이 우선 인간생활의 일차적 차원에서 인간으로서의 기본자유를 얼마만큼 향유할 수 있게 하느냐에 많이 달려 있다. 권력은 부패하게 마련이라지만, 정치세력이 부패하여 이같은 상황을 전혀 무시한다든지 혹은 맹목적인 물리적 억압만을 가하는 존재로 타락하면 그런 사회의 미래는 참으로 암담하다. 그러나 더 큰 문제는 이러한 현상이 한 사회의 구조만으로 그치고 마는 것이 아니라는 데 있다.

시간과 상황을 넘어서서

대연각의 참사는 한 인간 내부에서도 일어날 수 있다.

인간은 얼마든지 자기 안에서 소사와 추락사를 맞을 수 있다. 우리는 실상 많은 이가 자기 안의 불타는 고뇌를 이기지 못하여 참된 삶을 향한 길을 찾지 못하고 죽음의 나락으로 떨어지는 것을 목도하는 경우가 적지 않다. 나는 반드시 생활고나 혹은 사회적 소외가 인간을 자살로 이끄는 경우만을 생각하는 것이 아니다. 그 이상의 인간의 실존적 소외, 빛을 잃고 인생을 부조리로밖에 보지 못하는 가운데 깊은 고뇌에 빠진 사람들을 생각하게 된다. 돈이나 권력은 물론이요, 자기 지위도, 명예도, 지식도, 사랑도, 종교도 모든 것이 헛되고, 삶 자체가 전혀 무의미해 보일 때, 그런 인간의 참상은 대연각의 화재보다도 더 심한 재난이라고 볼 수 있다. 세계가 송두리째 불탄대도 무관심해질 만큼 절망에 빠진 것이다. 민주주의든, 공산주의든, 의회정치든, 독재든 그런 사람에게는 다 상관없다. 언론 자유가 있든 없든, 신이 있어도 그만 없어도 그만이다.

이렇게 문제가 극에까지 이른 사람이 현실에 얼마나 존재하는지, 혹은 그런 상태가 적어도 한 인간 안에 단단히 얼어붙어 어떠한 빛도 이를 녹일 수 없는지에 대해 사실 나는 의심한다. 그러나 자신이 그러한 상태라고 밝히는 사람과는 드물게나마 대면한다. 그런데 내가 그런 사람과 대화하고 느끼는 것은, 이같이 자기 생각을 절망의 극에까지 이끌고 가는 것은 어떤 의미로 자기기만이 아닌지, 오히려 그의 심리 심층에는 빛이 있지 않은지, 삶의 의미는 참으로 없는지, 오히려 그것을 더욱 추구하고 있는 것이 아닌지 하는 점이다.

아무튼 대연각 못지않게 자신의 실존 내부에서부터 고뇌에 불타는 사람, 그것으로 말미암아 소사하고, 추락사하는 사람은 적지 않다. 땅으로도, 하늘로도, 삶의 탈출구가 닫혀 있기 때문이다. 그러면 누가, 무엇이 그를 이 절망의 나라에서 건질 수 있는가? 현세적인 것, 시간적인 것에서는 그런 상황의 인간을 구할 무엇을 찾을 수 없다. 그 굳게 닫힌 마음의 문을 열 열쇠는 없다. 결국 그런 절망의 사람을 구할 수 있는 것은 '영원한 자'의 빛뿐이다. 한마디로 영원에 대한 신앙이 없으면, 이 시간 속에서는 인생과 사물의 궁극적 의미를 찾을 수 없다.

한 5, 6년 전 유고슬라비아의 문인 미하일로프는 《모스크바의 여름》이라는 기행문을 발표하여 '제2 질라스*' 사건을 터뜨렸다. 그는 구금되어 옥고까지 치렀다. 그는 서슬이 퍼런 독재의 탄압을 받으면서도 다음과 같이 말했다. '불멸의 혼을 믿지 않는 곳에서는 자유를 위한 투쟁도 무의미하다.'

이것은 유물론적 마르크스–레닌주의에 대한 근본적 저항이다. 그 배리(背理)에 대한 진리의 힘찬 절규다. 인간에게는 확실히 육

---

* Milovan Djilas. 1911~1995. 구 유고슬라비아의 정치가·작가. J.B.티토와 함께 반(反)나치스 저항운동을 주도하였다. 유고 건국 뒤 부통령까지 올랐으나, 자유주의 개혁을 추진하여 공산당에서 제명과 동시에 체포되었다. 동구권이 붕괴하자 유고슬라비아의 평화를 위해 연방공화국제를 주장, 국제사회에 호소하였으나 실패했다.

체를 넘는 정신이 있다. 또한 이 정신의 바탕에는 불멸의 무엇이
내재해 있다. 참된 인간희생은 자신에게서나 남에게서 시간적 물질
적인 것을 초극하여 더 깊이, 육체적인 생명까지도 넘어선 이 신적
인 불멸의 혼을 깊이 인식할 때, 그 신비에 접할 때 시작된다.

프랑스의 사상가 레옹 블루아는 말했다.

'인간은 빵 없이 살 수 있다. 술도, 집도, 사랑도, 행복도 없이 살
수 있다. 그러나 인간은 신비 없이는 살 수 없다'

영원한 생명의 긍정

블루아가 말하는 신비란 무엇을 뜻하는가? 여기서 그 신비에 대
한 긴 설명을 할 수는 없다. 또 할 수 있다손 치더라도 현실에 매여
있는 현대인에게는 이해하기 힘들고, 때로는 냉소의 대상이 될 수
도 있다. 어떻든 블루아가 말하는 신비는 실증주의자들에게는 거부
되고 있는 절대자의 신비, 초자연적이면서도 동시에 자연 깊이 존
재하는 창조자의 신비다. 그것은 블루아 자신의 고백대로 그리스도
가 말한 하늘나라의 신비다. 그 신비는 세상의 빛이요 생명인 그리
스도 자신이다. 그러나 현세는 예나 지금이나 그를 쉽게 알아보지
못한다.(《요한복음》 1장 참조)

성웅 간디는 말했다.

'하느님의 존재를 부정하는 자는 자신의 존재를 부정하는 자다.
하느님의 존재를 의심하는 자는 자멸한다. 우리가 존재함은 하느님
이 존재하기 때문이다'

확실한 것은 — 적어도 나로서 확신하는 것은 — 우리 안에 들어

온 영원한 생명의 긍정 및 이것과의 참된 대면 없이는 현세는 구제의 길이 없다는 결론밖에 나지 않는다. 그렇지 않고서는 인간 존엄성의 근거도 없고, 우리 각자는 끝까지 사수해야 할 아무것도 가지지 못한다. 부조리와 허무주의만이 인생을 지배하게 될 것이다.

세상에는 무수한 사람이 살면서도, 또 그 가운데 입신양명한 이가 있으면서도 평생을 통하여 이 신비와 대면하는 체험을 겪지 못하고 요람에서 무덤으로 가는 이들이 적지 않다. 그들에게는 현실적인 것, 실증적인 것, 눈으로 볼 수 있고, 손으로 만질 수 있는 것 외에는 모두가 쓸데없는 것이요, 허무이다.

하지만 참된 인간, 참으로 인간으로 살고 있는 사람들, 즉 '그들의 영혼을 헛되이 받지 않은' 사람들, 진리를 찾을 때까지, 불멸의 빛을 찾을 때까지 '버려진 존재들'처럼 번민하고, 체읍하고, 방황하는 사람들이 있다. 이들은 마음으로 가난한 자들이다. 또한 다른 모든 인간과 같이 결국엔 먼지로 돌아간다. 그러나 그 먼지는 인류의 미래를 영원히 하늘나라로까지 이어주는 은하수가 될 것이다. 평화의 무지개가 될 것이다.

> 행복하여라, 마음이 가난한 사람들!
> 하늘나라가 그들의 것이니.
> 행복하여라, 슬퍼하는 사람들!
> 그들은 위로를 받으리니.
> 행복하여라, 온유한 사람들!
> 그들은 땅을 차지하리니.
> 행복하여라, 옳은 일에 주리고 목마른 사람들!

그들은 만족하리니.
행복하여라, 자비를 베푸는 사람들!
그들은 자비를 받으리니.
행복하여라, 마음이 깨끗한 사람들!
그들은 하느님을 뵈오리니.
행복하여라, 평화를 위하여 일하는 사람들!
그들은 하느님의 아들이 되리니.
행복하여라, 옳은 일을 하다가 박해를 받는 사람들!
하늘나라가 그들의 것이니.(〈마태복음〉 5:3~10)

《창조》 1972년 3월호

2

온유한 사람

인터뷰 · **박권상**

사랑은 오래 참고, 사랑은 온유하며, 투기하는 자가 되지 아
니하며, 사랑은 자랑하지 아니하며, 교만하지 아니하며, 무례
히 행하지 아니하며, 자기의 유익을 구하지 아니하며, 성내지
아니하며, 악한 것을 생각하지 아니하며, 불의를 기뻐하지 아
니하며, 진리와 함께 기뻐하고, 모든 것을 참으며, 모든 것을
믿으며, 모든 것을 바라며, 모든 것을 견디느니라.(〈고린도전
서〉 13:4~7)

김(金) 스테파노(壽煥) 추기경.

그가 한국 천주교 192년 만에 최초의 한국인 추기경이 되었을
때, 세상 사람들은 한편으로 놀라면서 한편으로 그의 영광을 경축
하였다. 놀라고 경축하는 데는 여러 가지 이유가 있겠으나 136명의
추기경 가운데 제일 연소(47세)하다는 것, 그리고 박해와 수난으로
점철된 한국천주교회사상 마침내 추기경이 태어났다는 흐뭇한 사
실을 들 수가 있다.

그러나 김추기경은 어쩌면 추기경이 될 운명을 지니고 이 세상

에 태어난 사람인지도 모른다. 태어나기 전부터 그가 천주님의 은총과 보호를 받았다는 것은, 다른 수많은 나이 많은 성직자들보다 한 걸음 앞서 영광스러운 자리에 오르게 한 신(神)의 의지와 관련성이 있어 보이기 때문이다.

다시 말해서 김추기경은 하마터면 이 세상에 태어나지 못할 뻔했던 사람이었는데 태어난 것이다.

이야기는 1866년 병인대교난(丙寅大敎難)으로 돌아간다. 그 당시 대원군(大院君)은 이른바 '천주학'하는 사람들을 닥치는 대로 때려 잡았다. 전국에서 8천의 천주교 신도들이 죽어갔다. 2명의 주교, 7명의 신부가 여기에 포함되었다. 숱한 박해를 받아온 천주교였지만, 병인박해야말로 최대 규모의 것이었고, 최후의 것이 되었다.

8천 순교자 가운데 김추기경의 조상이 끼여 있었다. 충청도 연산(連山) 사람이었던 김씨 일문 8세대는 한산도(閑山島)의 어느 산골에 파놓은 구덩이 속에 생매장되고 말았다. 8세대에 몇 명이었는지는 기록이 없으나, 40명 내외의 김씨 문중이 사실상 몰살당한 것이다.

그러나 김추기경의 조모가 기적적으로 살아 남았다. 당시의 국법에 임신부는 죽이지 않는다는 특례규정이 있었다는 것이다. 여기서 태어난 분이 김추기경의 아버지 되는 김영석(金永錫)씨였다. 과연 임신부라서 생명을 부지했는지 또는 우연히 난을 피했는지는 자세히 알 길이 없고 그것은 별로 중요한 일이 아니다.

그보다 중요한 것은 멸문되다시피 한 집단적 학살에서 조모가 살아남았다는 천주님의 은총이다. 그로부터 꼭 103년이 지났다. 그때 그 순교자들이 뿌린 피의 영광으로 그 집안에서 추기경이 태어날 줄이야 누가 상상이나 하였으랴! 단순하게 우연한 일이라고 볼 수 없는 섭리의 작용이다.

유복자로 태어난 김추기경의 부친 역시 독실한 신도였다. 그는 때로는 상업에 종사했고 때로는 농사일을 보았다. 그러나 의지할 데 없는 몸으로 평생을 가난에 쫓기며 살다가 김추기경이 일곱 살 때 세상을 떠났다. 김추기경은 5남 3녀(2남 2녀는 이미 별세) 가운데 다섯 번째 아들로 태어났다.

그는 어린 시절부터 남달리 어질고 착하고 침착하였으며, 어머니의 영향을 받아 독실한 신자가 되었다. 어머니의 뜻을 따라 그는 어려서부터 성직자의 길을 택하였다. 그의 중형(仲兄) 동한(東漢)씨(1983년 선종)와 더불어.

근위(軍威)에서 보통학교를 나온 추기경은 대구교구에서 최초의 장학금을 받아 서울 동성상업학교에 들어갔고, 이어 일본 조치(上智)대학으로 유학갔다. 대구교구에서 장학금을 내기로 결정할 때, 그들은 '장차 우리나라 교회를 다스릴 인재'라고 판단하였다. 그 판단은 적중하였다. 그리고 그 판단이 적중한 데는 장구한 세월이 필요하지 않았다. 20년 남짓한 기간에, 그리고 김추기경이 성직자가 된 때로부터 겨우 18년 만에 신부·주교·대주교를 거쳐 한국천주교사상 처음으로 '추기경 전하'가 된 것이다.

하느님에게로 가는 길

천주교에 대한 별다른 지식이 없는 필자는 인터뷰 전날 명동성당 구내에 있는 책가게에 들렀다. 이 책 저 책을 골라 보면서, 가게를 지키는 수녀에게 추기경을 면담할 적에 어떤 존칭을 붙이는가를 물었다.

— '전하'라고 부르는 것으로 알고 있었는데, 며칠 전 신문에 난 것을 보니 로마 교황청에서 앞으로는 '전하' '각하' 등 존칭을 없앤다는 보도가 있었는데……

"글쎄…… 역시 '전하'겠죠. 공식적으로 없앤다 하더라도 좋은 예의는 그냥 답습하여도 좋지 않을까요?"

이러한 수녀의 말에 우선 '존칭' 문제를 스스로 해결하였다. 이날 오후 4시 명동성당의 대주교관 이층 추기경 집무실에 들어섰다. 열 평 남짓한 간소한 곳이었다. 천여 권의 책이 쌓였을 뿐 이렇다 할 장식이 없었으며, 넓은 책상 위엔 문서가 쌓여 있었다.

전하의 첫 인상은 소박하고 온유하고 너무나 젊다는 것이었다. 근엄한 위풍이란 전혀 찾아볼 수 없고, 어쩐지 십년지기를 만나는 듯한 친근감이 들었다. 그리고 다만 수정처럼 맑고 양털처럼 부드러운 사람이구나 하는 생각이 들었다. 마땅히 '전하'로 불렀어야 됐을 터인데, 그런 격식이 어울릴 것 같지 않았다.

박권상(이하 **박**) 추기경이 되신 것을 충심으로 축하드립니다.

김수환 추기경(이하 **김**) 언론계에서 여러 가지로 협조를 해주셔서 감사합니다.

박 4월 28일에 추기경에 서임되셨는데, 그때 그 순간의 감상은 어떠했습니까?

김 벌써 그전에 발표가 되었거든요. 그것은 형식적인 절차니까……

박 처음 아시기는 훨씬 전이지요?

김 3월 28일에 발표되었는데, 제가 안 것은 29일 아침 동경에서였어요. 예기치 아니했던 일이라서 당황했지요. 그러고 나서 한 달 뒤에……

박 우리나라에서 추기경이 탄생한 데 대한 의의에 관해 말씀해 주십시오.

김 가톨릭교회 안에서는 이것을 통해서 세계교회에 참여하는 그런 의미가 되지요. 교회 안에서 추기경회의라고 하는 것이 원로원의 구실을 하고 있고, 교황청 안에 여러 가지 부서가 있는데 그 부서에는 자문위원 같은 것이 있습니다. 추기경이 되면, 대개 이 위원회 위원이 되기도 합니다. 또 옛날 중세시대의 영향도 있습니다마는 이것을 원어로 말하면 프린스 오브 처치, 즉 프린스 대우를 하지요. 그런데 교회 안에서는 아직도 추기경이라고 하는 것이 여러 가지 의미가 있는데, 추기경이 나면 그 나라라든가 그 지역에 대한 비중을 높이 평가하게 되어 있어요. 그러니까 한국 교회에서 처음으로 추기경이 났다고 하는 것은 바로 그런데 의미가 있겠습니다.

박 쉽게 말해서 어떤 분이 추기경이 될 수 있습니까?

김 그것은 가지각색이지요. 예를 들면 이번에 된 사람들 가운데에는 상당한 수가 각 지역교회를 맡고 있는 대주교들, 그 다음에 교황 대사급에서 교회로 보아 중요한 무게가 있는 나라의 대사급들이 몇몇 있고, 그런가 하면 교회 안에서 학자로서 상당히 알려져 있는 분, 교황청 안에서 요직을 맡고 있는 분들이 되었어요.

박 추기경님을 부를 때 어떤 존칭을 붙여야 하는지요?

김 복잡하니까 그냥 추기경님이라고 하는데, 그 정도로 합시다.

공식적으로 부를 때에는 추기경 전하니 그랬는데, 그런 것은 중세 기적인 냄새가 풍기니까……

박 어렸을 때부터 성당에 다녔고, 또 어렸을 때부터 성직자가 되기를 원했는지요?

김 예, 어렸을 때에는 경북 군위라는 시골에서 살았어요. 대구에서 났지만, 어떻게 가난하다 보니까 시골에까지 가서 국민학교 5학년 때까지인가 거기에서 다녔습니다.

박 선친께서는?

김 우리 아버지 본 직업은 무엇이었는지 저도 잘 모르겠습니다. 제가 어렸을 때니까. 중간에 가톨릭신자들의 박해 때 산으로 가서 피해 사셨지요. 지금도 많이 남아 있는 옹기전 같은 데 신자들이 많이 있었어요. 우리 아버지는 그 옹기업도 하시고, 그 다음에 제가 철이 들 때부터는 병환이 있어서 아무것도 못했어요. 그 전에는 아마 상업 같은 것을 하신 것 같아요. 우리 아버지 직업은 그런 정도죠. 그러니까 농사를 지었다고 해도 빈농이었고……

박 성직자가 되는 데 특별한 동기는 없으셨는지……?

김 우리 신앙은 그렇습니다. 밖에서 보시기엔 어릴 때 믿으면 그대로 신자가 되는 것 같은데 그런 것은 아니고, 대부분 몇 번씩 고비를 넘기지요. 그러니까 제 자신도 어릴 때부터 우리 어머니가 신부되는 것을 권장하셨고, 그래서 그 길에 들어섰는데 중간에 물론 몇 번, 참말로 신부 되는 것이 좋은 것인가 나쁜 것인가 하고 생각도 많이 해보았고, 또 선배분들한테도 물어보았고, 내가 인간적으로 이러이러한 결함도 있고 한데 정말 그런 것이 좋은 것인가를 묻곤 했습니다. 24, 5세 때인데 한번은 이런 일도 있었어요. 일본에 있

을 때 일본인 교수님이 부사감으로 있었어요. 나를 믿고서 무슨 말이든지 하시는 분인데, 한국학생 평을 하는데, 일본말로 하면 '스루이'(ずるい: 교활한)라는 얘기예요. 나를 믿고서 말하는 건데, 왜 그런지 모르겠다는 것입니다. 나는 그것이 사실이지만 왜 일본사람들에게 우리 자신의 성격이 '스루이'되도록 그런 자학적인 자세가 되었던가, 이것을 일본의 식민지정책에서 많이 영향을 받았다고 했어요. 우리가 대학을 졸업해도 앞으로 희망이 무엇이냐, 이런 식으로 상당히 얘기를 하다 보니까 젊은 혈기에 격한 탓이었던지 막 공격을 했어요. 그때 전쟁이 한참 벌어졌을 때입니다. 만약 고등계 형사가 지나가다가 이 소리를 들었으면 당장에 붙들어 갔겠지요. 마침 독일인 교수 한 분이 지나가다가 내가 하는 얘기를 들었어요. 그분이 하루는 가까이 직접 불렀어요. 바로 이번에 추기경 된 것을 동경에서 전화로 나에게 연락을 해준 그분입니다. 아무튼 그분이 불러서 갔더니, '너 요전날 우연히 지나가다 들으니까 굉장히 정치적인 얘기를 많이 하던데, 너는 무엇이 될 거냐?'고 물으셨어요. 그때 젊은 혈기로 내가 답하기를, '만일 우리 민족이 나를 필요로 한다면 정치가가 되겠다'라고 했습니다.

박 그 당시로서는 혁명가이지요.

김 그 다음 학병 말도 나왔지요. 한때 상당수의 한국인 학병들이 그런 생각들을 가졌어요. 처음에는 학병에 안 들어가려고 하다가 안 들어가면 안 될 때 부득이, 그러면 들어가서 우리가 훈련을 받은 뒤 중국 등에 파견되면 저쪽에 가서 독립군에 넘어가서 싸우자, 이런 것이 모두 그때의 기분이었습니다. 그래서 그분에게 '우리 민족이 필요로 하면 나는 정치가라도 되겠다'고 답을 하니까 '너는 내가 보니까 신부가 될 소질이 있다'고 말씀하셨어요. 다른 분들한테도 신부 되는 것에 대해 물어보았었는데, 역시 내 성격이라든지 그런 것을 보아서 신부 되라는 분이 많았어요. 그런데 신부생활을 올바로 잘하려고 하면 정말 남을 위해서 봉사하는 일을 해야 하는데, 가령 독신생활이라든지 등등을 묻고 했어요. 정신적으로 우여곡절이 없는 것은 아니지요. 그러니까 온실에서 순조로이 되어 나온 것은 아니지요.

그의 말대로 온실에서 자라는 초목처럼 순탄하게 성직자로 입신한 것은 아니었다. 일본 조치(上智)대학에서 신학공부를 채 마치기도 전에 그는 학병으로 끌려가야 했다. 그때 청년들이 모두 겪어야 할 기구한 운명이었지만, 신부의 길을 걷고 있던 신학도 김수환에게는 실로 비참한 일이었다. 하루하루가 지루하고 무의미하였으며, 그렇다고 남들처럼 함부로 찰나에 살 수도 없는 성격이었다. 일본 군대에서 신앙생활이란 상상할 수 없었지만, 어쩌다 자유로운 시간이 나면 홀로 산에 올라가 선지자들을 생각하고 명상하며 독서하였다.

전쟁의 종말이 가까워질 무렵, 그는 일본 남쪽의 치치지마(父島)에 배치되었다. 다행히도 미군과 접전은 없었다. 그러나, 그는 엄청난 인간의 잔악성을 목격하였다. 어느 날 미군 비행기 한 대가 일본군의 고사포 사격으로 추락했는데, 그때 미군 조종사 몇 명이 낙하산을 타고 내려왔으나 일본 병사들에게 사로잡혔다. 미군 포로는 살려달라고 애원했다. 일본 병사들이 일본도를 들어 목을 치려 하자 그는 '우리를 죽이지 말라. 전쟁은 곧 끝나는데 우리를 죽임으로써 당신들에게 여러 사람이 생명을 잃게 된다'고 경고했다. 그러나 끝내 그들은 일본도에 목숨을 잃었다. 거기에 그치지 않았다. 그날 밤 일본군들은 난데없이 불고기 파티를 열고 술 한 잔씩을 나누어 먹었다. 이미 보급로가 막혀 고구마로 연명해온 일본 병사들에게 소고기란 상상할 수도 없었다. 미군 포로의 인육을 구워 먹은 것이 분명했다. 단말마의 인간들이었다.

얼마 뒤, 일본은 패망하였다. 그러나 치치지마엔 좀처럼 평화가 오질 않았다. 우선, 4백을 헤아리는 한인 출신 학병 및 노무자들과 일본인들 사이에 반목이 폭발하여 한인들은 한인들끼리 생활하면서 귀국을 기다리게 되었다. 일본인들은 가능한 대로 본토로 돌아가고 있었으나, 한인들은 언제 고향으로 돌아갈 수 있을지 기약이 없었다.

얼마 뒤 기다리고 기다리던 미군이 진주하였다. 영어를 아는 신학도 김수환은 제일착으로 미군의 주의를 끌었다. 그와 대면한 미군사령관의 첫 질문은 낙하산을 타고 내린 미 공군 조종사의 행방을 알려달라는 것이었다. 사실 그가 목격한 것은 조종사들이 낙하산으로 내려왔다는 사실뿐이었다. 그는 미군사령관과 담판하였다. 한인들 사회에 돌아가 실종된 조종사의 운명을 정확히 알아보기로 하되, 그 대신 한인들을 포로로 다루지 말 것과 우선적으로 송환해줄 것을 요구했다. 그의 요구는 수락되어, 그날부터 우리 동포들은 사실상 진주한 미군들과 같은 급식을 받았고, 귀국길도 열렸다. 그는 한국인 동포들이 한 사람도 남지 않고 모두 송환되는 것을 확인한 다음에야 비로소 귀국길에 올랐다. 인간으로서 엄청난 시련이었다.

귀국 후, 그는 학업을 계속했다. 그러나 사업에 실패하여 기진맥진한 큰형 김필수(金弼洙)씨의 처지, 그리고 비참한 가족의 생활상을 보고 그의 마음은 크게 동요했다. 서울 청진동에 있는 어느 여관방에서 그는 형과 진지하게 상의했다.

'형님, 아무래도 세속에 나가 형님을 도와야 할 것 같습니다. 어찌할까요. 신부가 되어야 하겠습니까.'

그때만 하여도 영어 통역관이 크게 행세할 때다. 영어에 능한 그가 형을 돕는다면 무슨 길이 트일 것 같기도 하고 대대로 가난에 쪼들린 그의 가문에 중흥의 길이 열릴지도 모르는 일이었다.

그때 형은 단호하였다. '곤경에 빠진 나 때문에 네 앞길을 막을 수 없다'고. 그길로 그는 성신대학(聖神大學)에 입학하여, 4년 뒤인 1951년 9월에 신부로 서품되었다.

서품된 뒤 그는 안동천주교회 주임신부, 대구교구장 비서, 김천 황금동 천주교회 주임 등을 지내다가, 다시 수학의 길에 올랐다. 이번엔 독일 뮌스터 대학에서 사회학과 신학을 연구하여 성직자로서 식견을 넓혔고, 로마에 가서 교황과 만날 기회도 가졌다.

1964년에 귀국하여 잠시 가톨릭시보사를 운영하다가 1966년 5월, 신설된 마산교구의 주교로 임명되었다. 2년이 채 지나지 않은 1968년 4월, 그는 한국에서 세 번째로 대주교로 승격되어 서울대교구장에 임명되어 세상을 놀라게 하였다. 그로부터 다시 1년, 그는 한국 최초의 추기경으로 서임된 것이다.

사람은 누구나 선량한 면과 악한 면을 가지고 있다

박 성직자 18년에, 속된 말로 깜짝 놀랄 정도로 출세가 빨랐는데 무슨 비결이라도?

김 아무런 비결이 없었습니다.

박 신앙·학식 등이 척도가 되지 않았는지요?

김 그렇지도 않아요. 저보다 얼마든지 학식과 능력이 있는 분도 있을 수 있는데, 그런데 공교롭게도 잘못 걸린 것이지요.

요즈음 편집국장님쯤 되면 골치 아픈 일이 많을 텐데…… 솔직한 얘기로 어떤 기관의 책임자의 자리에 있는 것이, 가장 어려운 것이라고 봅니다. 예를 들면 학교 교장을 한다든지 하면 그 조그마한 애들부터 선생에게까지 신경을 써야 하고, 일본 같은 데서는 요새 보니까 대학총장이 어떻게 대학을 운영해야 되느냐 그럴 정도고, 신문에서도 그렇겠지만 우리 교회 안에서도 요새 여러 가지 변화가 많이 일어나고 하니까, 요 며칠 동안 밖으로는 영광스럽게 보였겠지만 속으로는 이제부터 죽을 팔자구나 했죠.(웃음)

박 하루 24시간을 대개 어떻게 배당하며 활동하십니까?

김 오늘도 어떻게 하면 건강을 유지하면서 일을 해나갈 수 있는가를 우리끼리 점심을 먹으면서 얘기를 했어요. 어떤 사람이 한 주일에 한 번은 진짜 휴일을 가져야 된다는 얘기를 해요. 휴일이 어느 날이냐 하면 화요일인데 한 번도 쉬어본 일이 없어요. 그런데 제가 생각하는 것은 한국 사람들은 일하는 시간과 쉬는 시간, 이것이 외국사람 모양으로 잘 정비가 안 되어 있는 것 같아요. 일을 하는 것인지 쉬고 있는 것인지 구분을 못한다는 말이지요.

어느 신문에서 읽어본 일이 있는데, 어느 일본 작가에게 어떻게 당신은 바쁜 시간에 책을 많이 썼느냐고 물으니까, 이 사람의 대답이, 자기는 하루 24시간에 8시간 일하고 8시간 자고 8시간은 엔조이한다고 했어요. 시간을 정말 과학적으로 이렇게 활용할 수 있다면, 8시간을, 밥 먹는 것을 한 시간씩 해도 세 시간, 다섯 시간이 남는데 다섯 시간 같으면 테니스도 할 수 있고 그 사람 말처럼 골프장에 가서 골프도 할 수 있고 여러 가지 엔조이도 할 수 있어요. 저는 하루 8시간 충분히 자지도 않고, 8시간 충분히 일하지도 않고, 8시간 엔조이도 않고, 그래서 하루 24시간을 무질서와 혼란 속에서 보내는 것 같아요.

박 외부 세속 사람들과는 자주 접촉하십니까?

김 그렇게 구분할 것이 있습니까? 명동이 서울의 속세라고 하면 속세의 한복판인데, 그 한복판에 우리가 살고 있는데.(웃음)

박 아무래도 천주교 교회가 잘 비치지 않고 있는 것 같아요……

김 그것도 있지요. 괜찮은 것 같아요. 파리에 가보면 몽마르트르 언덕 밑에 큰 성당이 있습니다. 산 아래 환락가에서는 밤을 새워가며 환락을 즐기고, 그 언덕 위의 성당에 가면 밤을 새워가면서는 아니지만 밤 열두시까지 기도하는 사람이 끊이지 않습니다. 그런 대조적인 일이 현실 세상에는 언제든지 있지요. 신앙의 권내에 있던 사람이 거기에 가서 떨어지는 수도 있고 거기에 있던 사람이 여기에 올 수도 있고 그렇지 않아요? 사람이란 그 두 가지 가능성을 다 가지고 있습니다. 아주 선한 사람이 악한 사람이 될 수 있고…… 제가 대구에 있을 때, 2년 동안 교도소에 나갔어요. 일요일에 사형수를 만나보기도 했는데, 그들이 그렇게 선량할 수가 없었습니다.

박 인간이면 누구나 선악을 다 갖추고 있는 것이겠지요.

김 아주 선량합니다. 밖에 있는 사람들보다도 훨씬 선량한 것 같아요. 심리적인 어떤 현상에서 가령 자기 아내를 죽였다, 사랑하는 자를 죽였다, 어떠한 생리적인 입장에서 죽여 버렸다, 이래 가지고 와서 무기수로서 있는데, 아주 흉악범으로 낙인이 찍혀 있지요. 그러나 그 사람 자신은 그런 일이 있었다는 것뿐이지 인간적인 면에서는 아주 선하거든요.

하느님은 어디에 계신가

박 제 어린애들이 열심히 교회에 나가는데 하느님은 어떻게 생기신 분이냐, 하느님이 어디에 계시느냐, 이런 질문을 가끔 해오는데요, 어떻게 설명하면 좋을지 모르겠어요.

김 눈으로 볼 수 있는 존재 같으면 아이들에게 대답해 주기가 쉬운데, 하느님은 정말 어떻게 생겼는가, 산타클로스 할아버지처럼 수염이 이렇게 난 그런 인자한 노인네 같은 분인가. 사람들은 대개 그렇게 연상하는 것 같은데, 참 대단히 곤란하지요. 사람에게 ‘심장’과는 다른 ‘마음’이 확실히 있잖아요. 마음이 있기 매문에 누구를 사랑한다든지 하는데, 마음이라는 것이 어떻게 생겼느냐, 퍽 어렵죠.

박 제 개인 경험으로는 대학 1학년 때 라틴어를 가르쳐주신 신부님이 자비롭게 웃는 어떤 순간, 신이라는 것을 느껴본 일이 있어요.

김 모든 인간에게는, 우리 교회의 신앙에서도 그렇게 말하고 있지만, 어떤 신적인 일면이 모든 인간에게 다 있지요. 인간의 존엄성 같은 것은 신의 존재라는 것을 부인하고는 찾아볼 근거가 없어집니다. 그 사람의 외모가 어떻게 생겼든지 지식이 어떻든지 관계없이…… 여기 성당 뒤에 가면 형편없는 불구자가 한 사람 삽니다. 신자예요. 곰배팔에다 절뚝발이에다가 입도 돌아갔고, 그러니까 그대로 말하면 겉으로는 추악한 모습이라 할 수 있겠지요. 그런데, 저뿐이 아니라 모든 사람이 그렇게 느끼는데, 그 사람 얼굴에 어떤 광채가 있는 것 같은…… 그 사람이 움막 같은 데서 살고 있는데 그 앞을 지나가다가 가끔 만나면 그 사람한테서 그런 것을 느끼는데, 깊은 신앙에 사는 사람이기 때문에 인간적으로는 불행한 처지에 있으면서도 불행을 불행으로 느끼지 않고 언제든지 어떤 내적 희열을 가지고 있는 사람이다, 그래서 그 희열이 나타나서 그런지 얼굴에 표현할 수 없는 평화가 깃들어 있어요. 아무리 미녀라도 마음에 어떤 악을 품고 있을 때 얼굴이 무서워지고 아름다움이 없어지지 않아요? 반대로 이 사람의 얼굴은 겉으로 볼 때 추악하게 생겼는데, 그의 희열 때문에 평화스러운 어떤 광채를 보여줘요. 그런 사람에게서 정말 어떤 신적인 것을 느끼는 것이 있어요.

박 일반적으로 어떤 종교에서나, 광신적인 사람들 사이에는 흔히 미래에 대한 어떤 기대 속에 어떤 교리를 믿는 것이 지배적인 것 아닙니까?

김 후세에 대한……?

박 어떤 대가를 얻고자 한다면 극단의 경우 미신 비슷하게 되지요.

김 어느 의미로는 그렇게 볼 수 있겠지요. 그런데 다른 한 면으로는 인간이 궁극적으로 구제를 요구하고 있다는 것, 인간 스스로 나는 아무런 구제도 필요치 않다, 나는 인간으로서 이러한 자주적인 존재다, 이렇게 아우성을 친다고 해도 대우주 안에서 한 인간이 만든 것이라고 생각하는 것은, 결국 그것은 어떤 자기 허풍이라고나 할까 그런 것이지요. 자기 안에서 부르짖고 있는 자아, 그것을 부인하기 위해서 한번 소리쳐 보는 아우성인 것같이 느껴져요.

박 ……

김 그러니까 모든 인간이 어떤 구제를 요구하고 또 인간 자체가 우리 종교가 존재해 있기 때문에 결국 신으로 귀의하는 것이지요. 그러니까 그런 무슨, 이제 말씀하신 대로, 기복적인 종교, 우선 자기의 어떤 현실적인 이익과 종교, 또 종교인들이 후세의 어떤 영락(榮樂)을 바라는데, 그것이 또 현세적인 안목과 그 질에서 별 차이가 없는 것을 후세에서 받을 수 있다든지 이렇게 생각할 수도 있겠지요. 그런데 그런 것을 좀 더 근원적으로, 인간이 영혼으로나 육신으로나 근원적으로 개조되어야 한다는 것, 인간이, 오늘날 과학이 이렇게 발달했지만 도대체 인간이 어디에서 왔는지 왜 사는지 왜 죽는지 왜 인간에게 고통이 있는지, 이런 것은 IBM컴퓨터로도 해결이 안 되는 것이고, 앞으로도 해결이 안 될 것입니다. 어떤 인간 안에서 언제든지 인간 자신이 하나의 미스터리로서 자기를 느끼지 않을 수 없고, 그러니까 자기 안에 어떤 존엄성을 느끼면서 동시에 자기 자신이 인간적인 비참을 느끼고, 다른 동물하고도…… 우리가 동물계를 모르니까 모르겠어요. 소가 고민을 하던가요?(웃음)

박 천주교라고 하면 권위주의적이라 할까, 교조주의라 할까, 그런 면이 있지 않습니까?

김 천주교 안에 권위주의다, 교조주의다, 보수주의다, 배타적이다 등 여러 가지 낙인들이 찍혀 있는데, 사실은 그렇지 않아요. 제가 추기경이니 한국천주교 안에서 최고의 권위직에 있는 사람인데, 이것은 변명하는 것 같이 됩니다만, 제가 볼 때에는 밖에서 보시는 바와 같이 그렇게까지 권위주의적이랄까 그런 것은 아니고요, 또 배타적이다 폐쇄적이다 하는 것도, 때로 그런 모순이 없지 않아 있었어요. 지금도 물론 어느 면에 가서는 우리가 진리라고 생각하는 것에 대해서 외부에서 어떤 교리적인 공격을 해온다든지 하면 그 것을 무조건 배타주의라는 말을 듣지 않도록 하기 위해서 용납할 것이냐, 타협적으로 나갈 것이냐, 그것은 또 아니지요, 그러나 '가톨릭주의'라는 그 말 자체가 보편주의를 의미하는 것입니다.

그래서 우리는 반대로 생각하지요. 이 가톨릭 정신, 곧 그 보편적인 정신은, 그러니까 모든 민족의 고유한 사상이라든지 혹은 문화 정책이라든지 이런 것까지도 가톨릭주의 속에 내포되어 옴으로써 오히려 그것이 개화될 수 있다, 그리고 더 흡수해서 동화시켜 나가야 한다, 이렇게 보고 있어요.

그러면 우리 동양적인 한 예를 든다면 유교적 정신, 전통 안에 사는 사람들이라도 유교를 더 그리스도적인 입장에서 깊이 이해할 수 있을 것이에요. 이런 신앙을 가진 사람하고 안 가진 사람하고는 유교의 경서를 읽는 데도 해석에 차이가 있을 것 같아요.

박 ……

김 제가 볼 때는 공자님이 말한 가운데도 확실히 인격적인 정신이 있어요. 그것은 기독교에서 말하는 인격적인 신과 아주 가깝다고 볼 수 있어요. 일반 문화라든지 다른 종교 안에서 드러나는 것이 자연계시라고 하는데, 그러니까 유교적인 것이 자연계시 가운데에서 가장 기독교적인 것과 가까운 것이 아닌가……

박 본질적으로 기독교는 유일신의 존재를 믿고 회교도 같겠지만, 유교라든지 불교에서 이것은 근본적으로 이질적인 것이 아닙니까?

김 유교에서 후기 유교는 모르겠지만, 공자님에게는 내 생각에 무슨 샤머니즘이라든지 그런 것이 없었던 것 같아요. 하늘이라는 것에 대해서 하느님, 그것은 코스믹한, 우주적인 하느님이 아니고

《논어》에서 부모를 섬기기를 하늘을 섬기듯 하고 하늘을 섬기듯 부모를 섬기라고 한 말이 있지 않습니까. 또 중국에서 오랫동안 천자의 사랑, 하늘로부터 위탁을 받아서 백성을 다스린다는 사상이라든지……

박 인도(人道)와 천도(天道)가 같다는……

김 사람의 길이 천도에서 나왔다고 볼 수 있잖아요. 그러면 그 길이라는 것을 우리가 어떻게 정의합니까? 중국에서 재미나는 것은 〈요한복음〉에 "태초에 말씀이 있으니"라는 구절이 나옵니다. 그 '말씀'이라는 것을 영어로는 'Word'라 했는데 중국에서는 '도'(道)로 번역했어요. 아주 번역을 잘했다고 봐요.

한국 천주교의 앞날

박 우리나라 천주교의 전망은 어떻습니까? 양적으로나 질적으로나 여러 가지 차원에서……

김 비관도 낙관도 할 수 없는 전망, 현재 단계로서는 그렇습니다. 우리나라 신자는 전체 인구 가운데 2.5퍼센트밖에 안 됩니다. 75만 내지 80만 정도인데, 그런데 지식인들 사이, 대학교수 혹은 언론계 같은 데의 비율은 늘 그보다 훨씬 높지요. 그러니까 우리나라를 이끌어 나갈 수 있는 사람들 사이의 비율이 높지요.

박 수는 적어도 질적으로 강하고 공산당 조직보다 세다고 흔히 말하지 않습니까?

김 천주교의 조직이론을 공산당이 이용하고 있지요.(웃음) 그런데 우리하고 공산당하고 다른 것은 그쪽은 조직이 사상을 토대로 하고, 그와 달리 우린 개개인의 각성, 본인의 자각을 토대로 하고 있고…… 그러니까 전연 다르지요. 우리는 아무리 조직이 강하다 하더라도 각자 자기 자신의 각성과 사상을 바탕으로 한 것입니다.

우리가 여기에서 누가 잘못했다 하더라도 공산당 모양으로 잡아다가 무엇을 할 수도 없는 것이고, 또 정부 조직 같지도 않습니다. 저도 좀 신문사에 있어 보았어요. 《가톨릭시보》를 하면서 《대구매일신문》에 있었는데, 가만히 보니까 기자들이 밖에 나가서는 자기 출입처에 가서, 경찰 같으면 국장 앞에서까지 큰소리를 탕탕 쳐요. 그런데 돌아와서 편집국장이나 사회부장 앞에서는 꼼짝 못해요. 같은 기자가……

박 반드시 그렇지는 않아요.

김 제가 오랫동안 외국에 나가 있다가 와서 그런지, 그 분위기를 보니까 신문사라는 것이 계급의식이 상당히 강해요.

박 일의 성질상, 군대와 마찬가지로 하루하루 싸우는 데가 되어서 그런 일면이 있으나 역시 개개 인격을 존중하는 바탕 위의 상하관계죠.

김 그러면 신문사가 그렇고, 일반관공서에 가면 더 하고, 그런데 우리는 그것이 아닙니다. 어떤 신부님이든지 나한테 와서 쩔쩔매는 신부는 한 사람도 없습니다. 그런 사람은 아무도 없어요. 그러니까 이것은 가톨릭이라는 것이 그런 의미에서 각자의 각성이라든지 자진해서 해보자는 것을 바탕으로 한 단체이기 때문입니다. 일반사회가 언론계를 통해서 우리에게 표시하는 기대에 대해 우리가 응하지 않으면 반드시 얻어맞는다, 그런데 우리는 어떻게 생각하느냐 하면, 한 번 얻어맞아야만 우리가 각성할 것이다……

박 구체적으로 제일 큰 문제점은 무엇일까요?

김 당면한 문제점을 살펴보자면, 오늘의 젊은이라든지 해서 복음에서 멀어지는 경향이 있는데, 복음을 안 들으려고 하는 이 자체에 대해서, 또 우리를 위선자 취급을 한다든지, 또 우리 자신한테 그런 위선적인 일면이 없다고 장담할 수도 없는 것이고, 어떻게 그 복음정신이라는 것을 우리 젊은이에게 넣어주어야 되겠는데, 젊은 사람들은 그 연령의 특성 때문이기도 하겠지만 그것이 안 먹히니까, 학생들은 학교에서 선생님들을 위선자로 보고 집에 와서는 부모님을 위선자로 보고 기성세대를 다 위선자로 보고……

박 문명의 발달사로 보아 지금 어떠한 문명과 그 다음 문명의 어떤 과도기에 있는 여건이 아닙니까?

김 그런 점에서 그런 젊은이들의 염원, 이것을 어떤 의미로 말하면 복음을 염원한다고 볼 수 있는데, 그 복음적인 염원에 대해서 우리 교회가 어떻게 복음을 전하며 우리가 그 욕망을 채워줄 수 있겠느냐, 이것이 큰 문제이겠지요.

요새 신문은 무비판적이다

화제를 바꾸어 언론계에 대한 그의 비판이 듣고 싶었다.

박 요새 신문을 어떻게 보십니까?

김 언론계에서 어떻게 보세요? 지난 한 달 동안 여행을 했고 그래서 신문을 제대로 못 보았는데 정말 어떻게 되어갑니까?

박 우리는 와중에 있으니까 더 모르는 것 같아요.

김 요새 언론인들은 무엇을 알면서도 말을 안 하는 것 같아요. 이건 내 혼자만의 느낌인지는 모르지만, 요새는 신문을 보는데 왜 보느냐, 그냥 매일 어떻게 되어 가는가를 알기 위해서 보는 것이지 신문 자체에 대해서 어떤 무게를 두고 보지 않는 것 같아요.

박 과거에는?

김 과거에는 어떤 좀 더 공감을 주는 것이 있다든지, 그런 데서 무게가 있었지요. 예를 들면 《동아일보》에 '단상단하' 같은 것이 있지 않았어요? 상당히 공감을 주는 것이 있었어요. 요새는 글을 쓰면 문체 때문에 안 될지 모르지만, 그러나 그때로서는 굉장히 느낌을 주는 그런 것이었는데요. 요새는 어떤 신문을 보든지 마찬가집니다. 죄송합니다마는 《동아일보》까지.(웃음) 그래서 《동아일보》까지도 이제는 아주 수동적으로 나가는 것이 아닌가 생각이 되는군요.

박 그것은 이렇게 변명할 수 있습니다. 이것이 변명이 될지 모르겠지만 신문이라는 것은 미시적으로 볼 때는 작자들이 만드는 것입니다. 그러나 거시적으로 보면 결국은 그 사회가, 그 민족이 만드는 것이고, 그러니까 신문을 공부한 사람들은 신문이 그 민족 그 사회의 얼굴이다. 이렇게 말합니다. 결국은 독자가 만든 것이고 그 사회가 만든 것이라고 보아야겠죠.

김 저는 신문이 무슨 비판적으로만 나가야 된다는 것은 아닙니다. 무조건 비판해 나가라는 것은 아닌데, 제가 느끼기에는 무엇인가 문제성이 깔려 있는 것을 파헤쳐서 문제를 해결하는 데 국민 전체가 대결을 한다든가 공정하게 해결하려고 노력한다면, 말하자면 그런 길로 나가야 더 건전한 민주주의 한국을 건설할 수 있을 것 같아요. 경제면에서나 정치면에서나 무엇인가 문제점이 많이 깔려 있는데, 이것을 모두가 외면하고 있어요. 저부터도 그렇고……

박 그러니까 신문도 외면하고……

김 그러니까 거기에서 그러한 면을 지적함으로써 국민에게 어떤 공포 분위기를 일으키라는 것이 아니고, 민족의식을 냉정하게 생각할 수 있는 어떤 지도적인 역할을 대신문인《동아일보》가 논설이라든지 혹은 다른 면에서 어떻게 할 수 있는데, 모두가 다 그렇게 안 하고 있어요. 일본을 예로 들면 대학생 문제 때문에 지금 1년 이상 골탕을 먹고 있고, 이번에도 오면서 보았지만 동경대는 아직도 개학을 못하고 있더군요. 일본이 이런 문제를 가지고 지금 저렇게 어려운 상태에 있는데…… 우리나라에서 그런 문제까지는 폭발하지 않겠지만, 지금 우리 대학생들이라든지 혹은 그 연령층이 어떻게 생각하고 있는지 모르겠어요.

추기경의 사생활

박 실례의 말씀입니다마는 돈 같은 것을 어떻게 생각합니까? 돈을 가지고 계십니까?

김 지금 당장은 안 가지고 있군요.

박 돈을 가지고 다니세요?

김 돈을 가지고 다녀야 밥도 먹고 하지 않겠어요?

박 오늘 뵙기 전까지는 사진을 보고 추기경님은 굉장히 높고 우러러보이는 사람이라고 생각했는데, 다른 사람과 달라 돈도 필요없는……

김 돈도 필요 없고 밥도 안 먹고 변소도 안 가고, 그러고 살 수 있어요?

박 일정한 수입도 있고, 그렇습니까?

김 우리는 좀 이상하게 되어 있어서 고정 수입은 없어요.

박 그러면 세금 같은 것은 물 필요가 없군요.

김 그래서 갑근세가 문제되어 있어요. 신교 목사님들은 봉급제로 갑근세를 물고 있거든요. 그러나 우리는 이것이 없어요.

박 무보수로……?

김 그러니까 형식적으로 무보수고, 그렇다고 해도 먹고 살기는 살고……

박 세계 각국이 다 그렇습니까?

김 나라에 따라서 달라요. 상당수의 나라가 우리와 비슷한데 유럽 같은 데는 교회 안의 경제체제가 수립이 되어 있어서 고정화되어 있는 데도 있지만, 우리나라처럼 신자들이 유동적인 이런 상황에서는 일정한 봉급제로 할 수 없어요. 말하자면 예산을 세울 수가 없어요. 그러니까 밖에 서 보면 천주교가 부자로 보입니다. 부자는 부자에요. 이 명동 땅이(웃음) 금싸라기 땅이니까 부자는 부자인데, 그렇다고 팔아먹을 수도 없는 것이고……

박 성모병원이 상당히 비싸다는 말이 있는데요……

김 비싸다는 평도 있고 불친절하다는 평도 있고, 또 엄격하다는 등 나쁘게 말하는 경우가 있는데, 그런가 하면 그래도 환자는 자꾸 들어와서 줄어들지는 않고…… 저도 병원에 가서 그런 이야기를 해보아요. 의사들을 보고 이런 말이 나한테 들어오는데 어떻게 생각하느냐, 그러면 의사들이나 간호원들의 말이, 사회에서는 8시간 노동을 말하는데 우리는 열 몇 시간 노동을 합니다, 그런데 어떻게 환자들의 불평을 다 들어줍니까, 한단 말이에요. 모든 사람이 여기에 올 적에는 수녀님들이 있기 때문에, 또 천주교라는 선입감이 있어서 다른 데보다 더 친절할 것이라는 생각을 하고 온단 말이에요. 그러나 우리 의사 선생님 중에는 신자 아닌 분이 대부분입니다. 간호원들도 그렇고…… 신교 병원에서는 신자가 아니면 안 되는데 우리는 그런 건 상관 안 합니다. 병원장 되시는 분이 장로교 신자입니다. 그러나 그분은 인격적으로 아주 훌륭한 분이에요. 그러니까 인격자로 대하고. 그런데 밖에서 볼 적에는 천주교에서 한다, 그러니까 모조리 천주교 신자다 합니다. 또 천주교 신자라고 다 착한 사람이 아닙니다. 천주교 신자로서 교도소에 가 있는 사람도 있습니다.

박 옷은 늘 신부복을 입고 계십니까? 여름에도……

김 여름에는 공식적으로 노타이를 입게 되어 있고, 사복을 입는 것도 제가 묵인하고 있는데, 예를 들면 서강대학에 있는 분들한테는 묵인하고 있습니다.

박 추기경님의 사생활이라는 것은 별로 없겠군요. 밤에는 어떻게 지내십니까. 주무시기 전에……

김 밤에는 자지요. 그런데 저는 밤에 일하는 습관이 있어요. 그래서 밤엔 조금 늦게 자게 되고……

박 영화관에 가신다든지 그런 취미는 없으십니까?

김 더러 있지요. 그러나 자주는 안 가요. 시간이 없어요.

박 추기경님은 화투 같은 것을 때로……

김 글쎄요, 교인들이 서로 만나면 취미로 그런 것을 더러 하는 모양인데, 아직까지 그런 것을 할 여가가 없었어요. 마산에 있을 때인데 지방교회를 갔더니 신자들이 '나이롱 뽕'을 하자고 해요. 어떻게 합니까. 그래서 그날 저녁에 배워서 그날 꼭 한 번 해본 일이 있어요. 그저 이름만 대개 알지요.

박 술은 드십니까?

김 술은 별로 많이 안 합니다. 술 한 잔 나눌까요. 좋은 술이 있는데……

이렇게 말하면서 그는 안방에 들어가 프랑스 고급주 쾅트로(Quantro) 한 병을 들고 나왔다. 그리고 손수 글라스에 따라 한 잔씩 나누었다. 지극히 서민적이라 할까, 너무나 소탈하다 할까, 아니면 지나치게 친절하다 할까. 거듭 권하는 바람에 한 잔에 그치질 않고 계속 달콤한 향내의 쾅트로를 즐겼다. 외국어는 몇 가지나 하느냐는 질문에도 역시 그는 너무나 솔직하였다.

김 어학은 제가 제대로 할 줄 아는 것이라곤 하나도 없습니다. 신문마다 5, 6개 국어를 유창하게 한다고 한 것은 다 거짓말이에요. 어디에서 나온 거짓말인지 모르겠어요. 유창하게 하는 것은 하나도 없어요.

박 교황님하고 대화할 적에 어떤 말로 하십니까?

김 영어가 주고요, 어떤 때에는 라틴어라든지 불어 같은 것을 좀 섞어서 할 때도 있고……

박 문서교환은 라틴어로 하십니까?

김 어떤 때는 영어로 보내고 어떤 때는 불어로 보내고…… 그런데 이태리 말을 못합니다. 바티칸에 가면 제일 고생하는 것이 이태리말 못하는 것입니다. 편지 같은 것은 읽을 정도지만요. 우리 비서 신부님이 잘 해요. 영·불·독·서반아어까지 완전하게 해요, 이태리말도 잘하고. 그래서 아주 편하지요.

박 서가의 책은 대개 종교서적입니까? 다 읽으신 것입니까?

김 아니에요. 대부분 안 읽은 거예요. 장식용으로 두고 싶어서 둔 것이 아니고, 살 때는 다 필요하겠다고 해서 샀는데 손도 못 대고 있는 것이 많지요.

여기서 책 한 권을 일반인에게 권한다면 어떤 책을 추천하겠냐고 물었다. 그는 한참 동안 생각한 끝에,

김 역시 성경책을 권하고 싶습니다. 평범한 이야기 같습니다만……

하오 6시 반, 이미 그의 비서실은 문이 잠겼다. 다섯 시만 되면 퇴근하게 되어 있다는 것이다.

추기경이 직접 밖까지 전송해 주었다. 어쩐지 추기경이자 대주교를 대한 것 같지 않은 느낌이었다. 그렇듯 서민적 체취를 풍기는 참으로 평범한 인간인 것 같다.

온유하고, 참을성 있고, 담백하며, 겸손하고, 친절하고, 너그러우며, 솔직하고, 한없이 착하고 어진, 평범한 사람을 만난 것이다.

《신동아》 1969년 7월호

김추기경의 인간과 신앙

인터뷰 · **정운성**

종교란 현대인이 포위당할 수밖에 없는 이 절망 속에서 탈출
로를 터주는 것이지요.

로마교황 바오로 6세는 지난 28일 한국의 김수환 대주교(47)를
포함한 35명의 새 추기경을 임명했다. 이로써 한국천주교사상 최초
로 이 땅에서도 추기경이 나온 것이다. 한국에 천주교가 심어진 지
192년, 교황이 세계 각지의 교회에서 가장 신심이 두텁고 학식과
덕망이 높다고 인정되는 대주교에게 서품하는 이 지위는 세계로
뻗는 한국교회의 믿음의 상징이기도 하다. 김수환 추기경, 그의 믿
음과 생애와 인간됨이 형성된 47년의 생애는 과연 어떤 것인가?
기자가 김수환 추기경을 만난 곳은 명동성당 안의 주교관 2층.

스스로 문을 열고 안내해 준 집무실에는 각처에서 추기경 임명을 축하해서 보내온 화분들이 가득했다, 마치 온실인 양.

172센티미터의 키, 65킬로그램의 체중. 밝은 얼굴에 부드러운 웃음을 띠고 손을 내밀었다. 맞잡은 손이 유난히 크다고 느껴진 것은 그의 영혼의 깊이와 자애로운 마음의 폭 때문일까?

정운성(이하 **정**) 처음 소식을 들은 곳은 어디였습니까?

김수환 추기경(이하 **김**) 일본 후지산(富士山) 기슭에 있는 '작은 자매회' 수련원에서였지요. 조치(上智)대학 시절의 은사였던 게펠트 신부께서 전화로 알려주었습니다.

그러나 그토록 무거운 신의 소명이 자기에게 주어졌다는 사실은 실감되지 않았다고. 그가 처음으로 한 말은 '임파서블'(불가능하다)이라는 한마디였다 한다.

교회 일로 로마에 들렀다가 일본을 거쳐서 귀국하는 길, 공항에 나가기 위해 택시에 오르기 직전이었단다. 택시 속에서도 반신반의하면서 1킬로미터 아래쪽에 자리한 성신학교 수도원에 도착했다. 신도들이 꽃다발을 안겨주며 축하해 주었다. 그때야 비로소 실감했다고.

정 어떤 계시적인 암시라도 있었나요?

김 글쎄요, 없었다고 말할 수밖에 없군요. 나의 생애를 통해 계시라기보다 어떤 예감이 있었다고 말할 수 있는 일은 주교로 임명될 때였습니다만, 이번에는 없었습니다.

굳이 계시라고 밝혀 말하지 않은 것은 하느님의 뜻을 인간이 알 수 없다는 신앙인의 외경(畏敬) 때문인지도 모른다. 그가 주교로 임명되던 62년 12월, 대구에서 가톨릭시보사 사장직을 맡고 있다가 교황대사로부터 상경지시를 받았다. 오순주일이라 기차간에서 오순절 기도문을 읽고 있었는데, 이상하게도 〈창세기〉 12장 1절이 자꾸만 되뇌어졌다. "하느님께서 아브라함에게 이르시되 너는 너의 본토와 친척, 어버이, 집을 떠나 내가 네게 지시한 땅으로 가라." 항상 익히 보던 구절이었으나 유난스럽게 감동적으로 다가오더라고. 계시라고 말할 수 있다면 이때의 일이라고 한다.

정 천주교 입문은 언제였습니까?

김 조부(祖父) 시절부텁니다. 그분은 66년 전이라고 기억됩니다만, 충남 덕산에서 순교하셨지요. 아버지도 독실한 신자였고, 어머니는 기도 많이 하기로 대구 시내에 소문난 분이었죠.

그러나 조부의 성함은 잊어버리고 말았다고 한다. 뿐만 아니라 선대의 기록도 없어졌다고. 어린 시절이라 잘 기억할 수는 없으나, 조부가 피신을 다니면서 족보를 땅속에 파묻어두었는데, 뒷날 파보니까 폭삭 삭아 버렸더라는 말을 들었다고 한다. 작고한 선친도 미처 알려주지를 못했다고 한다. 순교로 선대를 잃어버린 가계 — 한국가톨릭의 수난이 그대로 옮겨져 가계보(家系譜)마저 끊기게 된 집안이었다.

김수환 추기경은 1922년 5월 8일 태어나 대구에서 어린 시절을 평범하게 보냈다. 선친 김영석씨를 일곱 살 때 여의었고, 가계(家

計)는 어머니의 행상으로 꾸려지는 그런 어려운 살림살이였다. 8남매 가운데 막내였다. 군위(軍威) 보통학교를 졸업하고 교구의 도움으로 동성상업학교에 입학했다.

정 굶어보신 적이 있는지요?

김 겨울에도 외투가 없었고, 사전을 못 사서 쩔쩔맨 적은 있었지만, 굶어본 적은 없었습니다. 내일 아침에는 굶을지도 모른다는 생각이 들만큼 어려울 때에도 막상 아침이 되면 먹게 되더군요.

정 어린 시절의 기억을 좀 말씀해 주십시오.

김 공부를 열심히 한 쪽도 아니고, 또 장난을 열심히 치지도 않았습니다. 그저 평범한 학동이었지요. 가장 뚜렷한 기억은 어머니께서 《효자전》을 읽어주시던 일입니다.

또 하나 어린 시절을 회상할 때마다 생각나는 것은 석양이 빛나는 어떤 길목의 광경이란다.

김 극히 환상적이고 추상적인 기억입니다만, 석양을 바라보면서 '과연 저 빛나는 노을의 뒤에는 무엇이 있을까' 하고 생각했던 일이죠.

다분히 시적인 여운을 회상에 깔고 있다.

정 시를 써보신 적 있으십니까?

김 중학 시절엔 곧잘 썼습니다만, 발표하지는 않았고, 한때 문학청년인 셈이었지요. 또 읽기를 더 즐기는 편이었습니다.

이런 일이 있었지요. 어느 날 조국애를 강조하는 선생님의 훈화에 큰 감동을 느끼고 조국을 주제로 한 시를 썼습니다. 당시 기숙사 사감이던 신(申) 바오로 신부(67년 선종)가 이걸 보고는 조심하라고 주의를 주더군요.

정 사춘기에 연애감정을 느끼신 일이 있으신지요?

무척 당돌한 질문이었다고 느껴졌으나, 이에 대답하는 김수환 추기경의 표정은 그저 담담해서 안심이 되었다. 기억을 더듬는지 한참 동안 말이 없었다.

김 누구나 느끼게 마련이겠지만, 나의 경우 기억에 남을 만큼 뚜렷하지는 않아요. 청년기를 통해서도 극복하기 어려웠던 것은 아니었다고 생각됩니다.

역시 기대했던 그 이상은 아니었다.

일본으로 건너가 동경 조치(上智)대학에 입학한 것이 '41년, 문학부 철학과에 적을 두었다. 이 시절 그는 이른바 학병으로 끌려가기도 했었다. '45년 1월, 오가사하라제도(小笠原諸島)에 속해 있는 치치지마(父島)에 배치되었다. 여기서 해방을 맞았으나, 전투경험은 한 번도 없었다. 해방 다음 해에 전범자 재판의 증인으로 다섯 달 동안 치치지마에 머물기도 했다. '47년에 귀국, 성신대학에 편입했고, 이어 서독 뮌스터대학에서 사회학을 연구했다.

정 어떠한 태도로 생활하시는지요?

김 앞길을 스스로 개척하는 일은 드물었습니다. 언제나 내일은 어떻게 될지 모른다는 생각을 지녀왔습니다. 내가 갈 길, 내가 할 일, 내가 처할 환경은 하느님의 뜻에 달려 있다고 믿고 기다리는 거지요.

그러나 그 기다림은 포기하는 자의 그것이 아니다. 인간이 지닌 가능성에 대한 집요하고 패기 찬 추구를 다한 뒤, 인간의 한계성을 초월하는 세계에서 신의 명을 기다리는 것을 의미한단다. 또한 그는 자신을 표현해서 '특징 없는 사람'이라고 했다. 성격도, 취미도, 식성도 모두가 한결같이 그렇다고……. 그러나 '특징 없는' 그것이 바로 그의 뚜렷한 성품이다. 적어도 외견상으로는 부드럽고 인간미가 풍기는 몸가짐, 높지는 않으나 감동을 불러일으킬 듯한 목소리는 언뜻 보아 범부를 연상하게 할 만큼 그렇게도 서민적이다.

정 생활에서 어떤 부족감을 느낄 때도 있으십니까?

김 다른 사람의 입에 자주 오르내릴수록 그 사람 자신은 더 고독해지는 게 아닙니까? 요즘의 생활에서 나도 그런 것을 느껴요. 나 자신은 그렇지도 않은데, 한편에서는 거리감을 느끼는 모양이지요. 친구들도 찾아주지 않게 되고, 사신(私信)도 점점 줄어가고……

추기경이 느끼는 고독, 그것은 평범한 인간에게도 전해질 수 있는 성질의 것인가 보다.

한 달 잡비가 대충 5, 6천 원, 가끔 여행을 가거나 담뱃값에 쓰이

기도 하지만, 딱한 사정을 호소해 오는 사람에게 상당액수가 지출되는 모양이다.

정 한가한 시간은 어떻게 보내십니까?
김 산책을 하거나 친구를 만나는 정도죠.

영화도 싫어하지는 않아서 가끔 영화관에 들르지만, 근년에는 좀 번거로운 생각이 들어 1년에 겨우 두어 번밖에 못 갔다고 실토했다. 추기경도 영화는 싫어하지 않는다는 생각이 이상하게 머리 속에서 맴돌았다.

오히려 최근에는 일정에 쫓겨 독서를 못한다고 걱정하는 그는, 일어·영어·독어·불어·라틴어 등 5개 국어를 할 수 있다고 알려져 있다.

정 현대와 종교의 관계를 설명해 주시겠습니까?
김 인간이 진실로 인간으로서 각성을 갖도록 뒷받침하는 게 종교라고 할 수 있겠죠. 현대는 점차 기계화되어 가고 있습니다. 이 속에서 인간은 모르는 사이에 인간적인 가치를 잃어가고, 결국 절망으로 떨어지고 말지요. 종교란 현대인이 포위당할 수밖에 없는 이 절망 속에서 탈출로를 터주는 것이지요.
정 인간의 한계성은 어디에 둡니까?
김 사람이 태어날 때, 태어나고 싶어서 태어났습니까? 왜 태어나야 했습니까? 아무도 모르지요. 그렇다면 '삶'은 스스로 택한 것이 아니니까, 주어진 것으로 봐야지요. 여기서 인간의 한계성이 비롯

되는 것입니다.

인간에게 '삶'을 준 자, '나'를 존재시킨 자를 발견할 때 인간은 비로소 존재의미를 지닌다고 말했다.

정 우리 국민에게 특별히 하시고 싶은 말씀은……

김 우리나라는 근래 급속한 경제적 변화를 보였습니다. 물론 흐뭇한 일입니다만, 이 속에서 인간본연의 가치를 상실할까 두려워져요. 종교를 통해 인간은 인간미가 흐르는 '너와 나'의 관계로서 대화를 나눌 수가 있습니다. 이것이 없으면 각박한 불신의 사태가 벌어지고 맙니다.

정 무신론자에게 하실 말씀은 어떤 것입니까?

김 무신론자들은 '우리는 신을 부정해서가 아니라 인간을 찾기 위해 노력하다 보니 결국 무신론자가 되었다'고 말해요. 이것은 명백한 모순입니다. 진실로 인간다운 인간이 되기 위해서는 인간을 비롯시킨 존재에게 오히려 귀속해야 합니다.

그리하여 무신론자들은 '아무 데도 종속되지 않은 독립자가 되었다'고 말하지만, 이것은 자기의 존재의미를 모르는 인형의 소리에 불과하다는 것이다. 이 인형의 비극은, 지성을 가진 인간에게 더 큰 비극임을 알아야 한다고 힘주어 말했다.

김추기경과 나눈 대담이 벌써 1시간여, 현관에서 축하객이 기다린다는 전갈이 왔다. 손수 문을 열어주면서 다시 한 번 그 크게 느껴지는 손을 내밀어 주었다.

그는 1951년에 사제로 서품되었고, 안동천주교회 주임신부로 2년간 재직, 대구교구 주교비서, 김천(金泉) 황금동 천주교회 주임신부, 성의중고교 교장을 거쳐 '64년에는 가톨릭시보사 사장직을 맡았다. '66년에 주교로 임명되어 마산교구장으로 있다가, '68년 4월 27일 서울대교구 주교로 임명되어 5월 29일 착좌식을 가졌다.

《주간조선》 1969년 4월 6일

종교와 인권

인터뷰 · **손세일**

> 인간의 기본권은 하느님으로부터 옵니다. 그 기본권 안에 통치권에 대한 권리도 있고 의무도 있습니다. 그렇게 볼 때 통치권이라는 것은 실정법으로 만들어지는 것이 아니라 자연법 그 속에 들어 있는 것입니다. 따라서 통치권이란 인간이 각자가 가지고 있는 기본권을 전제로 하고 그것을 존중하는 과정을 통해서 잡을 때에만 정당성이 있지요.

사제(司祭)가 묻는다.

"현대의 경제사회 발전에 적극 참여하며, 정의와 사랑을 위해 투쟁하는 그리스도 신자들은, 자신이 인류의 행복과 세계평화에 크게 이바지하고 있음을 확신하라는 공의회(公議會)의 가르침을 거슬러 안일주의로 이끄는 마귀를 끊어 버립니까?"

신도들은 일제히 대답한다.

"끊어 버립니다."

"인간존엄성의 자각에 따라 공동생활에서 인권을 더 잘 보장해 줄 정치·법 제도를 만드는 일에 대한 의무를 다하지 않으며, 특권층만이 아니라 모든 시민이 인권을 향유하도록 힘쓰지도 협력하지도 않을 뿐더러, 오히려 형제들을 갈라지게 하는 마귀의 모든 행실을 끊어 버립니까?"

"끊어 버립니다."

"시민의 자유와 종교의 자유를 방해하고 탐욕과 정치범의 희생자를 격증시키며 공동선(共同善)을 위하지 않고 당리(黨利)나 집권층의 이익만을 위해서 권리를 남용하는 정치형태를 배제하고 하느님의 자녀로서 자유를 누리기 위하여 죄를 끊어 버립니까?"

"끊어 버립니다."

"공권(公權)의 월권행위로 국민이 억압당하는 경우, 이 공권남용에 항거하여 자연법과 복음이 보여주는 한계 안에서 자신과 동포의 권익을 옹호하며, 죄의 지배를 받지 않기 위하여 악의 유혹을 끊어 버립니까?"

"끊어 버립니다."

"우리 현 시국을 직시하고 궁극적으로 심판하실 분은 만물의 창조주이시며, 특별히 우리 인간에게 고귀한 자유를 부여하신 전능하신 천주 성부(聖父)이심을 믿습니까?"

"믿습니다."

"인간의 존엄성이 땅에 떨어지고 국민의 기본권이 침해받는 이 난국에서 우리를 구하실 분은, 동정녀 마리아께 잉태되어 나시고 고난을 받으시고 묻히셨으며 죽은 이들 가운데서 부활하시고 성부 오른편에 앉으신 독생(獨生) 성자(聖子) 우리 주 예수 그리스도이심을 믿습니까?"

"믿습니다."

"불신과 부조리와 공포 분위기 속에서 방황하는 우리에게 진정한 용기와 평화를 주실 영도자는 참빛이시며 사랑이신 천주 성신(聖神)이심을 믿습니까?"

"믿습니다."

"이것이 우리의 신앙이요, 이것이 교회의 신앙이므로, 우리 주 예수 그리스도 안에서 이런 신앙을 고백하는 것은 우리의 영광입니다."

"아멘."

지난 11월 11일 밤, 명동대성당에서 열린 기도회의 '신앙고백' 가운데 일부이다. 이런 신앙고백을 하는 천주교인들의 기도회가 전국적으로 계속되고 있다.

이 '고백'에서 말하는 마귀며 죄며 악이란 무엇인가. 도대체 신앙이란 무엇인가.

정치와 종교의 관계가 어떠해야 하느냐 하는 것은 인류역사 이래의 해묵은 물음이다. 그러나 인지(人智)가 미개했던 상고(上古)의 이른바 제정일치시대(祭政一致時代)에서 인간이 달의 표면을 거닐 정도로 과학이 발달한 현대에 이르기까지 보편적인 해답은 얻지 못하고 있다. 보편적인 해답을 얻지 못하고 있는 정도가 아니라 정치권력의 복잡한 발달과 더불어 그 해답은 오히려 점점 더 어려워져가고 있다.

위의 신앙고백은 얼핏 보면 최근의 우리나라 시국에 대해 한국천주교인들이 나서 사회참여의 저항성을 보여주는 것처럼 보이지만, 실은 1961년에서 '65년까지 열렸던 제 2차 바티칸 공의회(公議

會)에서 제정된 〈현대 세계의 사목헌장(司牧憲章)〉에 따른 것이다. 위의 신앙고백에서 '공의회의 가르침'이라고 한 것은 이 사목헌장을 말한다.

제 2차 바티칸 공의회 이후 몇 해 걸러 한 번씩 세계주교회의(世界主敎會議)가 바티칸에서 열리고 있다. 지난 9월 26일부터 한 달 동안 열린 제 4차 주교회의의 주제는 '현대사회의 복음화'였다. 이 회의가 진행되는 동안 외신은 한국의 김수환 추기경이 교회의 현실참여 문제에 대해 강경한 발언을 했다고 전했다.

또한 이번 주교회의는 폐막에 앞서 10월 23일에 〈인권과 화해에 관한 메시지〉를 발표하여 세계의 주목을 끌었다.

'인권과 화해의 메시지' 주교회의에서 채택하다

손세일(이하 손) 이번 주교회의를 가리켜 교황 바오로 6세도 '역사적인 회의'였다고 했습니다만, 주교회의에 다녀오신 얘기부터 좀 해주시지요.

김수환 추기경(이하 김) 이번 세계주교회의, 곧 정확히 말하면 대의원회의라 할까, 세계 주교를 대표하는 회의를 '시노두스'라고 합니다. 시노두스는 각 나라에서 따로 할 수도 있습니다. 최고회의는 아니지요. 최고회의는 공의회입니다. 지난번 마지막 공의회가 1961년에서 '65년 12월까지 만 4년에 걸쳐서 열렸었는데, 이 제 2차 바티칸 공의회가 끝난 다음에, 지금 시대가 자꾸 변하니까 거기서 결의한 것을 시대에 따라 적응시켜서 교회가 대처하기 위해 교회 안에서 일정한 기간을 두고 주교들의 대표회의를 가져야 되겠다고 해서 열리는 것이 시노두스입니다. 제 1차로 '67년에 있었고, '69년에 2차가 있었는데 '69년 것은 엑스트라 오디나리, 곧 임시회라고 할까요. 그 다음 '71년에 제 3차 회의가 있었고, 이번이 4차인데, 제가 '67년, '71년, '73년 세 번을 주교회의 한국대표로 참석했습니다. 이번 회의의 주제는 우리 교회의 제일 큰 사명이 세계의 복음화인데 현대세계를 어떻게 하면 복음화할 수 있느냐, 하는 것이었습니다.

그러한 회의를 한 달 동안 하고 나서 발표된 1천 2백 단어의 〈인권과 화해에 관한 메시지〉는 '부정(不正)으로 희생당한 말 없는 사람들을 위해 우리의 목소리를 높이는 것이 우리의 소망이다'라고 전제하고, '오늘날 인권에 관한 한 잘못을 저지르지 않는 나라가 없다'라고 선언했다. 메시지는 오늘날 가장 위협당하고 있는 인간의 권리로 생존권, 먹는 권리, 사회·경제적 권리, 정치·문화적 권리, 신앙자유의 권리 등 다섯 가지를 들었다.(전문은 《신동아》 1975년 1월호 참조)

손 〈인권과 화해에 관한 메시지〉가 나온 배경 내지 경위는 어떤 것이었습니까?

김 〈인권과 화해에 관한 메시지〉는 엄격히 말하면 시노두스의 공식문서는 아닙니다. 시노두스에 모인 주교들이 교황과 함께 오늘의 세계 속에서 인권문제가 긴박하니까, 이 기회에 회의에 참석한 주교들의 명의로 그에 대한 메시지를 발표하자고 해서 나온 것이지요. 회의 고유의 공식문서와는 구별됩니다."

손 구체적으로 다섯 가지 항목을 지적해서 나오게 된 경위를 좀 설명해 주시지요. '먹을 권리'를 따로 설정한 것은 주교회의에 뒤이어 로마에서 열리는 세계식량회의를 의식한 것이 아니냐 하는 느낌이 들었습니다만…… 또 외신 보도로는 10월 9일엔가 김추기경께서 오늘날의 교회가 자신의 특권이나 구조 등의 침해에는 민감하면서 교회 밖의 사람들이 인간의 기본권을 부당하게 압박당하고 있는 데 대해서는 침묵을 지키고 있기 때문에 현대인들을 교회 안으로 끌어들이지 못하고 있다는 취지의 말씀을 하셨다고 했습니다만, 메시지 작성과정에 김추기경께서도 참여하셨습니까?

안경 너머로 미소를 지으며 질문을 듣고 있던 김추기경은 기자에게 담배를 권하면서 자신도 붙여 물었다.

김 메시지가 발표되던 날 전체회의에서 그 안(案)을 사회하시는 분이 갑자기 제의했습니다. 다만 저와 다른 세 분의 이름을 들더군요. 카디날 김, 카디날 비신스키(폴란드 대표), 카디날 콘웨이(북아일랜드 대표), 그리고 또 한분은 기억이 안 납니다마는, 네 사람이 각기 인권문제에 대한 발언을 했었고, 또 발언하지 않았다 하더라도 여러분이 오늘날 각 나라가 처해 있는 문제들에 대해서 관심을 가지고 있을 것이다, 우리는 사명을 띠고 있다, 그러니 이 기회에 이런 준비를 했는데 여러분 어떻게 생각하십니까, 그래 가지고 준비된 메시지를 쭉 들려주었어요."

손 준비는 집행부에서 했습니까?

김 그런 준비를 하고 있다는 말만 들었지 저도 몰랐는데, 나중에 보니까 실질적인 준비는 미국주교단(美國主敎團)에서 주동이 된 것이었습니다. 몇 분들이 거기에 초청되었는데, 저는 초청된 일이 없고, 유럽에서 오신 몇 분, 프랑스 마르세유 대주교 같은 분들이 초청돼서 작업을 했다고 해요. 그것이 상정될 때에 총회에서 문안을 읽은 분은 미국주교단의 의장이었던 필라델피아의 크롤 대주교였어요. 찬반(贊反)을 물으니까 거의 다 찬성해서 사회자가 유나니무스 콘센서스(unanimous consensus), 즉 전원찬성이라고 선포하니까 뒤에서 전원찬성이 아니라고 말하는 분들이 있었어요. 그래서 반대하는 사람 손 들라고 하니까, 네 사람이 손을 들더군요. 참가자는 모두 209명이었습니다.

손 그 메시지의 내용에 대해서 추기경께서는 어떻게 생각하십니까?

김 사실 내용은 새로운 것이 아닙니다. 그 동안 교황들께서 내신 사회문제에 대한 회칙(回勅)이 있습니다. 교회 관례로서 사회회칙이라고 하는데, 그 가운데 요한 23세께서 내신 〈지상(地上)의 평화〉라는 것이 있습니다. 그 메시지 안에도 이번 주교회의 메시지와 같은 내용이 있습니다. 작년이 〈지상의 평화〉를 발표한 지 10주년이었습니다. 회칙에는 제 1부와 제 2부가 있는데, 제 1부가 주로 인권에 대한 것, 즉 인간의 권리와 의무에 관한 것이고, 제 2부는 공권력(公權力)에 대한 것인데, 공권력이 인간 기본권에 대해서 어떤 관계를 가지는가, 이런 내용들은 사실 요한 23세 회칙에서 더 강하게 언급되고 있습니다. 그 밖의 여러 가지 교회 도큐멘트(文書)에도 인권에 대한 것이 있습니다. 그것을 이번에 다시 한 것인데, 의의가 있다면 이번 기회에 교황 혼자서 말하지 않고 여러 나라에서 인권문제가 일어나고 있는 이때 교황과 주교들이 함께 했다는 점입니다.

손 귀국하셨을 때 공항 기자회견에서 말씀하신 것을 보면, 이번 회의에서 각국의 인권 탄압문제와 동구권(東歐圈)의 신앙자유 문제가 논의되었다고 하셨는데, 어느 정도로 논의되었습니까?

김 우리나라도 북쪽에 동구권 이상의 공산주의가 있지만, 사실 동구에서는 신앙의 자유가 굉장히 침해되고 있는데 언론에서도 제대로 다루어지지 않고 있습니다. 신앙의 자유뿐 아니라 언론의 자유라든지 이런 자유가 공산치하에서는 없지 않습니까. 말해야 소용이 없으니까 말하지 않는 것이겠지만. 이번에 어떤 분이 이런 말을 했어요. 세계 매스미디어도 그런 말 안 한다, 우리도 그 말 안 하면 누가 하겠느냐, 하고 굉장히 강하게 주장했어요. 그래서 특별히 신앙의 자유문제가 메시지에 들어갔고, 또 함축적으로 소시얼 미니스터리(social ministry)라는 말이 있어요. 신앙의 자유에서 소시얼 미니스터리의 자유도 있어야 한다, 교회가 사회문제에 대한 발언을 한다든지 봉사를 한다든지 하는데 교회로서 교회신앙의 자유가 있어야 된다. 이런 의미입니다.

손 한국 인권문제는 어느 정도로 얘기되었습니까?

김 한국문제를 구체적으로 이렇다 하고 제가 말하지 않는 이상 누가 말하겠습니까. 물론 가톨릭교회 안에 지(池) 주교님 사건*이 나고부터 관심을 가진 주교단에서 편지를 보내왔었습니다마는, 제가 이번에 가서 받은 것이 많습니다. 예를 들면 독일주교단이 한국 인권문제에 대해서 강력하게 발언했지요. 그리고 오스트리아에서

---

* 1974년 지학순(池學淳: 1921~1993) 주교가 '유신헌법은 무효'라는 양심선언을 했다가 중앙정보부에 연행되어 징역 15년을 선고받은 사건을 말한다.

도 비엔나에 계시는 추기경께서 메시지를 주셨고, 잘츠부르크의 대주교님, 프랑스의 정의평화위원회(正義平和委員會) 위원장 되시는 주교님, 그 외의 여러 나라에서 있었습니다. 그 동안 미국에서도 저한테 보냈다는데, 한 장도 들어오지 않았습니다. 하나 오스트리아에서 보낸 것은 국내에서 받았었고, 그 이외의 대부분은 거기에 가서 받았습니다.

손 〈인권과 화해의 메시지〉는…… 오늘날 인권문제가 없는 나라가 없다고 했는데, 가령 유엔에서도 공식적으로 관심을 표명하고 있는 칠레라든지 그 밖의 다른 나라의 인권문제에 대해서도, 한국에 대해서와 같은 그런 메시지가 많이 전달되었습니까?

김 있었겠지요. 구체적인 예로, 칠레의 인권문제에 대해서는 미국주교단이 공식적으로 발표한 일이 있습니다.

손 지(池) 주교의 '양심선언'이 교황청에도 보내졌다고 하는데, 교황청의 반응은 어떤 것입니까?

김 교황청에서도 지 주교님의 양심선언뿐 아니라 이 사건 자체에 대한 관심이나 우려가 굉장히 크지요. 그런데 교황청이란 종교단체여서, 어떤 구체적인 행동을 취한다든가 하기는 어려워요. 무엇을 하겠습니까? 항의 정도지요.

〈헌법〉 제 16조에는 '모든 국민은 종교의 자유를 가진다. 국교는 인정되지 아니하며 종교와 정치는 분리된다'라고 규정되어 있다. 이러한 종교의 자유는 근대 자유민주주의 국가의 자유권 가운데 선구적인 것이다. 그것은 유럽 사람들이 교회와 결합된 국가권력에 맞서 여러 세기에 걸쳐 싸워 획득한 것이다. 종교의 자유는 신앙의 자유뿐만 아니라 예배, 기도 등의 의식과 종교를 위한 선전, 교육의 자유 및 종교적 결사(結社)의 자유까지 포함한다. 특히 종교적 결사의 자유는 일반 결사의 자유보다 더 보장되게 마련인 것으로, 우리나라의 〈사회단체등록에 대한 법률〉에서도 종교단체에 대해서는 등록을 요구하고 있지 않다.

국민의 기본권을 너무나 제한하고 있기 때문에 개정이 필요하다는 말이 나오고 있는 현행 헌법에서도 유보조항 없이 그 자유가 보장되어 있는 종교란 무엇인가.

종교의 정의는 그것을 말하는 사람의 수만큼이나 많아서 《종교정의집》(宗敎定義集)이라는 책이 있을 정도다. 박해와 수난으로 엮어진 한국천주교회사 200년에 처음 탄생된 추기경인 김수환씨의 의견이 듣고 싶었다.

종교와 정치는 분리될 수 있는가

손 한마디로 말해서 종교가 무엇입니까?

김 글쎄요. 종교도 많기 때문에…… 종교 안에는 불교도 들어가고, 여러 가지 종교가 있지 않습니까. 심지어 우리나라의 토속종교도 들어가고…… 인간이라든가 인간세계를 초자연과의 관계에서 보고 거기에 어떤 신념을 가지고 있는 것이 종교겠지요. 일반적인 얘기는 그런데, 저희들 천주교, 기독교 입장에서 볼 때 하느님의 계시에서 인간과 인간세계를 보고 또 그 구원을 믿는 것이 우리의 신앙입니다.

손 우리가 말하는 인권 개념도 종교적인 관념, 특히 기독교사상에서 나온 것이 아닙니까? 이른바 천부인권설(天賦人權說) 말입니다.

김 인권을 존중해야 된다, 인권을 왜 존중해야 되느냐, 인간은 존엄하기 때문에 인권을 존중해야 된다, 그러면 인간은 왜 존엄하냐 하는 것이 근본적인 것입니다. 손선생께서는 답을 어떻게 하시겠어요?

손 글쎄요. 인간이 하느님을 닮았다, 즉 하느님 형상으로 만들어졌다고 하는 사상에서 기독교의 인권사상을 짐작은 합니다만.

김 인권을 위해서 기도회를 가지기도 하고 인권주간(人權週間) 행사도 하고 하는데, 왜 인간이 존엄하냐, 이 근본적인 문제를 이해하고 인권의 존엄을 말하는 것인지 잘 모르겠습니다. 그냥 인간을, 하느님을 떠나서 볼 때에는 인간이라는 것이 하나의 지혜를 가진 고등동물이다, 그러면 고등동물인데 꼭 거기에 존엄할 이유가 있는지 모르겠어요. 제가 보기에는 고등동물인 인간에게서는 존엄해야 할 이유가 별로 보이지 않습니다. 순전히 생물학적 발전과정에서 인간을 본다면 결국 하나의 고등동물인데, 그런 인간을 존엄하다, 그래서 권리의 신성불가침이다, 그런 인간을 저희들로서는 발견하기 힘듭니다. 저희들로서는 모든 인간이, 어떤 인간이라든지 그 사람의 외모라든지 신분이라든지 지위라든지에 관계없이 인간으로서 볼 때에 하느님의 모습으로 창조되었다, 또 하느님의 모습을 반영한다, 그리고 또 그것만이 아니라 하느님의 영원한 생명에 참여하는 소명을 받고 있다, 그러므로 신성불가침의 무엇을 지녔다, 인간의 존엄성의 이유가 바로 거기에 있습니다. 그래서 인권은 존중되어야 합니다.

손 그 말씀을 연장해서 생각하면, 가령 현실 정치적인 의미에서의 인권운동은 곧 전도운동이 되겠는데요. 그런 인식을 못하는 사람들에게 그런 인식을 갖도록 하는 뜻에서 말입니다. 그런 면에서 가톨릭의 전도운동은 너무 소극적이다. 폐쇄적이다 하는 일반적인 평이 있습니다만.

김 꾸중을 하셔도 할 수 없습니다. 저희들로서는 이번 기도회 같은 행사를 통해 그것을 주도하는 신부님들 자신이 그것을 느끼고, 앞으로 계속해서 우리나라 안에서 그런 근본적인 문제가 제기되도록 하고자 합니다. 실제로 글 쓰시는 분들도 인간의 존엄성에 대해서, 가령 《동아일보》의 '횡설수설'란 같은 데서 인간은 존엄하다고 글을 쓰시는 분들도 하느님을 믿지 않는지 모르겠습니다. 그러나 유물론적인 눈으로 인간을 볼 때에 참으로 인간의 존엄성이 나오겠습니까? 유물론적인 입장에서 보면 인간은 얼마든지 경제의 도구로 취급될 수 있습니다.

손 그런 관점에서 얘기한다면, 인권존중을 보장하기 위한 제도인 근대국가의 정교분리(政敎分離) 원칙은 오히려 이상해지지 않습니까?

김 정교분리 그 자체를 우리가 어디에서 어떤 의미로 해석하느냐에 따라서 다르겠지요. 어떤 때에는 해석 여하에 따라서 정교분리가 성립될 수도 있고, 아주 근본문제로 들어갈 때에는 성립이 안 될 수도 있습니다.

손 그와 관련해서 요새 신구(新舊) 기독교에서 하고 있는 기도회나 각종 집회 등은 인권운동이라고 말하지만, 사실은 인권운동이 아니라 정치운동이라고 말할 수 있지 않습니까?

김 정치라는 것을 어떻게 보느냐에 따라서 또 다릅니다. 정치라는 것 역시 여러 가지 분야에서 어떤 한 부면을 정치라고도 할 수 있고, 전문적 직업적으로 정치를 하시는 분들도 있고 한데, 그런 의미에서는 우리가 하는 것을 정치운동이라고는 할 수 없습니다. 그러나 정치라는 것이 결국 인간사회 전체를 지배하지 않느냐, 정치 여하에 따라서 인간이 행복해질 수도 있고 불행해질 수도 있고, 인간의 기본자유라든지 이것이 보호될 수도 있고 안 될 수도 있고, 이렇듯 정치는 인간의 생활을 좌우하고 있습니다. 그러므로 교황 요한 23세가 강력히 말한 〈지상의 평화〉 같은 공권력의 제1차적인, 가장 중요한 임무는 국민 각자의 기본인권을 옹호하고 증진하는 데 있고, 그 국민 각자의 기본인권이 옹호되고 증진되어야만 사회 전체의 안녕과 질서가 잡히고 번영이 있으며, 그래야만 국가사회의 공동선(共同善)이 이룩될 수 있는 것입니다. 정치권력이라는 것은 공동선을 추구하는 것인데, 공동선이란 그 사회 구성원인 모든 국민의 권익이 잘 보장될 때, 또 증진될 때 있는 것이며, 그것은 흔히 애기하는 '국가이익'이라고 하는 것과는 다릅니다. 국가이익을 위해서 국민의 자유가 제한되어야 된다든지 그럴 때 국가이익이라는 것은 교회에서나 〈지상의 평화〉에서 말한 공동선이라는 것하고 개념이 다릅니다. 우리들이 볼 때에 어떤 정치권력체가 어떤 이유에서든지, 정치권력 자체에서 무슨 이유가 있을 수 있겠지만, 근본적으로 체제라든지 혹은 법령 같은 것이 인간의 기본권을 유린한다든지 심히 제약한다든지 할 때에, 하느님의 모습으로 태어난 가장 존귀한 존재로서의 인간은 하느님이 부여한 아주 기본적인 자유라든지 권리를 국가권력이 침해한다, 그때문에 인간이 자신의 행복이나 성장을 제약받는다, 그럴 때에는 우리는 하느님의 존엄한 존재를 어떤 권력기관이 그렇게 할 수 없다, 하고 말하게 되니까 정치에 대한 비판이 될 수 있습니다. 그러면 정치하시는 분들이 보기에는 정치관여가 되겠지요. 그러나 그것은 정치하시는 분들이 본시 해야 할 사명을 안 하고 있기 때문입니다.

손 인간의 기본적인 자유와 관련하여 최근에 특히 선진 제국(諸國)에서 얘기되는 기성질서로부터 인간성의 해방이라는 측면에서 논의되는 일련의 주장, 쉽게 말해서 욕망을 욕망대로 추구하겠다는 풍조, 가령 성(性)의 해방이다, 우먼 리브(Women's Liberation Movement: 여성해방운동)다 하는 풍조를 인권의 신장이라는 측면에서 어떻게 보십니까?

김 부분적으로는 인권의 신장이겠지요. 현재 서구사회에서, 여성해방운동이라고 합니까, 우먼 파워라 합니까, 그것을 동시에 인권 신장하고 똑같이 이해할 수 있느냐, 거기에는 도의상 윤리상 여러 가지 문제가 있지 않겠습니까? 물론 저희 교회의 입장에서는 아직까지 우리가 가지고 있는 윤리관이나 도덕관, 이런 점에서 현재까지는 보고 있지요. 그것이 교회로서 장점이기도 하고, 그렇지 않은 저 사람들이 볼 때에는 제약성이다, 교회가 너무 좁게 본다, 이렇게도 볼 수 있겠지요. 거기서 그분들이 하고 있는 것이 여성을 정말 전세계적으로, 우리나라 같은 데서는 더하지만, 정말 여성을 남성과 똑같은 동격의 인간으로서, 퍼슨으로서…… 이 'person'이라는 말이 우리말에는 없는 것 같아요. 남자도 퍼슨이고 여자도 퍼슨이다, 우리말로 하면 남자도 사람이고 여자도 사람이다, 이렇게 밖에 번역이 안 되겠는데, '퍼슨'은 그보다도 좀 더 깊은 뜻이 있는 것 같아요.

어떤 인격의 주체자로서 우리가 충분히 여성을 대우했느냐, 지금 사회의 구조라든지 제도가 여성을 사실상 그렇게 대우하고 있느냐, 남자와 똑같이 정말 여성도 퍼슨으로서 존중했느냐 하면 거기에는 문제점이 있는 것 같습니다. 우먼 파워가 어떤 의미의 그런 각성을 시켜주는 것이라면 인권 신장의 한 측면이라고 볼 수 있겠는데, 그 사람들의 목적이 바로 이것과 부합되었느냐 할 때는 문제가 또 다릅니다.

손 그런 운동까지 포함해서 지금의 세계가 하느님의 말씀이 점점 전파되어서 하느님의 뜻대로 더 발전되어 가고 있습니까, 반대로 점점 더 말세에 가까워지고 있습니까?

김 우리 기독교는 언제든지 희망의 종교입니다. 종말론이라는 것은 말 자체가 우리말로는 적합하지 못합니다. 신학에서 말하는 종말론이라는 것은 언젠가 이 세상에 종말이 온다는 뜻의 얘기인데, 그 종말이라는 말에는 완성의 뜻이 있습니다. 우리가 완성해 가는데, 영광스러운 완성을 목표로 해가는 것이니까, 그것은 종말이 아니고 거기에 어떤 영원의 시작, 참된 영원이고, 성경에서 말하는 새 하늘과 새 땅, 정말 거기에는 눈물도 없고 고통도 없고 모든 인간이 참되고 죄에서도 해방되고 죽음에서도 해방되고 모든 억압에서도 해방되고…… 인간의 가장 큰 공포가 죽음에 대한 공포가 아닙니까. 그런데 죽음이라는 것이 무엇인가가 문제가 되겠는데, 성경에서 말하는 죽음이라는 것은 영원한 생명을 향한 완성입니다. 그런 방향으로 역사가 진행되어 나간다고 보는 것이 우리 기독교이고, 언제든지 우리는 이 역경 속에서, 이 역경은 우리에게 새로운 발전을 위한 터전이 되는 것이고, 하나의 밀알이 땅에 떨어져서 썩으면 거기에서 많은 결실을 얻는 과정, 생명성장의 과정으로 볼 때에 여기에 고통이 있더라도 그런 고통이나 수난을 겪어서 성장이 있고 행복이 있고 완성이 있다, 이렇게 보기 때문에 우리는 희망적입니다.

손 그렇게 볼 때에, 주교회의 메시지에서도 지적되었듯이 세계적으로 모든 나라에 인권문제가 있고 인권탄압이 심하다는 것은, 거꾸로 얘기하면 인권이 그만큼 신장되고 있다는 증거도 되지 않습니까?

김 인권에 대한 각성이 그만큼 커져가고 있는 것이지요. 유엔이 인권선언을 한 것이 금년으로 26주년인데, 그 전에 세계적으로 개개인의 휴머니즘도 있었고 무엇도 있었지만, 세계적으로 국가들의 모임인 유엔이 인권을 선언한 것은 인권에 대한 문제를 전인류의 문제로 각성케 한 것이었습니다. 그런데 그 동안 그 각성이 잘 지켜졌느냐 하면 그렇지 않고 다시 엎치락뒤치락했지요. 26주년 뒤에 다시 전세계적으로 이런 각성들이 더 거세게 일어난다고 볼 수 있어요. 이렇게 인간을 존중해야 된다는 각성이 전세계적으로 일어난다는 그 자체가 인류사회 전체를 위해서는 굉장히 희망적인 증거로 보입니다.

근년에 세계적으로 인권문제가 더 거세게 논의된 데에는 국제정치 질서의 개편도 관련이 있어 보인다. 이른바 국제정치의 다원화(多元化)에 따른 민족국가의 자주성과 독립성이 문제되면서 냉전시대에 관철되었던 여러 가지 분야의 국제주의에 제동이 걸리고 있다. 인권문제도 그 가운데 하나다. 다시 말하면 〈세계인권선언〉

이 표방한 보편적인 인권개념과 절대적인 주권개념이 관념상으로
가 아니라 비로소 현실개념으로 등장하여 시련을 겪고 있는 것이
라고 볼 수 있다. 그런 점에서 김종필(金鍾泌) 국무총리의 발언과
관련하여 성서해석을 둘러싸고 주로 신교도들 사이에서 '권력과
교회'에 대한 논쟁이 일고 있는 것은, 그러한 시련의 상징적인 사
건이다.

문제가 된 성서의 구절은 〈로마서〉 13장의 '모든 권세는 다 하느
님이 정한 바이므로 이에 복종해야 한다'라고 한 대목이다. 전문은
다음과 같다.

'사람은 누구나 다 위에 있는 권세에 복종해야 합니다. 모든
권세는 하느님으로부터 온 것이며, 이미 있는 권세들도 하느님께
서 세워주신 것이기 때문입니다. 그러므로 권세를 거스르는 사람
은 하느님이 정하신 것을 거스르는 일이며, 따라서 거스르는 그
사람은 자기에게 내릴 심판을 각오해야 합니다. 선을 행하는 사
람들에게는 통치자가 두려울 것이 없고 악을 행하는 자에게만
두려움이 됩니다. 당신이 집권자를 두려워하지 않으려거든 선을
행하시오. 그리하면 그가 당신을 칭찬할 것입니다. 그는 당신의
유익을 위하여 일하는 하느님의 일꾼입니다. 그러나 당신이 악한
일을 행하면 두려워할 수밖에 없습니다. 그는 공연히 칼을 차고
있는 것이 아닙니다. 그는 하느님의 일꾼으로서 악을 행하는 자
에게 하느님의 진노를 집행하는 사람입니다. 그러므로 다만 진노
를 두려워해서만이 아니라 또한 양심을 위해서도 복종해야 합니
다. 여러분이 세금을 바치는 것도 같은 이유에서입니다. 그들은

하느님을 섬기는 자들로서 이 한 가지 임무에만 종사하고 있습니다. 그러므로 여러분은 그들에게 여러분의 의무를 다해야 합니다. 조공을 바쳐야 할 자에게는 조공을 바치고, 세금을 바쳐야 할 자에게는 세금을 바치고, 두려워할 자를 두려워하고, 존경할 자를 존경해야 합니다.'

〈로마서〉는, 예수 생전의 제자는 아니었지만 기독교를 세계종교로 만드는 데 가장 큰 공헌을 한 사도 바울이, 로마제국이 기독교를 공인하기 전 로마의 교인들에게 보낸 편지이다.

손 최근 국무총리의 연설을 계기로, 주로 신교에서 〈로마서〉 13장의 권세에 복종하라는 구절에 대해 비록 독재정권이라 하더라도 복종해야 된다는 의견도 있고 그렇지 않다는 의견도 있습니다마는, 추기경께서는 어떻게 생각하십니까?

비법적(非法的) 권력과 공동선을 위한 저항권

김 저희들은 전통적으로 모든 권위의 원천은 하느님이라고 봅니다. 그러나 바로 그 말이 모든 집권자가 하느님으로부터 선정되었다는 말은 아닙니다. 국가 사회의 안녕과 질서를 위해서는 국가권력이 있어야 됩니다. 공동체 전체의 안녕과 질서를 유지하고 발전시켜 나가며 행복을 추구해나가는 그런 의미의 권력이 있어야 됩니다. 그런데 그 권력은 하느님으로부터 온다는 것입니다. 인간은 사회적인 존재 아닙니까. 그러면 사회적으로 모여서 살아야 되는

데, 사회적으로 모여서 사는 인간이 그 사회 안에서 행복하기 위해서는 모든 부분의 인간관계에서 균형을 가져오고 질서를 유지하는 일을 통괄해 나가는 통치권이 있어야 된다, 통치권 그 자체는 하느님으로부터 온다. 인간의 기본권이 하느님으로부터 오는 것이니까, 인간의 기본권 안에 통치권에 대한 권리도 있고 의무도 있습니다. 그렇게 볼 때 통치권이라는 것은 묵계(默契)라든지 혹은 계약으로라든지 실정법(實定法)으로 만들어지는 것이 아니라 자연법 그 속에 들어 있는 것입니다. 그러면 통치권을 누가 잡든지, 잡는다는 것은 인간 각자가 가지고 있는 기본권을 전제로 하여 이것을 바탕으로 하고 이것을 존중하는 과정을 통해서 잡을 때, 그때 정말 하느님으로부터 온 것이고, 거기에 복종할 의무가 있지요. 그래야 인간 각자가 행복할 수 있으니까. 그러나 이 권리를, 사람과 사람 사이에 자유의 남용이 있어서 인간의 권리를 한 사람이 유린한다든지 통치권이 비법적(非法的)으로 장악하는 수도 있습니다.

손 비법적이라는 것은 비자연법적이라는 말입니까?

김 그렇지요. 인간의 정치에 대한 참여를 거부하고 비법적으로 통치권을 차지한다는 것은, 하느님으로부터 오는 통치권을 폭력으로 빼앗는 것이지요. 비법적으로 빼앗아가지고, 이것을 정당화하기 위해서 하느님으로부터 왔다, 과연 이렇게 말할 수 있겠습니까.

손 비법적인 권력에 대한 저항권은 물론 기본권의 하나가 되겠습니다마는, 그리고 그것의 행사에서 폭력적 수단도 있을 수 있느냐 하는 것은 논자들 사이에도 의견이 갈리는 대목입니다만, 그 문제는 어떻게 생각하십니까?

김 그러면 역시 폭력의 악순환이 되겠지요. 악에 대해서 악으로

갚는다는 것이 되지 않겠습니까.

손 하느님의 뜻에 따른 기본질서를 회복하기 위해 그 방법밖에 없다고 판단되더라도 역시 그렇겠습니까?

김 그것이 참 어려운 문제입니다. 폭력문제인데, 저희 교회의 견해로서는 어디까지나 폭력은 옹호할 수 없습니다. 1차적인 폭력을 옹호할 수 없는 것과 마찬가지로, 2차적인 폭력도 정당화할 수 없습니다. 목적이 수단을 정당화할 수 없다는 말이 있지요. 하나의 폭력에 대해서 다른 폭력으로 대결할 때에 더 큰 비극이 옵니다. 그것을 정당화할 수는 없어요.

교회 안에서도 현재 급진적인 의견을 가진 사람들 가운데는 지금 질문하신 폭력밖에 남지 않았을 때, 저쪽에서 폭력을 먼저 썼고, 우리의 권리를 정당하게 되찾기 위한 다른 길이 도저히 없고 폭력밖에 없을 때에는 써도 되지 않느냐, 하는 의견이 나오고 있습니다. 거기에 대해서 아직도 우리 교회는 전통적인 입장인지 모르지만, 안 된다, 그것은 폭력의 악순환에 지나지 않는다. 불의에 대해서 정당한 방법으로 싸우다가 그 불의를 극복하지 못할 때에는 그 안에서 불의를 감내하면서 수난을 당하는 것이 교회의 나아갈 바라는 생각입니다. 예수 그리스도가 그런 수난의 길을 가셨고, 그러니까 그리스도의 길, 그것이 우선 당장 폭력으로 하면 쟁취할 수 있을 것같이 보이지만, 얼마 안 가서 폭력의 악순환으로 오래 가지 못하고, 지속성이 없는 것이고, 따라서 폭력적 수단은 궁극적으로는 참된 것이 아닙니다. 오히려 더 영구적인, 인류 전체 내지 인간 본연의 해방, 즉 구원을 위한, 참된 자유를 위한 그리스도의 길은, 불의에 의해서 수난당한 그리스도의 고난의 길을 가는 것이고 그것이 인간 자신을 참되게 해방시키는 길이다, 이렇게 봅니다.

손 관련되는 문제입니다만, 기독교 인구가 많은 나라에서는 기독교정당들이 있지 않습니까? 현실사회에서 기독교 이념을 펴려는 적극적인 목적에서 정당을 만들어 정치활동을 하고 있는데요, 어떻습니까, 우리나라에도 그런 기독교정당이 필요하다고 생각하지는 않으십니까?

김 기독교 정당이 있는 나라가 더러 있습니다. 기독교 정당이 정권을 잡고 있는 나라도 있습니다. 그런 경우 또 다른 의미에서 정교분리의 문제가 생깁니다. 그러면 그 정당과 교회는 어떤 일체성(identity)을 가져야 되느냐 하면 그렇지 않습니다. 정당을 결성하고 있는 사람들이 다 신자들이고 교회에 속하지만, 그러나 그것과 교회는 분리되어야 한다는 것이지요. 과거에는 서로 일치하는 부분이 있었지요, 중세 같은 때에는. 그런데 지금은 거기에서 언제나 개별적(distinct)이고 소원한(distant) 자세를 취하는 것이 교회가 가는 길입니다.

손 실례되는 질문일지 모르겠습니다만, 자유당 말기에 부통령선거에서 천주교 신자인 장면(張勉)씨와 자유당의 이기붕(李起鵬)씨가 대결했을 때에 교인들은 장면씨에게 투표하라는 지시를 받았던 것으로 아는데요, 그런 경우는 어떻습니까? 교회로서 공식기구를 통한 지시는 아니었던가요?

김 공식기구를 통한 지시는 아니었습니다.

추기경은 잘라 말했다. 그리고 얼마간 사이를 두었다가 엄숙한 표정으로 말을 이었다.

김 그 당시에도 투표하는데, 장면씨가 신자이기 때문에 그에게 투표하라고 한 것은 절대로 아니었습니다. 그것이 민주주의의 발전에 도움이 되는 일이라고 판단해서 한 것이지…… 지금도 어느 가톨릭 신자가 나왔다고 하더라도, 교회가 가지고 있는 이념과 다르면 신자라고 해서 투표하지는 않을 것입니다. 신자가 아니더라도 어느 편이 민주주의적이고 국민을 위하느냐 할 때 교회는 그쪽을 권할 수 있는 것이고, 권하는 것은 국민 전체의 공동선을 위해서입니다. 우리나라에 기독교 정당이 필요한가, 그것을 우리나라에도 만들 만한 힘이 있는가에 대해선 잘 모르겠습니다만, 저는 구체적으로 한 번도 생각해 본 일이 없습니다.

손 현행헌법이 확정되는 국민투표 때에는 가톨릭교회에서 투표를 어떻게 하라는 지시가 없었습니까?

김 그 당시는 계엄령이 선포되어 있던 때가 아닙니까. 마침 저는 해외에 나가 있다가 국민투표가 끝난 뒤에 돌아왔습니다. 제가 있었더라도 교회에서 공적으로 무슨 말은 못했을 것입니다. 그때는 모두 겁이 나서 말을 못했잖아요.

가톨릭 안에는 현재 구속되어 있는 지학순(池學淳) 주교가 총재로 있는 로마교황청 산하단체인 정의평화위원회가 있다. 또 이와는 별도로 지 주교가 구속된 뒤 주로 젊은 신부들이 주동이 되어 천주교정의구현전국사제단(天主敎正義具現全國司祭團)이 조직되었다. 일련의 '인권 회복을 위한 기도회'도 이들이 주도하는 것이다. 그들 이름의 '시국선언'도 두 번이나 발표되었고, 개헌을 요구하는 사람들이 과연 '일부'인가를 확인하기 위해 개헌서명을 자유롭게 하고 공개토론을 벌이자는 등의 제의도 있었다. 현재 이 사제단에는 외국인 신부 20여 명을 포함, 모두 320여 명의 사제들이 가입해 있다.

손 정의구현전국사제단의 활동을 어떻게 보십니까?

김 그분들이 주장하는 원칙이나 뜻하는 것은 찬성입니다. 자발적인 움직임이고 대체로 젊은 분들이 참여의식을 더 강하게 느껴서 하고 있는데, 그에 대한 종합적인 평가는 그분들 자신이 좀 더 시간을 두고 해볼 기회가 있지 않을까 생각합니다. 교회 전체로서도 그런 문제를 언젠가 한번 시간을 두고 종합적으로 검토해 보아야 할 것입니다만, 현단계로서는 거기에 대한 구체적인 코멘트를 하기가 어렵지 않느냐 생각됩니다.

손 가톨릭 신자 80만 가운데는 현 정권과 직접적이든 간접적이든 이해관계가 있는 사람들도 있을 것이고, 따라서 시국관에는 차이가 있을 수 있을 텐데요. 신도들 사이에 이런 의견대립 같은 것은 없습니까?

김 있습니다. 교회 내에서 서로 의견차이도 있고, 근원적으로는 교회가 직접적으로 사회 전체에서 일어나는 문제와 부닥치게 되니까, 거기에 대해서 어느 정도까지 나가는 것이 옳으냐, 옛날에는 교회라는 것은 순수 영혼을 구하는 것이었다, 모든 사람의 마음의 정화를 추구하는 것이 교회이지 정치가 어떻고 할 필요가 있겠느냐, 이렇게 생각하는 사람도 있습니다. 당연하다고 볼 수 있어요. 왜냐하면 지금까지 교회의 전통 속에 그런 것이 있으니까요. 이런 문제는 한국의 교회 안에만 있는 것이 아니고 전세계적으로 그렇습니다. 이번 로마의 주교회의에서도 그 문제가 나왔어요. 에반젤리제

이션 앤드 리버레이션(Evangelization and Liberation)의 문제, 곧 복음화와 인간해방의 문제에 대해 물론 전체회의에서는 메시지의 마지막 결론에서 더 적극적으로, 교회가 인간해방을 위해, 인간 기본권의 신장을 위해 일하는 것과 복음전도는 아주 긴밀한 연관이 있다고 말하게 되었습니다만, 거기까지 가는 데에는 서로의 의견 차이를 엿볼 수 있었어요. 나라의 환경에 따라서 혹은 각자의 연령에 따라서 어느 정도 차이를 느낄 수 있었는데, 그런 것을 우리가 마찰로써 혹은 대결로써 해결하려고 하기보다는 서로 이해로써 대화로써 해결해 나가야 합니다. 오늘과 같은 다원사회(多元社會) 안에서 의견을 달리하는 사람이 있을 수 있다는 점은 아주 중요합니다. 그리고 이 의견을 달리하는 것을 존중하는 일이 서로 간에 중요합니다. 적극적으로 사회참여를 하는 분들이 사회참여 안 하겠다고 하는 사람들을 의견을 달리한다고 규탄한다면 그것은 독선이고, 사회참여를 안 하고 전통적인 의미의 종교 관념을 가진 사람들이 사회참여를 교회의 세속화다, 정치화다 하고 지나치게 규탄해도 독선입니다. 국가사회 전체 안에서도 의견을 달리한다고 배타적으로만 나갈 것이 아니라 좀 더 존중해 나가는 것이 좋을 것 같아요.

손 그런 점에서 인권문제를 의견이 달라질 수 있는 공권력(公權力)과의 관계에서만 강조할 것이 아니라, 가령 이번 주교회의 메시지에서도 지적된 '먹을 권리'라든가 생존권, 말하자면 사회복지 문제에 더 관심을 기울이면 별로 의견차이도 없을 것이고, 어느 의미에서는 더 본질적인 인권신장운동도 될 수 있을 것 같은데요, 그 점에서는 천주교회도 소극적이 아닌가 생각합니다. 교육과 의료문제는 인권이라는 차원에서 인식되어야 할 것 같습니다. 또 구호사

업도 그렇지요. 뿐만 아니라 오늘날과 같은 산업사회에서 근로자들의 권리향상 문제 같은 것도 있겠고요. 그런 문제에 대해서는 가톨릭이 너무 소극적이지 않습니까? 개헌운동만이 인권운동이냐, 하는 비판이 정부쪽 사람들만의 이야기는 아닙니다.

김 비판을 한없이 들어도 거기에 대해서 변명이라 할까, 아니요 하고 주장할 만큼 떳떳하지 못합니다. 교육은, 아시다시피 가톨릭은 순수복음 선교에 치중하고 개신교 같은 데 비하면 훨씬 등한히 했지요. 일제강점기 때에 시작이 그렇게 되어 해방이 되고 겨우 대학도 몇 개 가지게 되고 중고등학교도 경영하고 있습니다. 우리 힘으로.

의료는 저희들 나름대로 충분히 하고 있느냐 하는 데는 아직 문제가 있지만, 한국 전체 의료사업에서 가톨릭이 10퍼센트를 차지하고 있습니다. 또 가톨릭 병원협회(病院協會)를 통해서 사회의료화(社會醫療化)에 좀 더 봉사해야 되겠다는 방향으로 노력은 하고 있습니다. 그런데 한국적 여건 속에서 정말 순수봉사적인 의료를 할 수 있느냐, 이것은 단순하지 않습니다. 의과대학을 유지해 나가야 된다, 또 병원의 스탭들을 유지해 나가야 된다, 거기에 따르는 인건비 등을 생각해야 되고, 의료기구 같은 것도 국가에서 국가 전체의 의료를 모든 국민에게 혜택이 돌아가게 하기 위해서 특혜를 주느냐 하면 그렇지도 않거든요.

노동문제도 그렇습니다. 가톨릭 노동청년운동(勞動靑年運動)이라는 것이 있는데 노동청이라든지 정보기관이라든지 경찰에서 볼 때에는 그것이 눈엣가시처럼 보일 만큼 그렇게 되어 있는데, 그것도 좋지는 않지요. 왜 하필 눈엣가시가 되었느냐, 그러나 다른 일면으로는 저희들 나름대로 미력하나마 근로자들의 권익이라든지 복지를 위해서 노력은 하고 있다고 말할 수 있습니다. 금년에도 제가 오기 전이라서 참석은 못했습니다마는, 11월 25일부터 29일까지 노동문제에 대한 세미나가 있었습니다. 주교님들 혹은 교회 내의 신부님들 대표와 수도자들 대표가 참석해서 5일 동안 했는데, 각 노동계에 실제로 종사하는 사람들, 혹은 전문가들, 노동청에 계신 분들까지 초청해서 했습니다, 그러나 아직까지 방금 말씀하신 대로 우리가 교회로서 충분히 서민대중을 돌보고 있느냐, 근로자들을 돌보고 있느냐, 아니지요. 도저히…… 정말 참 미미하지요. 그런데 한국 전체가 안고 있는 문제를 교회만이 해결할 수 있느냐, 그럴 능력이 있느냐 하면 그것도 아닙니다. 국가적인 정책면에서 뒷받침이 있어야지 저희들만 가지고는 마찰만 오고 안 되요.

고립적인 내셔널리즘은 발전하지 못한다

기독교가 사회참여를 하는 경우에도 구체적인 문제보다는 원칙적인 문제에 더 비중을 두는 것은 본질적인 보편주의 때문일지 모른다. 물론 기독교가 후진국의 근대적인 내셔널리즘의 발전에 기여한 바가 결코 적지 않으며 사목헌장(司牧憲章)에도 '조국에 대하여 충실하고 너그러운 애국심을 기르며'라고 말하고 있지만, 기본적으로는 역시 국제주의이다. 〈세계인권선언〉 26주년 기념강연회에서 함석헌(咸錫憲)씨가 인권에 관한 한 이제 국경이 없어졌다면서, '국가주의는 국민의 의식수준이 유아기에 있을 때나 가능한 것이지 성인의 처지가 되었을 때는 적용될 수 없는 것이다'라고 말하고 있는 데서도 그러한 사상을 엿볼 수 있다. 그러나 오늘날 개발도상국은 물론 국민의식이 '성인의 처지'가 된 나라들에서도 정도의 차이는 있지만 내셔널리즘이 결코 부정적인 가치는 아니다.

손 정부에서 정책적으로 유도하는 면도 없지 않습니다만, 근년에 민족주의적인 경향이라고 할까 기풍이 사회 각 분야에서 나타나고 있는데요, 이를 어떻게 보시는지요? 가령 국악 같은 것이 인기를 얻고 있다거나…… 심지어 라디오 광고에 판소리 구절이 인용되기도 합니다. 한국학이라고 할까 한국연구가 붐을 이루고 있고, 정부는 정부대로 낙성대 같은 것도 짓고, '국적 있는 교육'을 한다고 하지 않습니까?

김 전반적으로 보아서 우리나라의 고유한 문화에서 좋은 것을 살리는 노력은 저희 교회 입장에서 보더라도 얼마든지 장려할 일이지요. 현재 하고 있는 것이 정말 전통적인 국악인지 저는 전문가가 아니니까 모르겠습니다만, 국악도 살리면 좋겠고, 우리가 가지고 있는 고유의 좋은 것을 세계에 자랑할 수 있을 만큼 살려나가서 발전시키고, 우리말로 순화하고 아름다움을 쓴 시들이 다른 나라 사람들에게 읽혀지도록 하고 또 우리나라 말을 다른 나라 사람들이 배우려고 할 만큼 우리나라가 커지고 그러면 얼마나 좋습니까. 가톨릭의 보편주의라는 것은 획일주의가 아니고, 여러 민족이 가꾸는 고유의 꽃이 골고루 피어나는 그런 보편주의입니다. 세계 전체가 더 아름답게 될 수 있어야지요. 한 가지 꽃만 세계에 피어도 곤란하지 않습니까.

손 가령 교회건축이라든지 교회음악 같은 것에 우리나라 민족문화의 형식을 도입하실 의향이 있으십니까?

김 하나 가까운 예로 외국에 나가 있는 사람들이 크리스마스가 되면 각각 자기 나라의 성탄노래를 부릅니다. 그런데 우리는 없거든요. 우리 고유의 성탄노래가 없어요. 우리나라 사람에게 맞고 또 다른 나라 사람들에게도 즐겁게 불릴 수 있는 멜로디가 아직 없어요. 그래서 교회음악 같은 분야에서 여러 사람을 공부시키고 있습니다. 그런 사람들이 공부하고 난 다음에 차차 그런 것이 나오지 않을까 기대합니다. 현재 미사 때 부르는 몇 가지 기본적인 성가들 가운데 한국 사람이 작곡했고 한국적인 정서가 담겨 있는 멜로디가 있습니다.

다만 정책적으로 한국적인 것이라고 해서 찾는 것은 좋은데, 너무 극단적으로 고립주의적인 내셔널리즘, 배타주의적인 것이 될 때에는 그 자체를 발전 못 시킵니다. 한국적인 가치가 동시에 세계적인 가치로까지 발전할 수 있는 보편성이 거기에 들어 있어야 됩니다. 예를 들면 한국의 아리랑을 여러 나라에서 차차 알고 부르는데, 그 멜로디 안에 한국 고유의 것이면서도 다른 사람들에게 보편적으로 인간성에 어필하는 것이 있기 때문에 한국적인 것으로서 더 살고 더 가치가 인정되는 것이 아니겠습니까. 마찬가지로 교육이든 뭐든 한국적인 것을 찾는 것은 좋은데, 배타적으로 되어서는 그 자체의 가치가 절대로 성장하지 않습니다.

손 우리의 민족주의를 얘기하게 되면 자연히 통일문제를 생각하지 않을 수 없습니다만, 추기경께서도 통일문제를 심각하게 생각해 보신 적이 있으십니까, 실례입니다만?

김 물론이지요. 우리가 통일문제를 심각하게 생각하지 않을 수 있습니까.

손 남북대화가 시작될 때, 특히 월남한 개신교 계통의 사람들이 못마땅해 했다는 것이 일반적인 통념 비슷하게 돼 있습니다. 구체적인 사실은 확인할 길이 없습니다만, 공산당하고 무슨 대화냐 하는 식으로 말입니다. 그 남북대화도 현재는 암초에 부딪치다시피 되어 있습니다만, 통일문제에 대한 추기경님의 말씀을 듣고 싶습니다.

김 그런 점에서는 가톨릭이 배타적인 편은 아닙니다. 오히려 놀라실 정도로 개방적이라고 볼 수 있어요. 가톨릭 안에서도 무신론자들과의 대화가 굉장히 촉진되고 있습니다. 공산주의자와 정말로 대화를 할 수 있느냐 하는 것은 딴 문제지요. 그러나 그래도 문제해결은 대화로써 해보자 하는 것이 가톨릭의 견해입니다. 남북대화도 어디까지나 권장했지 우리로서 부정적으로 생각해 본 일은 없습니다. 기억하실지 모르겠습니다만, 〈7·4 공동성명〉이 나온 해(1972년) 8월 15일, 실제 발표는 8월 9일에 했습니다만, 제가 〈7·4 공동성명〉 자체에 대한 의문을 제기한 일이 있었지요. 그 이유는 대화 자체에 있는 것이 아니고, 〈7·4 공동성명〉의 진의가 정말 어디에 있느냐, 정말 대화에 있느냐, 아니면 그것을 정권 유지를 위한 구실로 삼으려는 것이 아니냐 하는 데 있었지요. 그때에도 제가 이 대화는 정말 대화를 해 달라, 그리고 대화를 정말 인내로써 해 달라, 대화를 단절시키지 말아 달라, 같은 민족으로서 총칼로써 대결하는 것은 비극이다. 다시는 총칼로써 대결하는 일이 없도록 대화를 끈기 있게 해 달라, 그러나 대화를 하기 위해서는 우리 자신의 민주적인 역량이 커야 된다, 이것을 죽이고서는 대화할 수 없다는 것을 지적했습니다. 그리고 그때 제가,

우리가 잘못하면 이북의 전체주의적인 김일성 일인독재와 대결하기 위해 우리도 비슷한 체제로 대해야 되지 않을까 하는 유혹을 받을 수가 있다, 그러나 그것은 절대로 우리 힘을 약화시키는 것이지 강화시키는 것이 아니다, 하는 얘기를 했습니다. 어떻든 단순한 이유에서도, 가령 고속도로라도 저 평양 신의주까지 탁 터져서 갈 수 있으면 얼마나 좋겠습니까. 제가 이번 여행에서 문득 그런 생각을 했어요. 김일성 같은 사람들이 좀 자기네들의 현재의 이해관계만 생각하지 말고, 인류 전체의 미래를 위한 비전을 가진 정치가들이 되어주었으면 좋겠다, 그래서 어지간하면 이 땅 위에 살고 있는 사람들에게 꽉 막혀 있는 문이 활짝 열릴 길을 터주는 정치철학이라 할까, 이상을 가지고 인간을 사랑하는 그런 정치가들이 되어주었으면 하는 소망이었어요.

손 아까 추기경께서는 하느님의 뜻이 완성되어 가고 있다고 하셨는데, 언젠가는 공산주의가 이 지구상에서 없어지리라고 보십니까?

김 공산주의가 지구상에서 없어진다? 글쎄요. 끝내는 없어지겠지요. 그러나 우리가 사는 동안을 의미하시는 질문인지……

손 공산주의가 점점 약화되겠습니까, 더 퍼져나가겠습니까?

김 두 가지로 다 볼 수 있겠지요. 현재와 같은 공산주의는 반드시 변한다고 봅니다. 공산주의체제 안에서도 인간에 대한 존엄성이라 할까 인간의 기본권, 인간에 대한 존중을 점점 인정하지 않고는 안 될 것입니다. 그런 방향으로 수정되어 나갈 것으로 봅니다. 공산주의도 이상을 가지고 있지 않습니까? 그런 이상을 추구하는 한에서는 어떤 의미로는 더 확대될지 모르겠습니다만, 지금 현재 있는 공산주의가 그대로 지속되리라고는 보지 않습니다. 그러므로 공산주의가 금방 없어진다고 말할 수도 없고, 거기에도 변화는 올 것입니다. 또 현재의 서구식 자본주의가 그대로 지속되리라고도 볼 수 없거든요. 서구식 자본주의가 큰 도전을 받고 있지 않습니까? 그 도전은 뭐냐 하면 현재 자본주의적인 정치구조·경제구조·사회구조 이것에서 오는 여러 가지 문제점들, 부의 분배문제라든가 하는 것이 한계점에 있는 것 같아요. 지금 세계에서 4억의 사람들이 굶주리고 있고, 영양실조까지 합하면 8억이 된다고 합니다. 그러면 오늘의 세계가 자본주의 사회만이 아니라 공산주의 사회까지 합하더라도, 여기에 대한 해결의 답을 가졌느냐 하면 가지고 있지 못하지요. 그 답을 가지고 있지 못한 데에서, 특히 자본주의 사회에서 부의 공정한 분배, 기아문제를 해결하라는 요구가 세계적으로 물결처럼 일고 있지 않습니까. 어떻게든 인류사회에서 이 문제가 해결되어야 하는데, 근원적으로 현재 자본주의 체제가 이 문제를 해결 못한다면, 그 체제 자체에 변화가 와야 되지 않느냐, 그런 도전을 자본주의가 받고 있습니다.

손 요새 화제가 되고 있는 통일교회에 대해서는 어떻게 생각하십니까?

김 글쎄요, 그것이 뭐가 뭔지 잘 모르겠어요.

손 기독교의 중요한 문제의 하나라고는 생각하시지 않습니까?

김 저희들은 처음부터 큰 관심을 안 두었습니다. 그것은 아마 개신교 안에서 문제가 되었지요. 개신교에는 교파가 많으니까요. 전통적인 개신교 말고도 개신교라는 이름을 붙이는 박장로교회도 있고, 통일교도 있고, 또 별로 이름은 알려지지 않았지만 장막교회다

뭐다 많은데, 그것을 일일이 다 어떻게 관심을 가집니까. 이상한 종교인가보다 정도로 생각했지요. 요새 그것이 정치문제와 결부되어 나오니까 정체가 어떤 것인가 생각하게 되지요.

손 마지막으로 《신동아》의 독자들에게 전할 새해의 메시지라고 할까요, 한 말씀 해주셨으면 합니다.

김 금년을 보내고 새해를 내다볼 때, 금년은 정말 어둡지 않았습니까. 새해는 정말 밝았으면 하는 것이고, 우리나라 안에서 정부와 국민들이, 국민의 일부라고 하니까 국민의 일부든지 대다수든지 간에, 대결적인 현상 같은 것을 민족 전체의 슬기로 극복해서 내년에는 서로 좀 더 따뜻하게 손을 잡을 수 있고, 국민 서로 간에 믿을 수 있고, 여야 정치인들도 서로 웃으면서, 난국을 어떻게 극복하느냐 하는 데 언론인·종교인·정치인 등 모든 사람들이 지혜와 마음을 합하는 새해가 되었으면 하는 마음 간절합니다.

약속된 시간을 훨씬 넘겨 한 시간 반 동안 진행된 이번 인터뷰에서 개인적인 일은 묻지 않았다. 개인적인 일들은 그가 추기경이 되고 나서 '69년 7월의 《신동아》 인터뷰에서 소개한 바 있다.

인터뷰 시간을 밤으로 정할 수밖에 없을 정도로 바쁜 일정에 얽매인 추기경이었지만, 인터뷰를 하는 동안 내내 미소가 가시지 않는 그의 엄숙하고도 인자한 성직자다운 성품은 그야말로 인간의 존엄성을 체현해 보여주는 듯했다.

《신동아》 1975년 1월호

종교와 현실

대담 · **선우휘**

‘교회는 이 세상 안에 있으면서, 이 세상에서 온 것이 아니다’
라는 말이 있어요. 이 세상 안에 있기 때문에 세상 사람들의
고통을 덜어주어야 하지만, 이 세상에서 온 것이 아니기 때문
에 정치적 야망이나 지배욕을 가져서는 안 되는 겁니다. 이제
까지는 ‘이 세상에서 온 것이 아니다’라는 면이 강조되어 왔습
니다. 그러나 이제는 ‘이 세상 안에 있다’가 강조되고 있어요.

추기경의 방은 예상했던 것보다는 너무나 작았다.

선우휘(이하 선우) 첨 뵙겠습니다.

김수환 추기경(이하 김) 첨이던가요. 우선 차를……

선우 괜찮습니다.

김 그럼 주스라도……

선우 그럼, 차로 하지요. 커피 한 잔 들어야 ‘차 한 잔을 나누면
서’가 되는군요.(웃음) 저는 언젠가 성모병원 복도에서 혼자 보통

환자들처럼 걸어가시는 걸 보고 의외의 느낌이었어요. 추기경의 출 타는 거창한 게 아닌가 하는 저의 선입감 때문인지 모르지요.

추기경 말없이 웃는다.

선우 퍽 고령이신 줄 알았는데, 친구 S의 얘기를 들으니까 일제 말에 학병에 나갔다구요.

김 동성상업학교에서 신부 될 사람이 따로 교육받는 코스를 거 쳐 일본 조치(上智)대학에 있다가 학병에 끌려갔지요.

선우 북지(北支: 중국의 화북지방)에 가셨다던가……?

김 아니에요. 이오지마(硫黃島) 북쪽에 있는 치치지마(父島)에 파 견되었어요. 우리 학병 몇이서 카누 같은 배로 탈출을 하다가 그만 실패하고 되돌아간 일도 있었어요.

선우 뒤탈은 없었습니까?

김 일본군에 대한 격렬한 공박문을 써놓고 떠났었는데, 그게 발 견되었더라면 사형을 면치 못했을 겁니다.

선우 추기경 한 분 없어질 뻔했습니다.(웃음)

김 그 무렵 추락당한 미군 조종사들이 사령부 앞에 끌려온 것을 보았습니다만, 오히려 그들이 동맹군 같은 생각이 들더군요.

선우 만약 미군이 상륙해서 전투가 벌어졌다면 그때 추기경께서 는 전투원으로서 어떻게 했으리라고 생각하십니까.

김 그들을 겨누어 쏘아 죽이진 않았을 겁니다. 어떻게든지 그들 에게 투항하려고 마음먹고 있었으니까요. 일본군에 대한 적개심이 더 컸었지요. 어떻게 보복하느냐……

선우 크리스천으로서 모순을 느끼지 않으셨습니까.

김 그런 감정에 대해서는 크리스천으로서 그때도 지금도 반성합니다. 저는 지금도 가능한 한 일본항공(JAL)을 타지 않으려 하고, 내 돈으로 일본 물건을 사지 않습니다. 보편적인 사람의 입장에서 보면 그래서는 안 되는 일입니다만.

선우 종교적인 보편성과 민족적인 특수성에 비추어볼 때 감정과 행동을 어떻게 가름해야 하는지요.

김 폴란드의 비신스키라는 추기경은 나치스 독일 치하에서도, 고무우카* 치하에서도 박해를 받은 분입니다만, 그분은 이런 말씀을 했어요. '용서할 수는 있다. 그러나 잊을 수는 없다'라고. 그러나 복음의 말씀에 따라 하느님의 정신을 추구해 나갈 때 우리는 원한을 잊도록 노력해야 합니다.

선우 전세계 가톨릭의 연대감과 민족감정은 서로 모순되지 않습니까?

김 신학적으로 모두가 하느님의 아들로 귀결될 때, 국가와 민족의 차별 없이 모든 사람은 형제지요. 그러나 현실적으로는 자기가 속하는 나라에서 살면서 보편적인 가치의 테두리 안에서 민족의 가치와 자아의 가치를 잃지 않고 살아나가야 하는 거겠지요.

선우 저 같은 비신자는 신자들이 많은 데 가면 일종의 소외감을 느낍니다. 그런데 요즘 종교는 개신교와 불교도 대화를 가지면서 서로 이해를 깊이하고 있는 듯하여 좋은 것 같으면서, 어쩌면 특색

---

* Gomułka, Władysław. 폴란드의 정치가(1905~1982). 반파시즘 운동에 참여하였고, 1956년에 폴란드 노동자당 중앙위원회 제 1서기가 되어 자유화 운동을 탄압하였다. 1970년에 일어난 식량 폭동으로 실각하였다.

이 없어지지 않나 하는 아쉬움도 없지 않습니다만.

김 물론이지요. 서로의 처지와 본질을 모르면서 그냥 섞이는 것은 무의미하지요. 그런데 우리가 없는 것이 저쪽에 있고, 저쪽에 없는 귀중한 것이 우리에게 있는 법이어서, 그걸 서로 이해하고 배우자는 거지요. 누이 좋고 매부 좋은 식의 본질을 무시한 그런 대화는 안 됩니다.(웃음)

선우 특히 1차대전 뒤, 서구의 지성, 이른바 엘리어트(T.S. Eliot)나 그레이엄 그린(Graham Greene) 같은 사람들이 가톨릭으로 가고 있는 현상을 어떻게 보십니까. 저의 상식으로는 개신교 쪽이 더 자유롭다, 이렇게 생각하고 있는데요?

김 각자, 경우와 동기에 따라 다르겠지요. 감히 말할 것을 용서한다면, 개신교 같은 데서는 어떤 부문에서 굉장히 깊이 들어가고 있지만 신앙의 전체적인 통일성에서 가톨릭이 더 굳건하다는 데 있지 않을까요. 신앙은 개인의 신앙이면서 교회의 신앙이니까요.

선우 옛날에 가톨릭과 개신교는 전쟁까지 했습니다. 그건 사랑의 보편성과 모순된 일이 아니었던지, 지금 어떻게 생각하십니까.

김 그것은 신앙, 가치관, 그리고 정치, 사회 등 복합적인 요인을 따져서 이해해야겠지요. 그것은 종교전쟁이 아니라고도 합니다. 전쟁의 근본원인은 신자들에 대한 불평등과 차별이라는 정치적·사회적 요인에 있었다는 것이지요.

선우 종교는 세속에 초연하여, 인간의 영혼과 내세의 문제를 다룬다고 봅니다만, 그런 종교가 세속의 문제에 어느 정도 책임지고 관여하는 것이 바람직한 것입니까.

김 종교가 세속에 초월해야 하는 것은 사실입니다. 그러나 그 말은 세속사를 외면하거나 등한히 하라는 것은 결코 아니지요. 초월하니까 오히려 인간을 세속의 차원에서 구해야 하는 거지요. 영혼과 육신, 초자연과 자연, 신의 세계와 세속의 세계…… 그러나 인간의 영혼과 육신은 분리된 게 아닙니다. 그러니까 그 종합적인 것, 인간을 구한다는 것은 영혼뿐 아니라 육체까지 구해야 하는 거지요.

그리고 사회 전체가 구원을 받을 때 개개인도 구원받는 것이다, 라는 점을 생각해보면, 그러니까 정치·경제·문화 등이 인간을 구할 수 있도록 선도되어야 하는데, 그렇게 되어나가도록 하는 것이 교회의 사명이지요.

그럼 교회가 어느 정도 책임지느냐. 하느님으로부터 받은 사명에 비추면 전적으로 책임을 져야 합니다. 그러나 현실적으로는 항상 타일러주는 처지이겠지요. 직접 뛰어드는 일은 신자가 해야 하는데…… 물론 성직자가 직접 뛰어드는 수도 있습니다. '교회는 이 세상 안에 있으면서, 이 세상에서 온 것이 아니다'라는 말이 있어요. 이 세상 안에 있기 때문에 세상 사람들의 고통을 덜어주어야 하지만, 이 세상에서 온 것이 아니기 때문에 정치적 야망이나 지배욕을 가져서는 안 되는 겁니다. 이제까지는 '이 세상에서 온 것이 아니다'라는 면이 강조되어 왔습니다. 그러나 이제는 '이 세상 안에 있다'가 강조되고 있어요. 그리스도가 하늘에서 왔지만, 인간세상 속에 들어와 인간과 똑같은 조건 속에서 희로애락을 같이하시면서, 그 목적하신 것은 사랑의 공동체를 완성하는 일이었으니까요.

선우 스웨덴의 작가 라게르크비스트의 작품에 《바라바》라는 것이 있습니다. 예수 대신 살아난 바라바가 네로의 로마 방화를 그리스도가 내리는 불의 심판으로 오인하고 스스로 네로의 방화를 방조하는 장면이 나옵니다. 혹시 개인의 성급한 참여가 그 뜻과는 달리 엉뚱한 결과를 가져오는 수도 있다고 보지 않습니까.

김 야당이나 정권욕을 가진 사람들에게 이용되는 경우라든가 제5열(내부에서 외부의 반대 세력에 호응하여 활동하는 집단, '간첩'의 뜻으로도 쓰임)에 악용되는 경우를 말씀하시는가 봅니다. 물론 조심해야지요. 그런데 우리 가톨릭은 가장 반공적임을 자부합니다만, 의롭고 밝은 사회를 바라는 처지에서, 사회에 의로움이 없어지고 누구도 그것을 주장하는 사람이 없을 때 국민이나 젊은이들은 어디다 희망을 부칠 것인가, 그래서 극단적이고 위험스러운 데로 흘러갈 걱정은 없는가, 그 동안 가톨릭의 발언은 언론인도 정치인도 그 점을 말하지 않기 때문에 대신 했던 것입니다.

선우 남모르는 숨은 사실을 많이 알게 되면 그렇게 단순한 발언만을 할 수 없는 언론인의 처지도 있지요. 반드시 권력의 압력에만 굴해서 할 말을 못하는 게 아니라는 점도 알아주십시오.(웃음) 그런데, 정치권력에 지나치게 도의를 강요하는 데도 문제가 있지 않을까요.

김 (강한 어조로) 저는 그렇게 생각하지 않습니다. 정치가 완전히 도의를 떠나서는 안 되지요.

선우 제가 말하는 뜻은 정치인에게만 도의를 강요할 게 아니라, 누구나 현실을 사는 자기 자신의 도의성에도 물어야 하지 않느냐는 거지요.

김 물론입니다. 우리 교회도 언제나 자기반성을 게을리하지 않지요.

선우 교회는 고통 받는 사람들을 위하여 기도합니다. 그런데 그렇지 않은, 어쩌면 고통을 주는 편에 서 있다고 생각되는 사람들을 위해서도 기도해야 하는 게 아닙니까?

김 물론이지요. 우리 교회도 여러 번 했지요. 물론 그것이 도리어 역(逆)의 심리적 반응을 주었는지는 모르겠습니다만.

선우 우리 속담에 '툭해 다르고 탁해 다르다'는 말이 있는데, 의로운 주장을 한다고, 너는 악인이다 너는 반성하라 너는 물러가라 할 때, 예 저는 악인입니다 반성합니다 물러가겠습니다, 라고 할 사람이 몇이나 있을까요?

김 그건 깊이 생각해야할 일입니다. 만나보면 모두 좋고 정답고 고민하고 애를 쓰는 사람들이지요. 그런데 사람이란 누구나 조직이나 구조 속에서 자기 자신을 제대로 표현하지 못하는 흠이 있나 봐요. 그러나 적어도 인간에 대한 사랑의 가치관만은 서 있어야 할 게 아닙니까. 그것이 서 있느냐 안 서 있느냐, 그것이 결정적인 기준이 아닐까요.

선우 제가 기독교를 가까이하지 못하는 이유는 도저히 그 계율을 지킬 수가 없기 때문입니다. 특히 아름다운 여인을 보고 욕정을 느끼는 것이 곧 간음하는 거라는 것 같은……

김 그러니까 더욱 믿으셔야겠습니다.(웃음) 좋아하신다는 그린의 작품에 〈죄와 은총〉이란 게 있지요. 완전한 크리스천은 그리스도 한 분뿐이지요. 누구나 죄인이기에 믿는 겁니다.

선우 끝으로 묻기 힘든 질문 하나를, 독신생활을 하시는 신부님들의 극기심에 저는 무조건 경탄합니다만, 혹시나 어떤 고통 같은……

김 이성문제를 말씀하시는 모양이군요.(웃음) 독신생활의 근본의미는 하느님에게 더 헌신적으로 봉사하기 위한 데 있지요. 이런 말로 대답이 될까요. 좋은 독신생활자는 좋은 가장이 될 수 있고, 좋은 가장 또한 좋은 독신생활자가 될 수 있는 거라고.

선우 참 감명 깊은 말씀입니다. 감사했습니다.

《조선일보》 1975년 9월 2일

이 민족에게 희망을

대담 · 강원룡

> 이 어둠 속에서 누군가가 촛불을 하나 밝히면 나도 촛불을
> 밝혀야 되겠다, 너도 밝혀야 되겠다 하여 수백만 크리스천이
> 모두 촛불을 밝히게 되고, 그러면 그 촛불의 빛이 분명히 현
> 실이 되어 우리에게 나타납니다.

신구교 사이의 대화

강원룡(이하 강) 로마가톨릭과 신교의 일치문제에 대해서 추기경
님은 어떻게 생각하시는지요. 저는 사실 교회의 역사가 그렇게 길
지 않은 우리나라 같은 곳에서는 일치가 당연한 게 아닌가 하는 생
각을 합니다만, 일치문제도 역시 역사적인 배경이 어떠냐에 따라서
달라질 것 같습니다.

몇 해 전의 일이었습니다. 독일의 뒤셀도르프에 가서 광부를 상

대로 산업선교를 하는 교회를 둘러본 일이 있었는데, 바로 그 옆에 울타리 하나를 사이에 두고 가톨릭교회가 있었습니다. 이 교회들은 모두 400년 전엔가 지은 교회라고 하는데, 그 400년 동안 이 울타리는 마치 우리나라의 38선과 같았던 모양입니다.(웃음) 이렇듯 교류가 없었다가 최근에 와서는 두 교회가 손을 잡고 공동으로 광부들을 위한 선교를 한다는 겁니다.

그 2, 30년 전만 해도 자기네들로서는 그런 공동협조가 세상에 생기리라고는 상상도 못한 일인데 정말 기가 막힌 일이다, 라고 이야기를 하길래, 가톨릭교회도 가보고 그 사람들이 선교하는 광산지대에도 같이 가봤거든요. 그런데 우리가 생각하기에는 같은 광산지대를 위해서 같은 그리스도의 뜻을 전하는 것인데, 그게 무슨 큰 사건입니까? 그런데 서구사람들에게는 수백 년이나 쌓여온 역사가 있기 때문인지 일치문제가 굉장히 힘든 것처럼 생각되는가 봐요. 그런 점으로 보면 우리하고는 감도가 좀 다르지 않은가 하는 생각이 들었습니다.

김수환 추기경(이하 김) 네, 서구사람들도 지역에 따라서, 그리고 가톨릭 안에서 전통이 다르기 때문에, 일치문제에 대해 의견을 통일해 나간다는 것이 상당히 어려운 것 같습니다. 그리고 우리나라에서도 바티칸 공의회(公議會) 이후에는 신·구교가 해마다 일치주간을 설정하여 공동기도회를 하곤 합니다만, 요새 와서는 일치를 전제로 한 대화가 별로 없는 것 같습니다. 다시 말해서, 일치를 전제로 한 대화나 기도가 전보다 아주 적어지지 않았나 하는 생각입니다. 그 대신에 서로의 느낌이라든가, 어떤 상황에 대한 생각 같은 것은 전보다 가까워진 것 같습니다. 그런 의미에서 제가 생각하기에는, 우리나라는 다른 나라보다 그런 문제들을 극복하기가 쉽겠다는 것입니다.

그런데도 한국 신·구교 사이의 일치문제가 실질적으로 활발하게 움직여지지 않은 것은, 한국교회가 제도적으로 자기 고유의 독창성을 충분히 가지고 있지 못한 때문인 것 같습니다. 우리가 대화를 정말 착실히 하기 위해서는 가톨릭이건 신교건 간에 먼저 크리스천이란 무엇이며, 우리 교회의 모습이 정말 그리스도가 원하시던 모습이냐, 그리고 시대에 따라 체제가 다를 수도 있겠고, 달라져야겠지만 정신적으로도 정말 오늘날 그리스도가 생각한 진실한 생활을 지향하고 있느냐. 또 오늘의 교회가 그런 방향으로 살아가고 있느냐, 아니면 그렇게 살려고 노력하느냐 하는 문제들을 진심으로 반성해 봐야 될 것입니다.

그래서 원칙적인 이야기가 되겠습니다만, 대화 자체가 결실을 가지려면 첫째로는 그리스도에 대해서 충실해야 되겠다는 생각을, 다음으로는 신·구교로 갈라져 있다는 것을 아파하고 아쉬워하는 생각을 가져야 합니다. 즉 갈라져 있다는 사실이 얼마나 아픈 일이며 큰 상처인가 하는 마음 말입니다. 어떻게 보면 이것은 사도 바울의 말 그대로 바로 그리스도 자신을 분열시키는 것이 아니냐는 것입니다. 아파해야 할 텐데 아직 우리에게는 그 아픔이 절실하지 않다는 게 정직한 고백일 것입니다.

강 동감입니다. 저는 세계 기독교 협의회(World Council of Churches, 이하 WCC) 중앙위원회나 총회에 다니면서 이 문제에 대해서 이해 못할 일도 많지만, 놀라운 사실을 발견하게 될 때가 많습니다. 사실 WCC와 바티칸 공의회 사이에 대화가 시작된 것은 제 2차 바티칸 공의회부터 아닙니까? 가톨릭과 WCC 사이에 공동 연구 위원회 (JWG: Joint Working Group, 이하 JWG)가 생긴 것이 1965년이니까 11년밖에 안 됩니다. 그 11년 동안에 해온 자체 기록이 지난번 나이로비 총회에 보고되었는데, 이제 방금 추기경님이 말씀하신 그런 아픔까지를 느꼈는지는 모르지만, 양쪽 모두가 굉장히 가슴 아파하고 일치를 위해 노력했다는 흔적은 많이 나타나고 있어요. 겨우 11년 동안이죠. 그러므로 WCC의 대부분의 일 가운데 세계적인 수준에서는 함께 합니다.

이번 중앙위원회에서도 위원회를 구성하는 데 가톨릭측을 단순히 참관인으로만 참석시키는 것이 아니라, 신앙과 직제위원회(職制委員會)(Faith and Order Committee) 같은 데는 정식멤버로 참가하더군요. 그 다음에 아시다시피 발전·평화·정의 같은 문제는 소데팍스(SODEPAX: 사회개발평화위원회)*를 통해 함께 해나가고 있지 않습니까? 그 기한이 1976년 1월로 끝났는데, 다시 만장일치로 3년을 더 연장하더군요. 그리고 이제는 가장 민감한 성(性)에 대한 문제에서부터 심지어 가정·여성·청년·평신도·인권·사회정의 문제 등 각 분야를 거의 공동으로 의논하며 다루고 있었습니다. 그런 것을 보면 크게 발전한 셈이지요. '73년에 바오로 6세께서 WCC 25주년에 기념 메시지를 보낸 적이 있었습니다. 그 내용은 우리가 협력을 계속한다는 것만으로는 부족하다, 무엇보다 강화시켜야겠다, 이것이 곧 제 2차 바티칸 공의회의 정신이다, 하고 굉장히 적극적인 자세를 보여주었습니다. 이와 함께 '75년도 WCC 총회까지는 가

---

* SOciety(사회), DEvelopment(개발), PAX(평화)의 앞부분을 따서 이름 지어진, 가톨릭과 개신교의 합동으로 만들어진 종교·사회운동조직이다.

톨릭도 멤버로 들어온다는 말이 있었지요. 그렇게 되면 그리스정교회(正敎會)까지 포함된 것이므로 완전한 조직체가 되는 셈이죠. 그리고 그 조직체의 기능도 명실공히 통합된 세계종교기구의 역할을 할 수 있으리라고 상당히 노력을 기울였지만, 아직은 시기상조가 아닌가 하는 생각이 지배적입니다. 그러나 단념하는 건 아니지요. 계속해서 현안문제로 남겨두고 있는 실정입니다. 그런데 이 문제가 잘 안 되는 이유를 나로서는 도무지 이해할 수가 없어요. WCC에서는 그리스정교회와 성찬식(聖餐式)을 할 때 따로 합니다. 말하자면 서로 독창성을 살려나간다는 것인데, 이 문제에 대해서 추기경님이 좀 더 설명을 해주시지요.

가령 WCC 쪽에서 선교문제를 가지고 1973년에 방콕에서 '오늘의 구원'이란 주제로 토의를 했었습니다. 그런데 '74년도에 로마가톨릭주교협의회의 제목은 '오늘의 세계의 복음'입니다. 내용도 아주 비슷해요. 또 지난번 나이로비 총회의 주제가 '예수 그리스도는 우리를 자유롭게 하시고 하나가 되게 하신다'였는데, '75년에 가톨릭의 성년(聖年: Holy Year)을 위한 주제는 '갱신과 화해'이더군요. 이와 같이 비슷한 주제를 가지고 선교하면서 따로따로 할 이유가 뭐 있습니까? 내용이 비슷한 이야기가 나오는데 왜 하나의 조직으로써 할 수 없는지 의문입니다.

김 조직을 말하면 제도적인 일치가 문제될 것입니다. 일치문제는 제도적인 일치보다 정신적인 면에 더 중점을 두어야 하리라 믿습니다. 하나의 크리스천으로서 말입니다. 그러므로 믿음에서 먼저 많은 일치점을 발견하여, 그것을 심화시켜 마음으로 일치되는 것이 앞서야 될 것입니다. 한국의 개신교에서는 어떤지 잘 모르겠습니다. 요즘 구라파에서 신·구교 사이의 대화 가운데 하나의 적극적인 신학적 문제로서 대두되고 있는 게 성찬에 대한 걸로 알고 있습니다. 결국 완전한 일치는 그리스도의 성찬에 누구나 아무런 차별 없이 참여하게 될 때 완전한 일치라고 할 수가 있다는 것이지요.

1972년도에 젊은이들이 많이 모이는 프랑스의 테제에 가본 일이 있습니다. 그곳 수도원이 개신교 계통에서 세운 수도원인데, 수도원의 생활 자체가 굉장히 복음적인 것에 중점을 두고 있을 뿐만 아니라 에큐메니칼한(ecumenical: 초교파적인) 면에서도 중심역할을 하고 있어요. 거기에서 교회를 창립한 로제(Roger) 원장과 이야기를 하다가 느낀 점은 가톨릭에서 말하는 성찬, 즉 성체(聖體)라고 합니다만, 성체 즉 그리스도의 거룩한 몸 안에서 예수 그리스도가 살아있음을 무엇보다 믿고 있다는 것입니다. 그런데 제가 방문한 다음날 아침에 큰 채플이 있었어요. 거기서 아침기도를 같이 하고 가톨릭 신자들은 지하성당으로 갔어요. 지하성당에는 성체를 모시고 있었습니다.

미사에는 말씀의 부분과 성찬의 부분이 있는데, 보통은 같은 자리에서 합니다. 그런데 거기서는, 위의 자리에서 기도한 걸 말씀의 부분으로 치고 밑에서는 성찬예식만 하는데, 그분이 그 자리에 참석하셨더군요. 물론 그분은 영성체(領聖體: 미사 중 성찬식에서 그리스도의 몸과 피를 상징하는 빵과 포도주를 받아 모시는 일)는 안 하셨죠. 그래서 나중에 한번 물어보았어요. '당신은 성찬 즉 성체에 대해 신학적인 면에서 우리와 똑같이 생각합니까? 미사를 드릴 때는 참석하면서 성체배수(영성체)에는 참석하지 않았는데 그 이유는 뭡니까?'

그분의 대답인즉 자기는 가톨릭과 같이 생각한다면서 '우리의 일치는 사실 그리스도와 한 몸을, 즉 성체를 이루기 위해서가 아닙니까? 그런 뜻에서 빵을 같이 나누어 먹는 것을 저는 믿습니다. 그런데 그 의식을 안 하는 이유는 내가 안 함으로써 우리가 분열되어 있다는 것, 같이 참여치 못한다는 것을 나타내고 싶기 때문입니다. 그 분열이 얼마나 아픈 일이냐, 형제 사이에 잔치를 하는데 왜 우리만 먹고 저 형제는 먹지 않느냐, 또 왜 저 형제들이 모이는 데 우리가 동참을 못하느냐, 이런 걸 서로 아프게 느껴야 됩니다, 내가 지금 그냥 내 생각대로 같이 하면 그 아픔이 없어집니다, 그 아픔을 통해서 우리는 한 걸음 한 걸음 일치해 나가야 합니다, 그리스도가 십자가에서 죽음으로써 유대인과 이방인을 갈라놓는 장벽을 무너뜨린 것과 같이 오늘의 교회가 분열의 아픔을 깊이 가짐으로써 십자가에 못 박힌 그리스도의 고난을 통해서 일치될 수 있습니다'라고 말하더군요. 그래서 저는 여러 가지 깊이 있는 신학적인 대화나 친교를 나누는 것도 중요하지만, 동시에 가장 깊은 의미, 즉 크리스천적인 의미에서 분열되어 있다는 그 고통을 함께, 그리고 깊이 느껴야 되겠다는 것입니다.

강 좋은 말씀입니다. 그런 의미에서 보면 저는 그런 아픔을 별로 경험한 적이 없었다고 고백해야겠습니다. 다만 거북하다는 감정은 있습니다. WCC에서는 성찬식은 같이 합니다. 그런데 그리스정교회에선 절대로 성찬식을 공개하지 않습니다. 그래도 저는 정교회의 성찬식에 가보았습니다. 그들은 다른 종교인에겐 성찬을 공개하지 않고 마지막 나올 때 빵을 하나씩 주더군요. 정교회 멤버는 주교에게 키스하고 성찬을 받는데, 우리에겐 빵만 주어요. 그래서 좀 거북하다는 느낌은 가졌으나, 그 점에 대해서 아프다, 하는 느낌은 별로 갖지 않았습니다.

또 명동성당에서 아마 신교 목사로서는 제가 맨 처음으로 설교를 한 것 같은데, 그때에도 보니까 성찬식을 하는데 내게만은 안 주고 넘어갑디다. 받는 걸 허락만 하면 우린 받았을 텐데, 제도적으로 다르니까 그런가 보다, 하는 정도로 약간 거북스러움을 느꼈습니다. 그런데 정말 제가 진짜로 아픔을 경험한 적이 있었습니다. 한번 수원에서 수녀교육을 실시한 일이 있었는데, 아주 분위기가 좋았습니다. 우리 직원 모두 참석한 가운데 아침마다 신부가 와서 미사를 하죠. 그런데 성찬식 때엔 신부가 우리 앞을 그냥 지나쳐 버리잖아요?

그 다음 멤버십 문제 같은 것은 정신적인 문제는 아닌 것 같아요. 확실히 모르겠습니다만, 제가 문서를 읽어보고 느낀 것으로는 두 가지가 상상됩니다. 하나는 교황의 권위문제입니다. 밖에서 보기에는 가톨릭교회가 교황청에서 명령만 하면 그대로 되는 것 같지만, 역시 어떤 진보적인 지역에서는 그런 데 대한 불만 같은 것이 있다는 암시를 받았습니다. 가톨릭 문서를 보니, 전세계의 모든 교회들이 지역에 따라서 생각을 달리 하는 사람이 많기 때문에 위에서 명령하는 것보다 밑에서 하나씩 생각을 통일시켜 올라와야 된다는 말이 있었습니다.

이건 내부적인 비밀얘기지만 9월에 WCC에서 우리가 가톨릭과 협조할 JWG 멤버를 뽑는 데 정교회 쪽에선 경쟁이 아주 심합디다. 장장 세 시간을 싸웠으니까요. 그런가 하면 필립 포터 총무가 멤버에서 빠져 있었어요. 이유인 즉, WCC 총무인 그가 나가게 되면 가톨릭에서도 비슷한 급의 사람이 나와야 되는데, 가톨릭측을 보면 아주 낮은 사람이 대표로 나오게 되어 있어 나갈 필요가 없다는 거죠. 그렇게 보면 자기네들 내부에서는 상당히 인간적인 갈등도 많은 것 같아요.

김 결국 그런 인간적인 요소가 우리에게 분열을 가져온 게 아닙니까?

강 그렇습니다. 그럼에도 한 가지 감탄한 것은, 일치를 향해 전진해야 한다는 적극적인 자세는 확고해요. 그렇듯 확고한 자세라면 넘어서지 못할 문제가 없을 텐데, 그게 또 그렇게 간단하지 않거든요.

김 인간적인 문제가 너무도 많이 개재되어 있기 때문이지요. 그 한 예를 들자면 바티칸과 그리스정교회는 서로 오랫동안 파문했었지요. 그러다가 겨우 10년 전(1965년)에야 파문을 풀었어요. 그것을 기념하는 예식을 작년(1975년)에 바티칸과 이스탄불(콘스탄티노플)에서 동시에 열고, 정교회 쪽에선 대주교가 바티칸에 오고 바티칸에서도 사절단을 보냈어요. 이렇듯 분열의 원인은 제도적인 것도 있지만, 결국은 초기교회에서 보듯이 인간적인 요소가 많이 개재되어 있지요. 따라서 인간이 자기를 넘어설 수 있을 때, 비로소 일치가 가능한 것이 아닌가 해요.

그리스도께서 우리를 구하시기 위해 당신을 비우시고 종의 모습을 취했듯이 자기를 '비우는' 정신자세가 필요해요. 가톨릭이든 개신교든 어느 교회나 마찬가지로 일치를 위해서는 '비우자'는 의식이 먼저 있어야 합니다. 우리 인간이 문제가 아니라 그리스도가 문제 아니겠습니까? 그리스도가 원한 것은 결국 〈요한복음〉 17장에

나오는 당신의 유언에 나타난 그대로 '모든 이가 하나 되게 하소서'
였습니다. 우리 생활의 일치와 화해를 위해서, 그리고 가톨릭이 줄
수 있는 인류사회의 평화를 위해서 물질적이든 정신적이든 모두
자기 속을 비울 수 있는, 그런 정신적인 가난이랄까 겸손 같은 것
이 있어야 할 것입니다.

　강　신·구교의 지난 500년 역사를 보면, 또 정교회와 가톨릭의
훨씬 더 거슬러 올라간 역사를 보면, 지난 10년 동안의 발전은 눈부
신 것이라 할 수 있지요. 그러므로 앞으로 전망은 굉장히 밝다고
생각합니다. 아주 낙관적이죠.

　김　그렇습니다. 우선 우리 한국에서만 보더라도 잘됐건 못됐건
성서 공동번역이 의미 있는 것 아니겠어요. 그걸 하던 분이 한 분
(선종완 신부: 1976년 7월 선종)은 돌아가셨습니다.

　강　신교 쪽에선 한 분(문익환 목사)이 그만 다른 일*로 구속되었
습니다.

　김　한 분은 돌아가시고 한 분은 들어가시고……

그리스도교와 다른 종교의 대화

　강　가톨릭과 신교의 관계는 추기경님 말씀대로, 대전제가 그리스
도 안에서 하나가 돼야 한다는 당위론에는 별 문제가 없고, 결국
이 존재하는 현실이 문제가 되는 것 같군요. 이와 달리 다른 종교

---

* 1976년 '3·1 민주구국선언' 사건을 가리킨다. 1976년 3월 1일 명동성당에서 열린
3·1절 기념 미사와 기도회에서 윤보선·김대중·함석헌 등 각계각층의 지도급 인
사들이 구국선언을 발표하였고, 이들은 정부 전복을 선동했다는 이유로 구속되어
실형을 선고 받았다.

와의 대화문제는 차원이 좀 다른 것으로 생각됩니다. 이 점에서 WCC에서는 다른 종교와의 대화에 대한 얘기가 상당히 오래 전부터 나오고 있지만, 가장 중요한 원칙문제가 해결 안 된 상태입니다. 나이로비 총회에서 보면 대부분은 보고서가 나오면 약간의 수정을 거쳐 통과되는데, 다른 종교와 관계되는 문제는 세 번이나 돌려보내져요. 상당히 원칙적인 문제가 개재되어 있어요. 그 원칙은 주체성과 연대성으로 귀착되는데, 다른 종교와 대화해야 한다는 당위성에는 별로 반론이 없더군요. 그러나 크리스천 공동체란 게 이제는 인류 공동체 안에서 소수인 것만은 틀림없습니다. 그리고 정의문제·평화문제·인권문제에서 다른 종교와 다른 의견을 가질 수 없게 되었고, 우리가 살고 있는 세계가 옛날처럼 다른 종교와 떨어져 사는 게 아니라 상호의존의 세계, 즉 한 마을·한 직장·한 나라의 같은 시민이니까, 종교가 다르다고 해서 무관할 수 없습니다. 또 얼마 전만 해도 과학이 발달됨에 따라 후기 종교시대로 들어간다고들 했는데, 그와는 반대로 점점 종교는 확산되어 가고 있거든요. 기독교와 다른 종교의 관계에서 아시아 지역에 기독교가 확산되는 것과 병행하여 기독교 전통의 나라에 동양종교가 막 퍼져 들어가고 있지 않습니까, 그러니까 이런 상황에서 대화를 안 할 수 있느냐 하는 이야기가 되는 거죠, 또한 신학적으로도 WCC 같은 곳에서 사람이 하느님의 형상으로 지음을 받았다는 말이 기독교인만 하느님 형상이란 뜻은 아니지 않느냐, 또 하느님은 기독교인만 사랑하고 다른 사람은 미워하느냐 하는 의문이 생겨납니다.

또 그리스도가 분열된 세계의 십자가 위에서 죽음으로써 화해를 성취시켜 막힌 담을 헐고 하나로 만들었다고 할 때, 기독교 사이의 막힌 담만 헐고 하나로 만들었다는 거냐 하는 질문이 따라야 합니다. 이런 관점에는 의견이 같아요. 그러나 문제는 혼합주의(syncretism)는 피해야한다는 것이죠. 혼합주의에 대한 의견이 서로 다른 것 같아요. 나이로비 회의에서도 서구 사람들은 다른 종교와 대화를 하는 사이에 기독교가 혼합주의화하지 않겠느냐, 하고 상당히 강조하더군요. 그러나 아시아 지역 사람들에게는 그렇지 않아요. 사실 우리가 가지고 있는 기독교에도 문화적으로 볼 때 이미 서구문화가 혼합되어 있는 것 아니겠어요? 예를 들면 크리스마스만 하더라도 예수가 12월 25일에 태어났다는 것이 어떤 성서적인 근거가 있습니까? 결국 로마의 축제일에다 맞춘 거지요.

그러니까 기독교가 서구문화, 특히 그리스-로마 문화 속에 들어가서 이미 많은 부분이 섞여들게 되었는데, 유럽 문화 속에 들어가서 그렇게 된 것은 괜찮고 아시아적인 문화가 기독교에 들어가는 것만이 혼합주의냐, 이것이 우리 동양 대표들이 내세운 반론이었습니다. 우리가 불교와 기독교에서 좋은 점을 따서 새로운 종교를 만든다는 것은 받아들일 수 없는 혼합주의이지만, 인카네이션(incarnation: 肉化)의 문제, 곧 그리스도가 인간으로 태어나되, 유대인으로만 태어났다 하는 그러한 차원의 신크리티즘론은 사실 독선일 뿐입니다. 이런 주장이 우리 아시아 사람들의 입장이었던 것과 달리, 유럽 사람들은 그걸 잘 납득하지 못하거나 아니면 납득 안 하려고 합니다. 이런 점에서 동서양의 사고의 차이점을 느낄 수밖에 없었지요.

김 저희들도 비(非)크리스천과의 대화는, 바티칸 공의회에서 교령(敎令)도 나왔고 그 밖에 교회일치 사무국도 있습니다. 원칙적으로는 다른 종교와의 대화를 강조하고 있지요. 단 다른 종교 안에 있는 모든 아름다운 것, 올바른 것, 선한 것을 윤리적인 가치 면에서 오히려 증진시키고 받아들일 것은 받아들인다, 그런 견해입니다. 그런 면에서 우리나라 같은 곳에서도 복음을 해석할 때 서구적인 철학, 그리스적인 철학을 바탕으로 한 신학을 맹목적으로 받아들일 것이 아니라, 오히려 우리는 동양적인 철학, 동양적인 종교의 관념을 바탕으로 해서 우리의 신학을 만들어야 되지 않겠다는 이야기도 나오고 있습니다.

아무튼 그걸 하기 위해서도 우리 사상의 토착화가 필요합니다. 유교는 종교라고 하긴 뭣해도 그 속의 인(仁)이나 효(孝) 같은 것은 한국 기독교인의 핏속에도 흐르고 있지 않겠습니까? 또한 저희 가정이 불교가 아니면서도 불교적인 피, 혹은 샤머니즘적인 피도 흐르고 있다고 보아야 할 것입니다. 저는 언젠가 경주 석굴암에 가서 넋을 잃고 불상을 바라본 적이 있습니다. 한 시간 이상을 그렇게 서 있었습니다. 뭔가에 깊이 빠져 들어 가는 것 같았어요. 그러나 세계적인 미술품인 성상을 바티칸에 가서 보았을 때는 5분 이상 한 작품을 본 일이 없습니다. 결국 저는 제 안에 불교적인 피가 흐르고 있다는 걸 느꼈어요. 그리고 우린 절대 그런 요소를 거부할 수 없는 겁니다.

그러므로 그런 종교들과 대화를 나눔으로써 그 고유의 가치, 불멸의 가치를 우리 자신의 것과 마찬가지로 소중히 여겨야겠다, 교리 전달에서도 배척할 것이 아니라 받아들여서 연구·발전시켜야 되겠다는 생각이 앞섭니다. 이건 종교의 혼합주의 문제가 아니라 자기 것을 버릴 수 없는 어떤 생래적인 것이지요. 그러나 문제는 한국 가톨릭이 200년 동안 아무런 대화가 없다가 근래에 와서야 비로소 대화를 시작했습니다만, 그나마 대화를 할 만한 충분한 연구가 있는 것은 아닙니다. 이건 우리 나름대로 필요성을 굉장히 느끼면서도 우리 안에 아직 준비가 없다는 증거가 되겠지요.

강 그 점에 대해서 우리 한국에서는 다른 종교에서보다 우리 기독교 안에 문제가 많다고 생각합니다. 한국에서 처음으로 1966년, 우리 아카데미에서 한국의 6대 종교의 지도자들이 모여서 대화 모임을 가져봤는데, 처음에는 아주 걱정을 하면서 모험을 한다는 기분으로 시작했었습니다. 그런데 아주 싱거울 정도로 부드럽게 대화가 됐거든요. 헤어지기 전에 종교인협의회를 만들자고 해서, 그 사실이 신문에 보도되었습니다. 그러자 기독교측에서 반발이 굉장하게 일어났습니다. 그래서 하는 수 없이 한국기독교교회협의회(NCC) 주최로 온양에서 대화 문제를 가지고 협의회를 가졌어요.

그때 제가 당한 것은 말할 수 없을 정도였습니다. 기독교측의 주장인즉, 다른 종교 사람들을 개종시키려는 목적으로 했다면 이해가 되지만, 그렇지 않다면 이해 못하겠다는 겁니다. 그러니까 기독교측에선 가담할 수 없다는 거지요…… 그 뒤 불교대표가 한 분 찾아와서 '좌우간 기독교에서 회장이고 뭐고 다 하십시오, 우리 불교가 기독교에 다 흡수되어 없어져도 종교가 인류를 위해서 공헌할 수만 있다면 불교 자체는 없어져도 좋소' 하고 저에게 말했어요. 그 순간 십자가 정신은 오히려 그 사람들에게 더 있는 것 같다는 느낌을 가졌습니다.(웃음)

물론 문제점이 전혀 없는 것은 아니지요. 몇 가지 있기는 있는 것 같아요. 그 하나는 종교라고 해서 다 같지는 않은데, 우리가 모

든 종교와 다 대화를 해야 되느냐 하는 겁니다. 종교 가운데는 반
사회적인, 반인간적인 종교들이 있으니까 구별해야 된다는 건 틀림
없지만, 우리가 말하는 건 적어도 인간을 위해 있는 그런 전통적인
종교와 나누는 대화를 두고 하는 것이지 요즘 나오는 좋지 못한 유
사종교와 대화를 하자는 건 아니지요. 신학적으로 요즘 '익명의 예
수'(anonymous Christ)란 말을 많이 쓰지 않습니까? 그리스도가 기
독교 안에서는 이름을 가지고 나오지만, 다른 종교 안에서는 계시
되 숨어서 계신다, 즉 성령은 교회 안에서만 역사하시는 것이 아니
고 다른 종교에서도 역사한다는 것이죠. 또 요사이 제일 유행되는
말로 '은밀한 신자(secret believer)'란 말이 있는데, 본인 자신은 신자
가 아니라 해도 우리가 볼 때에는 본인도 모르는 사이에 신자가 되
는 논리가 그것이지요.

이 논리는 사회적으로 약간 진보된 논리인데, 여기에 대해서
WCC의 보수적인 사람들은 상당히 반발합니다. 이런 논리에 대해
서는 저 자신도 얼른 납득이 가지 않는데, 그 이유는 그것이 신학
적인 문제를 넘어서 종교문제로만 가는 게 아니라 이데올로기 문
제로 넘어가기 때문입니다. 예를 들어 중공(中共)의 마오쩌둥(毛澤
東) 같은 사람은 구약에 나오는 고레스(Cyrus)*로 볼 수 있지 않느
냐 하는 겁니다. 중공의 모든 억압된 사람들을 해방하는 사람을 '은
밀한 신자'로 봐야 되지 않겠느냐 하는 거죠.

이런 데까지 논리를 몰고 가면 교회가 전도를 한다는 게 우습지

---

* B.C. 590 ~ B.C. 529. 고대 페르시아 제국을 건설한 키루스 2세(재위 B.C. 559 ~ B.C.
529)를 가리킴. 아케메네스 왕조의 창건자로 페르시아를 통일하고 신바빌로니아 왕
국을 정복하였으며 피정복 민족의 제도와 종교를 존중하여 관용을 베풀었다. 〈이
사야〉 45장에서는 키루스가 '하느님에게 기름부음을 받은 자'라고 말하고 있다.

않느냐 하는 생각까지 들어요. 그리스도는 어디든지 다 숨어 계시고, 성령은 어디서든지 다 역사하고 있다고 생각한다면, 교회에서 말하는 증언, 곧 〈마태복음〉 28장에 나오는, '너희는 가서 성부와 성자와 성령의 이름으로 모든 백성들에게 세례를 주고 제자로 삼아서 내가 너희에게 가르친 것을 다 가르치도록 해라'라는 이야기를 어떻게 해석해야 하느냐는 문제가 생깁니다. 이런 이론에 저는 상당히 의문점을 갖고 있는데, 추기경님께선 어떻게 생각하고 계신지요?

김 '익명의 예수'를 제일 먼저 말한 사람이 카를 라너(Karl Rahner)로 기억되는데, 그렇게 뚜렷한 명문으로 다른 종교 안에도 성령이 일하신다, 이렇게 말할 수는 없을지 몰라도 어떤 암시적인 것은 있지요. 아까 말씀하신 것처럼, '크리스천만 하느님 모습으로 만드신 것이 아니고, 그 하느님이 우리가 모르는 방법으로 모든 인간 안에 현존하시고, 모든 인간 안에 뭔가 일하시고 계신다' 하는 것은 우리도 부인할 수 없을 것 같습니다. 구체적으로 마오쩌둥이 어떻다, 누가 어떻다는 식으로 말하기는 어렵지만, 확실히 역사 속에서는 그리스도가, 즉 성령이 일하시고 계신다는 것은 이야기할 수 있습니다.

그렇다면 성령이 일하시고 계시는 것을 우리가 교회라는 테두리 안에만 제한시킬 수는 없는 것입니다. 또 예수님이 이웃사람을 이야기하면서 왜 하필 사마리아 사람들을 예로 들었느냐, 예수님은 유대인이 아닌 사마리아 사람들을 가장 참된 인간으로 칭찬하지 않았느냐 하는 생각을 합니다. 지금도 그런 의미로는 앰네스티 인터내셔널(Amnesty International: 국제사면위원회) 같은 국제기구가 있지 않습니까? 그건 비록 크리스천의 정신에 바탕을 두고 있지만 크리스천 단체는 아니지요. 우선 우리 한국에서 그런 문제가 있을 때,

크리스천 단체에서 먼저 움직인 경우도 있었겠지만, 그 이전에 앰
네스티 인터내셔널이라는, 미처 생각지도 못했던, 말하자면 그야말
로 익명적인 단체가 크리스천적인 사랑을 증거하고 있어요.

이렇게 그리스도께서는 비(非)크리스천 안에서도 성령을 통해
일하시고 계신다고 볼 때, 우리가 크리스천으로서 복음을 전한다는
문제를 어떻게 생각해야 하느냐? 우리는 우리대로 해야 할 일이
있다고 생각해요. 우리는 하느님의 계시를 아직까지 충분히 이해는
못해도 적어도 하느님이 그렇게 일하신 걸로 알고 있습니다. 모르
는 그들은 그가 누군가 몰라서 찾고 있는데, 알고 있는 우리가 그
가 그리스도란 것을 알려주어야지요.

바로 사도 바울이 그리스에 가서 이름을 모르면서 신을 모시고
있는 사람들에게 그 신이 누구인지 가르쳐 주겠다고 하지 않았습
니까? 그것이 바로 복음이지요. 마찬가지로 우리도 복음을 전할 사
명과 그것을 증거할 사명을 더욱 강하게 느껴야 될 것입니다.

강 그 점은 저도 동감입니다. 성령이 교회 안에만 있다고 생각하
는 것도 독단이라고 생각하고요. 모든 사람이 다 그리스도의 구원
에 참여하는 사람들인 만큼 신자와 비신자의 차이는, 그리스도가
우리를 구원했다는 것을 아는 사람과 모르는 사람의 차이로 구분
하고 싶습니다.

김 말하자면 근본적으로 신자와 비신자의 확연한 구분은 없는
셈이지요.

강 그런데 이런 이야기에 관한 아주 인상적인 일화가 있습니다.
지난번 나이로비 총회에 불교 대표와 힌두교 대표가 참석했는데,
우리가 그런 이야기를 할 때 힌두교 대표가 나와서 이런 말을 합디

다. '나는 힌두교 대표로서 분명 그리스도가 힌두교 안에서도 역사를 한다는 것을 믿는 사람이다. 그런데 내가 여러분에게 물어보고 싶은 것은, 우리 힌두교가 그리스도교 안에서 역사를 한다는 것을 너희도 믿느냐'라고 통박합디다.(웃음) 그래서 듣는 사람들이 모두 한 대 얻어맞은 것 같은 기분이었죠.

　　김 그런데 그 힌두가 구체적인 퍼스낼리티를 의미하는 것인가요, 아니면 종교적 사상을 의미하는가요.

　　강 종교적인 사상을 의미하겠죠.

　　김 사상을 의미할 땐 있을 수 있다고 생각합니다. 좋은 일, 가치 있는 일이 우리 안에서 일한다는 뜻으로 말입니다.

　　강 아까 추기경님이 말씀하신 토착화문제와 관련된 얘긴데요, 나이로비 총회 중앙위원회에서 '그리스도는 우리를 자유롭게 하고 하나가 되게 한다'는 주제를 택할 때 저는 이런 이야기를 했습니다.

　　'나는 예수 그리스도가 우리를 자유롭게 하고 하나가 되게 한다는 데는 아무 이의 없다. 그러나 역사적인 문맥에서 보면, 우리를 자유롭게 하고 하나가 되게 한다는 서구적인 기독교가, 우리와 문화가 다른 서구문화의 바탕 위에 뿌려진 복음의 씨와 함께 서구적인 일종의 율법을 함께 받으라고 하지 않았는가, 우리는 이때 자유를 느끼기보다는 반대로 노예화를 느낀다. 기독교의 각종 교파란 것이 들어와서 우리를 분열시켰는데 그리스도만 믿으면 되는 것이지 교파가 우리와 무슨 상관이 있느냐? 그 교파란 것이 너희들의 문화와 역사 속에서 생겨난 것인데, 왜 우리에게까지 강제로 덮어 씌우느냐? 이건 하나가 되게 하는 게 아니라 분열시키는 것이다. 자유롭게 하기보다는 분열시키는 요소가 많다. 그러므로 먼저 서구

적인 기독교라는 틀 속에서 해방된 그리스도, 그런 그리스도를 이
야기하지 않고서는 이 주제를 받아들이기가 어렵다'라고 했지요.

저는 이 문제가 가장 큰 고민이라고 봅니다. 이 문제가 해결되지
않고는 아무것도 토착화시킬 수 없다고 봅니다. 그리스도의 복음에
하나의 옷을 입히고 하나의 몸을 이루게 만드는 데서 우리들의 문
화 전통이 무시된 채 자기네 옷에다 맞추라는 건 일종의 문화적 횡
포일 뿐입니다. 바로 이런 점이 다른 종교와 대화를 나누는 것에
대해 서구 사람과 우리가 다르게 느끼는 점이 아닐까 합니다.

김 목사님이 말씀하신 그 점은 긍정합니다만, 토착화가 반드시
불교적인 것, 유교적인 것을 현재 있는 그대로 받아들인다기보다
는……

강 그건 아니지요.

김 예를 들어 유교에서 예(禮)라는 것이 있지요. 그것을 크리스
천의 눈으로 볼 때 그 의미는 더 깊어질 것이고 그 안에 담긴 뜻이
순수 유교적인 뜻보다 더 깊어질 게 아니냐 하는 생각을 합니다.
또 공자(孔子)와 제자들 사이에 인(仁)을 놓고 토론을 했을 때, 누
가 인에 도달했느냐, 하는 질문이 오갑니다. 공자는 자기가 생각할
때는 요순(堯舜)도 인에는 도달하지 못했던 것 같다고 하지요.

그러니까 유교적인 입장의 인을 알아듣기는 힘들지 않겠느냐, 하
는 문제는 있지요. 그러나 우리가 계시된 입장에서, 즉 하느님이 당
신을 계시한 그 빛 속에서 인이란 걸 더 깊이 이해할 수 있지 않을
까, 그런 생각입니다. 토착화와 관련해서, 유교나 불교 자체도 결코
정지된 상태가 아니라 혁신되고 있고 또 혁신을 통해서 나아가는
동안 기독교와 어떤 만남으로 말미암아 유교나 불교도 어떤 의미

로는 심화될 수 있지 않느냐, 그리고 그 만남을 통해 기독교도 그 안에서 받아들이는 것이 있지 않겠느냐는 것입니다. 이런 의미로 볼 때 토착화의 과정을 단순히 외적인 것을 그대로 형식으로 받아들이기보다는 심화해 나가면서 받아들여야 한다고 생각됩니다.

좀 전에 기독교가 우리를 해방시키기보다는 예속시켰다고 하셨는데, 사실 어떤 의미로서는 저도 동감입니다. 그런데 제가 교황청 시노드(세계주교대의원회의) 같은 곳에 가서 항상 강하게 느끼는 건데요, 저는 거기서 이렇게 말했지요. 교회가 세속화의 물결 등 오늘날의 여러 가지 물결 속에서 교회제도를 구하려고 하다 보면 결국 기독교는 자기를 잃고 만다, 오히려 제도를 문제 삼지 말고 오늘의 기독교가 정말 기독교냐, 우리의 교회가 진정한 교회냐, 그런 면에 더 반성을 할 때, 그 반성 위에서 자기의 생활을 하고 행동을 하고 증거를 할 때 오히려 기독교도 살지 않겠느냐는 것입니다. 그리고 그리스도가 자기 아닌 남을 위했듯이 교회도 자기 아닌 남을 위할 때 비로소 참된 교회가 된다는 그런 말을 했습니다.

그렇게 말하면서도 정말 내가 제도를 벗어날 수 있느냐 반성을 해봤어요. 결국 인간은 시작부터 제도 속에 살고 있어요. 하나의 가정이란 단위도 제도지요. 인간이 하나의 사회를 이루고 살려면 절대 제도 속에서 벗어날 수 없어요. 문제는 제도를 지나치게 제도화시켰다 할까 제도를 자꾸만 앞세우는 데 있지, 그 자체가 문제되는 것은 아닌 것 같아요. 정말 제도 속에 갇혀 있는 저 자신을 가끔 해방시켜 보고 싶다는 생각을 합니다. 그러나 그 제도를 벗어나서 어디로 갈 수 있습니까? 그저 꿈일 뿐이지요.(웃음)

강 저희 교회로 오시죠?(웃음)

김 불교 스님같이, 아니면 김삿갓처럼 삼천 리 강산을 다니면 어떻게 될까 생각해 보았는데, 그것도 요즘 같아선 편히 안 될 것 같아요. 어디 가더라도 주민등록증 내라 그러지.(웃음) 하룻밤 숙박을 하려 해도 기록을 하지, 도저히 안 되는 일입니다. 거지가 되면 해방될 수 있을까 생각해 보지만, 거지 사회에도 제도가 있을 것 같아요. 그러니까 기독교가 제도화됐으니 거기서 해방되기 위해 제도를 완전히 거부하는 것은 불가능하다는 생각이 들어요.

강 그건 안 되죠. 그 제도를 거부하고 나면 결국 다른 제도 속으로 들어가는 거니까요. 결국 형식이 없는 내용은 있을 수 없거든요. 저는 그 점에 대해서 평소에 이렇게 생각했습니다. 〈요한복음〉에 예수님께서, '내가 길이요 진리요 생명이니 나를 말미암지 않으면 아버지께로 올 수 없다' 하는 말씀을 그대로 믿지만, 그런데 '내가 곧 길이요 진리요 생명이다'라고 할 때의 나는 기독교뿐이다, 이렇게 말할 수는 없다는 얘기입니다. 그러니까 그리스도가 곧 기독교다 하는 등식은 성립 안 된다는 거지요. 그리스도가 길인데 그 길은 많이 있고 많은 길 가운데 하나인 기독교라는 길 안에 그분이 갇혀 있으면 참된 진리로 볼 수 없는 것이지요.

그러나 우리는 여기서 선택을 할 수밖에 없는데, 어느 것이 과연 형식으로 봐서 그것과 가장 가까우냐를 살핀 결과 역시 여러 가지 결점을 안고 있음에도 이 기독교란 것에 발을 들여놓게 된 것이죠. 그러나 기독교를 절대화할 수는 없습니다. 그리스도를 절대화하면 할수록 기독교는 상대화된다는 견해에서 다른 종교를 볼 때, 저쪽은 이른바 페이거니즘(paganism: 우상숭배)으로서 완전히 버림을 받은 것이라고 생각할 수는 없습니다. 이제 그런 태도는 버려야 할 것입니다. 다만 기독교를 포함한 모든 종교가 좋고 나쁜 점이 각각 있다고 보는데, 좋은 것은 받아들이고 나쁜 것은 계속 구원의 대상으로 삼아야 할 것입니다. 우리나라에 신교가 들어와서 제일 처음 한 것이 샤머니즘 단지들을 두드려 부순 것 아닙니까? 그런데 우리가 샤머니즘의 형식을 완전히 깨버렸지만 샤머니즘 콤플렉스는 기독교 안에 깊숙이 들어와 있어요. 그것에는 부정적인 면도 있지만 긍정적인 면도 있어요.

김 그게 국민적인 어떤 종교성(宗敎性)이 아닐까요?

강 그렇죠. 그런데 우리나라의 기독교를 다른 나라 사람들이 와서 보면 도무지 알 수 없는 역동성을 발견해요. 사람들이 새벽기도에 모이고, 빌리 그레이엄(Billy Graham)*이 오면 백만 명이 모이고 하는 일을 굉장히 놀라운 일이라고 봐요. 이것이 바로 샤머니즘이 갖고 있는 저력, 다시 말해서 그렇게 천민대우를 받고 억압을 당하면서도 끈질기게 이어져 내려온 저력, 그 원동력 같은 것이 기독교에도 상당히 들어와 있는 것 같습니다. 다만 샤머니즘의 카리스마와 교도들의 엑스타시 같은 것은 반사회적인 작용을 할 수 있다는 점에서 배격해야 되겠지요.

우리 사회에 만연한 비인간화 현상에 대하여

강 제 이야기가 너무 길어졌습니다만, 이 문제를 인간화와 비인간화의 차원에서 한번 살펴보는 게 어떨까 싶습니다. '70년대에 들

---

* 1918~ . 미국의 저명한 복음주의 기독교 전도사. 1973년에 한국을 방문하여 여의도에서 대형 부흥집회를 열기도 했다.

어와서 특히 문제되고 있는 것이 과학기술의 발전과 경제발전에 따른 인간화의 문제인데, 신교 안에서도 '60년대에 들어와 하비 콕스(Harvey Cox)*가 《세속도시》(世俗都市)를 써서 선풍을 일으켰는데, '70년대에 들어와선 하비 콕스 바람은 거의 사라지고 있습니다. 즉 과학기술 문명이란 걸 그처럼 하느님의 축복으로 볼 수 있느냐, 과학기술과 경제발전에 따른 새로운 문제가 대두되고 있지 않느냐 하는 반성이 크게 일어난 겁니다. 그래서 WCC 안에서도 '삶의 질'(quality of life)이라는 새로운 용어가 등장하고 있어요. 결국은 인간화의 문제인 것입니다.

과학기술 문명이나 경제발전이 무조건 나쁘다는 건 아니지만, 인간화에 도움을 주는 것이라면 좋으나 비인간화를 조장하는 것이라면 고쳐야겠다는 발상으로 무척 공감이 갑니다. 경제발전이 점점 더 빈부의 격차를 심화시켜 양극화 현상을 조장해 가는 것이 가장 큰 문제고, 거기에다 가치관의 혼란, 비정신화(非精神化)까지 곁들여 큰 문제를 던지고 있습니다. 그런데 지난번 나이로비 총회에서는 비인간화의 원인을 가치관과 관련해서 물질주의·소비주의·거대주의 등 세 가지로 열거하더군요. 물질만 풍부하면 인간이 행복해질 수 있다 하는 생각은 선진국만의 문제가 아니라 개발도상국이다, 중진국이다 하는 우리나라에서도 똑같이 심각한 문제로 나타나고 있습니다. 더구나 인간의 문제를 다루고, 인간을 단순하게 육체만으로 보지 않고 정신과 인격 등을 포함한 전인간적으로 보는 입장에서는 굉장히 심각한 문제가 아닌가 합니다. 이것이 다른 종

---

* 1929~ . 미국의 신학자. 1965년 발표한 《세속도시》에서 교회의 세속화와 도시화를 재해석하여 신학계에 큰 화제를 불러일으켰다.

교와도 공유할 수 있는 문제의 초점이 되는 것이고, 비신자와도 이 문제를 향해서는 공통된 과제로 삼을 수 있지 않을까 합니다.

김 앞으로도 있을는지 모르겠습니다만, 오늘날만큼 인간이 자기 능력과 물질적인 부(富)를 과시해 본 일이 없었는데, 그러면서도 지금 말씀하신 비인간화의 문제가 나오고 빈부격차가 어느 때보다 심각하게 대두되는가 하면, 한편으로 '풍요한 사회'에서는 먹고 쓰고 남아서 어떻게 처리할 줄 모를 정도입니다. 국제연합식량농업기구(Food and Agriculture Organization of the United Nations, FAO) 통계에서 보는 것처럼, 전세계 인구 가운데 5억이 기아선상에서 허덕이고 있고, 영양실조까지 포함하면 거의 10억이 됩니다.

우리나라에서는 기아문제가 그리 심각하지는 않지요. 그러나 영양실조 문제는 또 우리나라에도 도시 변두리나 판자촌 같은 데 아직도 있지 않습니까? 오늘날 우리들의 전체적인 발전이 정말 인간을 위한 발전이었느냐, 물질주의에 젖어 이윤만 추구한 결과 경제가 인간을 위해서 있는 것이 아니라 그 반대로 사람이 경계발전의 도구로 떨어진 상태가 아니냐, 근본적으로 인간의 가치는 어디 있느냐, 인간이 무엇을 얼마나 가졌다는 데 있느냐 아니면 어떤 질의 삶을 가지는 데에 있느냐 하는 것이 문제이지요. 그러나 가치관이 그렇게 전도(顚倒)되어 있는 것만은 아닙니다.

오늘날의 젊은이들이 보는 인간의 가치도, 그 인간이 '가진 것'에다 기준을 두지 않고, 그 인간이 인간으로서 얼마나 참되냐 하는 데 있어요. 그래서 가치관이 그렇게 근본적으로 전도되어 있다고 저는 생각하지 않습니다. 어느 시대의 젊은이들보다도 오히려 오늘의 젊은이들이 정말 참된 것, 아름다운 것, 정의로운 것이 뭐냐,

즉 진리·정의·사랑을 간절히 추구하고 있지 않은가 합니다. 결국 참된 인간의 모습을 추구하고 있다고 보입니다. 그런 면에서 종교인들, 특히 기독교인들이 손을 맞잡고 뜻을 모아서 인간화를 위해 헌신해야 되리라고 생각합니다.

강 사실 '60년대부터 젊은이들의 방황이 부유한 나라, 부유한 집 자녀들에게서 거세게 일어났고, 또 그런 현상이 지배적이었습니다. 이런 물질주의의 산물이 GNP주의로 치달은 나머지, 우리나라 현상만 보더라도, GNP가 올라가면서 범죄율도 상승하게 되었어요.

또 물질주의는 결국 소비주의로 귀착되어, 사람을 비정신화하는 문제뿐만 아니라 공해를 만들어내고 있지요. 게다가 광고·방송 등이 소비를 더욱 조장하고, 그에 따라서 공해도 가중되고, 자원이 고갈되는 현상이 나타나게 되지 않습니까? 물론 사람이 먹고 살아야 되니까 물질문명의 발전 자체를 반대해서는 안 되겠지만, 이제 수질 오염 때문에 갓난아이에게 먹이는 젖에서도 금속물질이 발견됐다, 하는 보도가 우리나라에도 있고 보면 여간 심각한 문제가 아닙니다. 물질주의가 사람을 행복하게 만드는 게 아니고 오히려 육체 자체를 불행하게 만드는 현상을 빚고 있지 않느냐 하는 겁니다.

가치관의 문제에서도 거대주의(巨大主義). 즉 '질'에 가치의 기준을 두지 않고 얼마나 많이 갖고 있느냐 하는 '양'에다 가치근거를 두는 사고방식 때문에 권력투쟁이 일어나고, 또 핵폭탄을 많이 보유하고 있는 나라가 강대국이 돼버려 강대국일수록 지구를 파괴하는 역할을 하게 되고…… 이런 것이 '70년대의 가장 심각한 문제인 것 같습니다. 이런 문제는 종교인뿐 아니라 생각이 있는 사람 모두가 우려하는 것이지만, 특별히 인간의 문제를 다루고 있는 우리 기독교가 굉장히 심각하게 생각하지 않을 수 없을 것 같습니다.

김 그 문제에 연관이 되는지 모르겠습니다만, 세계적으로 가진 사람들은 심지어 이데올로기마저 초월해서 서로 연결되어 있는 것 같아요. 공산 진영과 서구의 자본주의 진영이 대결하고 있는 것 같으면서도 가진 사람들끼리는 서로 이야기가 통하고, 또 어떤 문제에서는 담합과 타협을 하는 등으로 어떤 연결이 있어요. 예를 들어 다국적기업이란 것이 반드시 서구에만 손을 뻗치는 게 아니라 동구에까지 뻗치고 있더란 말입니다. 그와 달리 가지지 않은 사람들은 한 사회 안에서도 그렇고 국제적으로도 서로 연결이 안 되어 있습니다.

이와 같이 가진 사람들과 가지지 않은 사람의 상태를 지속시키는 어떤 세계질서랄까, 이걸 쥐고 있는 사람이 결국 돈 가진 사람, 권력 가진 사람이고, 그게 참된 평화를 주는 것이 아니라 평화를 위협하고 있는 상태거든요. 그럼 이것을 바꿀 수 있는 사람이 누구냐, 물론 공해문제처럼 사회여론도 주의를 환기시키는 역할을 하겠지만, 결국 이런 면에서도 교회가 참되게 손을 잡고 인간화, 곧 한 사회의 공동선(共同善)을 추구해 가야 하리라 봅니다. 여기서 말하는 공동선이란 공익과는 다른 뉘앙스입니다. 국민교육헌장에 보면 '공익을 앞세우고……'라는 말이 나오죠. 그런 데서 나오는 뉘앙스를 보면 개인과 개체를 뒤로 하고 전체를 앞세우는 것이 공익이라든지 국가이익이다 하는 걸로 이해되는 것 같아요.

공동선은 개인과 가정과 자율적 단체가 본연의 권리와 자유를 전보다 더 낫게 누리면서, 자기를 잃지 않고, 그 사회 안에서 성장 발전하면서 전체와 조화를 이루는 거지요. 어떻든 그런 공동선을 추구하면서 현재 세계를 지배하고 있는 질서를 바꿀 힘은 역시 전체적으로는 종교계의 뜻을 가진 사람들일 뿐만 아니라, 그 가운데서도 핵심적인 일을 할 수 있는 사람들이 결국 기독교인이 아닌가 생각합니다.

강 사실 이 빈곤의 문제가 세계평화를 위협하는 양극화의 문제와 우리가 우려하는 공산주의화의 위협을 낳게 되는 것 아닙니까. 그와 동시에 심리적으로 큰 문제가 되는 것은 상대적 빈곤입니다. 내가 먹고 살기는 하는데, 저 사람과 나 사이에는 차이가 있다고 하는 이런 상대적 빈곤이 인간관계를 상당히 복잡하게 만들고 있습니다. 요사이 우리 기독교로서 제일 어려운 문제가 이런 것인 듯해요.

과거에는 나쁜 사람을 회개시키고, 다른 사람을 부지런하게 해서 좋은 양심으로 잘살게 해줘야겠다 하는 도덕적인 차원에서 이야기를 할 수 있었는데, 이제는 모두가 구조화되고 구조 자체가 문제되어 버리니까, 이 문제를 심각하게 생각하다 보면 사회구조를 문제로 삼지 않을 수 없게 되어버리거든요. 바로 이런 점이 상당히 어려운 문제를 안고 있지 않나 생각되는군요.

김 지나친 비관인지 모르나, 이런 점에서 보면, 현재 사회나 세계를 지배하고 있는 질서가 변화되지 않을 경우, 이 세계가 한번 공산화되지 않을까 하는 우려가 나오게 된 거죠.

강 네, 그런 위험이 있죠. 그런 점에서라도 추기경님께서 말씀하신 공동선·인간화, 이것을 심각하게 생각하는 사람들, 곧 교회를 포함한 모든 불신자까지도 힘을 합해서 여론화를 하고 압력이 되지 않으면 구제할 길이 없다고 생각됩니다. 지난번 나이로비 총회에 참석한 서구의 한 과학자가 이런 말을 했어요. '지금 우리가 타고 가는 지구라는 배가 큰 빙산을 만났다. 그런데 이 지구라는 배의 브레이크가 고장이 나서 저 빙산을 피하지 못하고 있다. 이 배에 브레이크를 걸어서 어디론가 방향을 바꿔놓는 힘이 없이는 내일의 인류는 존재할 수 없다. 내가 한 사람의 과학자로서 여러분에게 기대하고 있는 것은, 오늘의 교회가 힘을 합해서 브레이크가 고장난 이 배의 방향을 바꾸는 역할을 해야겠다는 것이다. 작년에만도 핵무기를 포함한 무기생산에 3천억 불이 쓰였고, 강대국들 사이에 이렇게 무제한 군비경쟁이 상승되면 파멸밖에 없다'는 내용이었어요.

결국 이런 밀리터리즘(Militarism: 군사주의)을 떨어뜨리자면 양쪽에 압력이 될 수 있을 정도로 압력의 소리가 커져야 되거든요. 옛날 구약시대의 예언자처럼 한 사람이 나와서 할 수는 없는 일이지요. 역시 인간화를 향한 광범위한 공동전선이란 게 필요한 거고, 교회가 선교의 사명과 인간을 구하는 사명에 집결되어야 하는 게 아닌가 합니다. 말하자면 우리가 바벨탑을 쌓는 일에 공동으로 참여해야 한다는 생각입니다.

김 우리나라도, 공업화도 많이 되고 거대한 공장도 많이 서고 해서, 누가 봐도 나라 발전에 자부심과 자신을 가질 만하다고들 이야기를 많이 하고, 또 사실 그런 측면이 있어요. 그러나 어떤 가치관을 가졌느냐에 따라서 견해가 다른 것 같습니다. 그걸 이렇게 보면서도 이 거대한 시설과 공장이 정말 인간을 위한 거냐 아니냐는 문제를 근본적으로 제기할 줄 모르는 것 같아요. 몇 해 전에 포항제철 공사를 시작할 때 공사현장을 시찰하고 돌아온 분이 나한테 찾아와서 이야기를 한 일이 있었어요. 거기에서 공장규모·시설·종업원 등에 대한 브리핑을 들었다고 그래요. 전부가 다 아까 말씀하신 거대주의 방향으로 우리나라가 발전한다는 걸 들었겠죠. 그런데 다 듣고 난 다음에 이분이 뭘 느꼈느냐 하면, 그 굉장한 시설을 하는 공장 계획 안에는 그곳에서 종사하게 되는 사람들에 대한 관심이 한 군데도 없는데, 많은 종업원들이 와서 일하게 될 때 거기서 일어나는 인간으로서의 문제에 어떻게 대처하느냐, 이 이야기는 한 마디도 없었답니다. 그래서 그 문제를 물어보았더니 대답이 없었다고 해요.

그러니까 우리나라가 거대주의로 발전하는 것은 좋은데, 그런 데 대한 근본적인 문제의식이 국가정책에서 계획을 세우는 단계에서부터 소홀하기 때문에 공해문제뿐만 아니라 공해문제 이전의 더 큰 문제가 나옵니다. 어떤 기업이라고 밝히지는 않겠습니다만, 모 조선회사에서는 굉장한 인명피해가 있었습니다. 배 하나 만드는 데 종업원 몇십 명이 죽었다고 해요. 물론 훈련부족도 있겠고, 기술부족도 있겠지만, 인간에 대한 안전시설이 안 되었거든요. 저도 거기 한 번 가봤습니다. 사고는 목격 못했지만 충분히 그런 일이 일어날 수 있겠다는 생각이 들었습니다. 그렇다고 해도 언론자유가 없으니까 그런 일에 대해서 매체에서 말을 할 수가 없지요. 그러니까 결국 근본적으로는 사회의 지도층, 즉 나라를 이끌어 나간다든지 경제를 이끌어 나가는 책임 있는 사람들이 인간에 대한 가치를 얼마나 절실히 느끼느냐가 문제인 거죠.

강 그런 문제는 우리나라뿐만 아니고 모든 나라가 다 같은데······ 다만 저는 이런 태도예요. 낙관하는 사람들 앞에서는 굉장히 비관적인 이야기를 많이 하거든요, 실제 그런 비관적인 면이 있으니까.

그러나 한편으로는 비관적인 사람들이 많이 있지 않습니까. 외국에 나가 있는 우리나라 젊은이들을 만나도 상당히 비관적이에요. 그러나 이런 젊은 세대들이 비관적으로 생각하는 것 자체가 거꾸로 희망적이라고 나는 생각해요. 그 사람들이 그런 현상에 대해서 만족하고 있으면 도리가 없잖아요. 그런 점에서 상당히 낙관할 수 있는 것이지요. 세계교회만 하더라도 빈부격차 해소문제, 평화문제 등에 대해서 근본적으로 바꿔놓지는 못할지라도 상당한 영향력을 주고 있고, 노력한 만큼 실현되지는 못한다 해도 많이 개선되고 있는 것은 분명한 사실이거든요.

이런 이야기를 잘못 보도하면 또 오해받을지 모르지만, 미국의 히피, 또 요즘의 지저스 프리크(jesus freak: 기독교 원리주의자를 가리키는 영어 구어), 영국의 피카딜리 서클 같은 것을 볼 때 계급 면에서는 부잣집 자식들이 대부분이며 또 이런 현상이 풍요한 사회에 더 많이 나타나는 것은—이런 풍조를 우리가 받아들일 수는 없지만—정말 인간답게 사는 새로운 길을 찾아야 되겠다는 의지가 결국 거지차림으로 나타난 것이 아닌가 해요. 미국이라는 나라에 가보면 마치 로마제국의 말기 같은 생각이 일어나거든요. 모르핀이나 환각제 사용자들에다가 폭력사태가 일어난다, 뉴욕에서는 성병을 치료하라고 광고를 계속하는 등 말할 수 없는 사태가 일어나고 있어요.

이번에 카터(Jimmy Carter: 미국 제 39대 대통령)가 나와서 저렇게 붐을 일으키는 것도 그 배후를 보면, 정책 이야기가 아니고 도덕적인 이야기, 가치체계, 성실성의 이야기를 내세운 때문인 것 같아요. 그것이 미국사람들 사이에 공감을 불러일으킨 것 아니겠습니까. 그러니까 얼른 보면 모두 없어져버리는 것 같아도, 어떤 계기를 만들어주면 사람들의 마음 속에 넓은 공감대를 이루고 다시 살아나는 것 같아요. 이것이 어디 미국에만 국한된 현상이겠습니까. 그렇게 본다면 새로운 정신적인 것이랄까 양적인 팽창의 세계에서 질적인 변화를 일으키는 문제가 불가능한 것은 아니고, 신·구교가 힘을 합치고 노력하면 상당한 역할을 할 수 있고 고칠 수 있다고 생각해요.

김 네, 저도 몇해 전에 미국에 갔을 때, 미국이 이 상태로 나가다가는 망하지 않겠는가 생각했는데, 이번에 가서 보니까 상당히 극복되고 있었어요. 미국사람들의 바탕에는 개척자적인 정신이 깔려 있으니까 문제를 결국은 극복해 나갈 수 있다는 게 내가 아는 미국사람의 설명이었습니다. 그런데 저는 그렇게 보기보다는, 미국이란 나라의 민주주의 체제가 굉장히 약해 보이면서도 그런 측면을 극복해 나가는 것이 오히려 민주주의의 저력이 아니겠느냐, 그렇게 자연스럽게 해결해 나가는 것이 진실한 극복이 아니겠느냐, 하는 생각이 들어요. 그런 면에서 미국은 아직도 그렇게 절망적으로 타락하고 있는 나라는 아닐 뿐만 아니라 소생하고 있는 나라인 것 같아요.

강 그런 면에선 젊은이들의 동향이 주목되는데요, '60년대에는 발전된 나라들의 젊은이, 특히 뉴레프트 운동 같은 것은 굉장히 급진적이었거든요. 우리가 '68년도에 웁살라에서 총회를 할 때, 유럽의 청년들 6만 명이 몰려와서 총회장소를 부수겠다고 해서, 스웨덴 경찰이 총동원된 일도 있었고, 또 일본에선 학생들이 헬멧을 쓰고 매일 데모만 하지 않았습니까. 그런데 '70년대 초로 들어와서는 이

것이 코뮨이나 유토피아주의로 들어가더니 요즘엔 그 단계를 넘어
선 것 같아요.

유럽이고 미국이고 가보면, 대부분의 청년들이 건전한 자세를 가
지고 있어요. 얌전하게 기존체제의 계승자가 되려는 것이 아니고,
자기들의 세대에는 새로운 제도와 새로운 운명을 창조해야 되겠다
는 성실성이 아주 눈에 띄게 나타나거든요. 이런 것은 상당히 소망
스러운 조짐이 아닌가 싶어요. 과거의 풍조를 안 되겠다 해서 권력
으로 강압했더라면 절대로 이렇게는 안 됐을 겁니다. 말하자면 '60
년대의 이상주의와 '70년대의 허무주의가 자연적인 반성을 유도해
서 요즘은 이상주의와 현실주의를 상당히 조화시킨 합리적인 자세
가 팽배해진 것 같습니다.

이야기를 조금 바꿔서 우리나라에서 신교와 가톨릭이 노력을 해
서 우리나라의 이런 상황에서 우리가 좋은 발전을 위해 할 수 있는
일이 한 가지만은 아니겠지만, 어떤 것이 급선무일까 하는 이야기
를 나눠보고 싶습니다.

한 사람의 꿈과 3백만의 꿈

김 이번에 제가 미국 갔다 온 건 국제성체대회(國際聖體大會)에
참석하기 위해서였는데, 그 대회의 주제가 '유카리스트(성체)와 영
육(靈肉) 사이의 굶주림 문제'였습니다. 쉽게 말하자면, 유카리스트
인 그리스도가 자기 몸, 곧 생명을 우리에게 주었는데, 생명의 빵으
로 그리스도가 자기를 주듯이 오늘의 성찬에 참여하는 사람들이
자기를 그렇게 줄 수 있었느냐는 문제가 다뤄진 셈이지요.

영육 사이의 굶주림 문제가 둘 다 해결될 수 있지 않겠는가 하는 주제였습니다. 그러니까 평화의 문제, 정의의 문제도 자연히 포함되었지요. 그 회의 때 카마라 대주교가 한 말이 있는데, 한 사람의 꿈은 꿈으로 남을 수 있지만 300만의 꿈은 현실 안에 있다고 했어요. 왜 300만의 꿈이라고 했는지는 잘 모르겠습니다만, 제가 생각할 때는 300만이 안 돼도 좋다, 30만이면 어떻고 3만이면 어떠냐, 한 사회에서 누군가 먼저 꿈을 가지고, 그 꿈이 전파되고 점차 확대되어 모든 사람의 꿈이 될 때는 분명히 현실화된다고 생각해요.

여기서 꿈이란 말은 인간다운 인간사회, 정의롭고 진리에 바탕을 두고 서로 사랑할 줄 아는 그런 사회를 건설해 보자는 꿈이죠. 우리도 우리의 여러 가지 상황에서 좌절할 것이 아니라, 분명히 꿈을 가진 사람이 많다는 걸 알아야겠고, 교회가 그 촛불을 밝혀야 되겠죠. 꿈이란 건 설명이 필요 없고, 이론적인 체계를 세울 것도 없고, 마치 어두운 방안에 촛불을 하나라도 밝히는 것이 어둠을 헤쳐주고 그 방에 있는 사람들의 마음까지도 밝혀주는 구실을 하듯이, 어둠을 탓할 것이 아니라 누군가가 먼저 촛불을 하나 밝히게 되면 나도 촛불을 밝혀야겠다, 너도 촛불을 밝혀야겠다, 이렇게 전파되어 수백만 크리스천이 모두 촛불을 밝히게 되고 그러면 그 촛불의 꿈은 분명히 현실화된다는 생각이 듭니다. 이런 이야기를 하면 너무 감상적인 이야기로 들릴는지 모르지만, '꿈을 한번 같이 가져보자' 이렇게 말하고 싶어요.(웃음)

강 동감입니다만, 꿈이 꿈으로만 남아 있으면 몽유병이 되기 쉽거든요.

김 꿈이라도 악몽이 있고……(웃음)

강 공동선이 뭐냐 공동악이 뭐냐 하는 식의 인식은 대개 되어 있지요. 그러니까 문제는 공동선을 어떤 방법으로 추진하느냐는 것인데, 저는 두 가지를 생각해요. 하나는 기존적인 것에 대한 대체적 (代替的)인 것, 하나는 교정적(矯正的)인 것인데, 여기에 꿈을 같이 하기 위하여 무엇이 우선적이어야 하느냐. 이것은 상황과 대상에 따라 다르겠지만, 오늘 우리의 상황에서는 대체적인 것보다는 교정적인 것을 택해야 할 일이 더 많다고 봅니다. 즉 물질주의에 대하여 정신주의, 소비주의에 대하여 금욕주의, 자본주의 체제에 대하여 급진적인 사회주의, 또 사회주의 체제에 대하여 자본주의라고 하는 식은 양극으로 보고 싶습니다. 그것이 옳으냐 그르냐의 문제를 넘어서 좌절되어 버렸고…… 결국 가능한 것은 교정적인 것이 아닌가 합니다.

과학기술을 놓고 보더라도 과학기술을 집어치우고 노자(老子)나 장자(莊子)의 시대로 돌아가는 것은 있을 수 없고, 과학기술이 안고 있는 비인간화의 문제를 인간화 쪽으로 교정할 수 있겠느냐 하는 것에 우리 꿈이 집중돼야 할 것 같습니다.

김 나는 대체적인 것이랄까 그런 면을 추구하는 사람들의 뜻을 존경합니다. 때때로 그런 말을 하고, 그런 경향이 일어나야 교정적인 것도 나올 수 있습니다. 그 사람들의 말이 틀렸다는 주장이 있는데, 그것이 틀린 것이 아니라 방법적으로는 우리 현실에서 극단만이 아닌 중도적인 것도 필요하다는 얘기가 되겠지요. 그러기 위해서는 문을 열고 서로 허심탄회하게 대화를 해야겠지요.

강 네, 그런 의미에서 우리 아카데미의 잡지 제목도 《대화》(對話)인데, 문제는 오해와 편견과 선입견이 많이 개재되어 있다는 점인 것 같아요. 처지가 다른 개인들, 예컨대, 이혼부부의 말을 따로 따로 들어보면 어느 한쪽이 아주 몹쓸 사람 같지만, 같이 앉혀놓고 보면 그 상당 부분이 사실이 아니고 오해와 편견에서 비롯된 것 같아요. 또 기업가들이 욕을 많이 먹지만 그 사람들을 만나면 이런 고충 저런 고민을 털어놓는데, 나는 부자가 안 되기를 잘했다는 생각이 들 정도거든요. 그런 의미에서 첫 단계는 우선 편견을 버리고 진지한 대화를 해야 하지 않을까 해요.

아까 추기경님이 말씀하신 대로 한 사람의 꿈이 아니고 300만의 꿈이 되게 한다하더라도 그 꿈이 항상 서로 같을 수는 없거든요, 그 속에 분열의 씨가 항상 들어 있으니까, 끊임없이 열린 대화를 해 감으로써 꿈이 깊은 꿈으로 되는 건데, 우리 사회에 가득 차 있는, 네가 죽지 않으면 내가 죽을 것처럼 되는 극한적인 관계도, 서로 첫 단계로서 진지한 대화를 한번 해보면 극한상태가 확대되는 것은 방지할 수 있지 않을까 하는 생각입니다. 우리 교회 안에도 복잡한 것이 많으니까 이런 대화를 조장해야겠지만, 교회가 그리스도에게서 위임받은 화해의 직분을 오늘의 사회 속에서 펴나가려면 구체적으로 이런 다리를 놓는 역할을 많이 해야 되지 않을까 생각합니다.

김 남북 사이의 문제도 대화의 해결이어야 하지요…….

그런데 대화를 하기 위해서는 대화를 할 수 있는 분위기가 조성돼야 하는데, 우리 가톨릭교도들은 모두 반공주의자들이지만, 그러나 반공을 한다는 것은, 공산주의를 미워한다는 것은 근본적으로 미움의 교육을 시키는 것과는 다른 문제여야 한다고 생각합니다. 공산주의와 기독교의 엄연한 차이에 대해 한번 생각해 볼 필요가 있을 것 같습니다. 과거에 공산주의자였다가 개종을 해서 나중에 가톨릭 신부가 된 사람이 본 글이 있는데, 그 사람 이야기가 이래요. '공산주의자도 같은 공산주의를 할 때 그들 사이의 동지애(同志愛)는 그리스도인들 사이에 강조되는 사랑에 비길 바 없이 강하다. 공산주의와 크리스천의 근본적인 차이는 크리스천은 용서할 줄 안다는 데 있다. 저기는 반역자로 규정되면 용서가 없다. 용서해 줄 줄 아는 게 크리스천이다.'

이렇게 볼 때 이북에선 어렸을 때부터 미움의 교육을 굉장히 시킨 것 같지 않습니까? 우리는 반공을 해야겠지만, 어릴 때부터 미움의 교육을 시켜서는 안 되겠다는 것이고, 이것은 역시 인간화와 관련해서도 중요한 문제인 것 같아요. 남북 사이의 문제가 그렇듯이 대화가 단절되면 서로 못 사는 거예요. 대화가 없으면 가정도 파탄되는 것이고 스승과 제자, 성직자와 신자, 그리고 정치인과 국민 사이에도 그래요. 대화가 없으면 사회는 존립할 수도 힘을 기를 수도 없지요. 그리스도가 인간에게 오셨다는 것도 그리스도와 인간 사이의 대화거든요. 그런 의미로 대화는 신학적인 깊은 의미가 있는 말이죠.

강 네, 그렇습니다. 신학적으로 보면, 하느님이 천지만물을 창조할 때 말씀하지 않았습니까? 말이란 것은 창조력도 갖고 있고 파괴력도 갖고 있는 것이어서, 말이 창조적일 때 그 사회는 창조적이 되고, 말이 파괴적으로 될 땐 파괴적으로 되어버린다. 그러면 가장 파괴적인 말이란 방금 추기경님이 말씀하신 미움이 되겠고, 창조적인 말이란 이해와 사랑이 되겠지요. 공산주의는 왜 용서가 없느냐? 결국 이분법적(二分法的)인 사고방식에서 나온 것이죠. 이건 공산주의뿐만 아니라 교조주의 같은 것에도 나타나죠. 부르주아 하면 절대악이고, 말할 것 없이 숙청해 버려야 하지만, 프롤레타리아는 절대로 옳은 것이다 하는 식으로 우리 기독교에서 사고해서는 안 되죠. 부르주아나 프롤레타리아 모두에게 선과 악이 같이 있거든요. 기독교인 사이에 연대가 있다면 우리가 다 죄인이란 점에서 연대성이 있는 것이고, 그 말은 나 자신 속에 오류가 많다는 걸 인정하는 것이 아니겠습니까?

그리고 우리가 다 그리스도 안에서 구원을 약속받은 사람이라는 것을 믿는다고 하면 상대방에게도 구원을 받을 선의 요소가 있다는 것도 인정해야 하거든요. 즉 나 자신에게 오류가 있다, 그리고 상대방에게도 내가 보지 못하는 선이 있을 것이다, 이렇게 되어야 논쟁 아닌 대화가 될 것 아니겠습니까? 결국 이런 태도가 전제되어야 대화가 되는 것인데, 이것은 우리 기독교인의 문제만이 아니라 우리 정치를 봐도, 여(與)나 야(野)나 다 정당성도 있지만 오류도 있는 거란 점을 인정하고, 상대방의 정당성을 좀 들어보고, 나 자신의 오류도 상대방의 의견을 들을 때 발견할 수 있는 것 아닙니까?

제가 교정적이라 한 것도 이런 맥락에서 나온 이야기인데요. 이런 작업이 이루어지면서 그 다음에 공동선을 모색해 나가는 데서 비로소 개인 대 개인, 개인 대 사회관계도 안정될 걸로 생각합니다. 제가 볼 때는 막연하지만 공동선, 인간화, 부정과 억압을 없애고 참됨을 찾으려는 꿈은 누구나 다 갖고 있다고 생각해요. 그러나 그 방법론에서 생각이 다를 수도 있는 것인데, 내가 하는 것은 절대로 옳고 저놈들은 다 글렀다, 그래서 요새 우리 사회를 볼 것 같으면 불신풍조가 지배적인 것 같아요. 이거야말로 파탄이거든요. 인간관계의 파탄이란 게 사회파탄의 기본이란 말이에요, 그리고, 나는 대화로 모든 문제를 해결한다고 생각하는 것은 아닙니다.

우선 당장 시급한 건 대화의 분위기를, 신조가 서로 다른 종교 사이라든가, 신자와 비신자, 여와 야 사이에도, 노사(勞使) 사이에도, 젊은 세대와 기성세대 사이에도 제 1단계로 조성·강화시켜 사회가 분열되는 분위기를 막아놓고 꿈을 모색해야 되지 않겠나 하는 생각을 오래 전부터 갖고 있었습니다만, 이런 생각은 요즘 와서 더욱 강렬해지고 있습니다. 이렇게 불신사회가 되어버렸는데, 어떻게 거기서 창조적인 것이 나올 수 있겠습니까. 그런 점에서 우리의 화해의 역사라는 것은 이 사회에 적극 추진해 나가는 역할이라고 해야 되지 않겠습니까.

김 저는 그런 상황 속에서 제 나름대로 붙이는 말이 있는데 이른바 살아남기주의, 어떡하면 내가 이 세대에서 살아남느냐 하는 그런 병에 각자가 걸려 있는 것 같아요. 그런데 결국은 개인 대 개인의 관계에서도 그런 경우가 있지 않습니까? 예를 들자면 누굴 사랑했는데 내가 배신당했다, 저 사람을 믿었는데 속았다, 이런 데서 이제는 내가 남을 믿을 것도 아니고 남을 사랑할 것도 아니다, 그러니 이제는 내 앞길만 닦자, 이런 어떤 심리적인 폐쇄랄까, 자기 마음을 꽉 닫고서는 몇 겹으로 문을 잠그고 또 자물쇠를 채우는 이런 현상이 짙어지고 있어요. 마음이란 것은 남하고 만남으로써 그 문이 열리고, 그래야만 마음이 성장하고 꽃이 피고 이럴 것 아닙니까. 그런데 그러지 못하고 폐쇄되어 있으니까 마음이 얼어붙죠. 지금 우리의 상태가 바로 얼어붙은 거란 말이에요. 자꾸 해보니까 속는 것도 많고 배신당하는 것도 많고, 그렇게 돼서 사람들의 경향이 자꾸 폐쇄적이 되어 가는데, 인간은 본질적으로 폐쇄되어서는 망하는 겁니다.

강 저도 비슷한 생각인데요. 요새 우리 사회를 보게 되면 연탄을 때는 온돌방에 자고 있는 것 같아요. 연탄 냄새는 아무리 막아도 스며 나오게 마련인데, 문제는 말이죠, 구멍만 뚫어놓으면 가스가 빠져나가니까 살 수 있는 건데, 구멍이 하나도 없이 다 막아놓으니 가스 중독이 돼서 멍해지든지, 죽을 수밖에 없죠. 인간과 인간, 벽과 벽 사이에 창문을 좀 열어놓고 공기를 소통시키면 되는데, 그것을 모두 막아버리면 중독될 수밖에 없는 것이죠. 막아버리면 그렇게 중독되어 갈 수밖에 없는데, 나는 옳고 나쁜 놈은 모두 저쪽이다, 이런 식이 되어버리면 자기 마음까지 다 죽여 버린단 말이에요, 바람이 들어올 길이 없으니까.

물론 우리가 무조건 화해하자고만 해가지고 화해가 되는 것은 아니지요. 한쪽에선 발에 밟혀 죽어가고 있고 한쪽에선 자꾸 때리는데 화해하자고 해서 될 일이 아니고, 먼저 때리지 못하게 하고 밟힌 사람을 일으켜 세우는 정의를 실현시키면서 악의 순환을 막고, 함께 사이좋게 이 둘이 어떻게 같이 가느냐, 이런 문제를 확실히 느끼고 깨닫는 사람들이 차츰 모이고, 하나의 힘이 되어 우리 사회 속에 그런 걸 한번 열고 나가야 되지 않겠는가 그렇게 생각합니다.

김 지금 어디쯤 왔는가 그건 모르겠습니다만, 방금 강 목사님 말씀하신 그런 마음의 문을 열게 하는 일 이전에 우리 자신들의 마음을 정말 열어야겠는데, 제 개인적인 경험입니다만 우리 교회 안에서도 여러 가지 어려운 문제가 있지 않습니까?

한국 영토 안에 사니까 한국 특유의 대화 단절이 생겼어요. 서로

벽을 쌓고 지내기 때문에 요사이는 도대체 교회 안에서도 친여적(親與的)이 아니면 야당이다 — 야당이란 것은 정당을 두고 하는 말이 아니지만 — 반정부다, 이런 식으로 서로 극단적으로 보기 쉽습니다. 너무나 극단적으로 폐쇄되어 있어요. 그래서 여기 책임자의 입장에 있는 저와 그런 의미로 이야기가 단절된 사람도 있다고 볼 수 있는데, 결국은 완전한 의미의 일치란 것은 기대할 수가 없겠죠.

내 마음을 남의 마음으로 바꿀 수도 없고, 남의 마음을 내 마음으로 가질 수도 없죠. 역시 어느 정도의 다원성을 인정하는 것이 필요하지 않은가 해요. 결국 한 가지만이 절대적인 것은 아니고, 절대적일 수도 없으니까요. 그런 의미로 다원화된 사회이기 때문에 어떤 문제에서도 서로를 존중할 줄 아는 자세가 필요한 것 같고, 대화에서도 내 이야기를 자꾸 저 사람에게 주입시키려 하는 것보다는 저 사람 말을 충분히 들어줄 필요가 있을 것 같습니다. 제 생각으로는 그런 작업을 우리 안에서도 해봐야 되지 않을까 싶습니다. 먼저 이야기를 신나게 한번 해봐라 하는 식으로 일이 되어나가야겠는데, 간단하지는 않겠죠. 결국 어떤 의미에선, 자기 자신을 부정적으로 버린다기보다는, 예수님이 자기의 생명을 얻으려는 사람은 잃고 잃으려는 사람은 얻는다고 말씀하신 의미에서 아까 말씀드린 자기를 비운다는 자세가 있어야 되지 않을까 생각합니다.

강 그게 우리가 향해 가야 될 모범인데, 현실에선 우리는 또 그렇게 되지 못하거든요. 그런데 WCC에서 저는 재미나는 현상을 발견했습니다. 제가 나이로비 회의에서 공천위원이 되었을 때의 일입니다만, 서로 자기 파(派)에서 자리를 더 가져가려는 경쟁이 굉장히 치열했지요. 그러나 한 가지 꼭 배울 것은 남의 말을 다 들어주는 것입니다. 그리스정교회에서 온 대표가 그렇게 말을 길게 하고, 또 다른 사람의 말을 중도에서 가로채서 같은 이야기를 계속하고 하는데, 앉아 듣다듣다 결국 견딜 수 없어서 제가 토론종결 동의를 했어요. 토론을 종결하자 했더니, 이 사람들 이야기가, 토론을 종결하는 건 좋은데, 그것이 문제를 해결하는 것은 아니다, 그러니 시간 여유를 가지고 할 이야기를 다 하자더군요. 그래서 할 수 없이 종결동의를 철회했거든요. 그랬더니 점심시간이 두 시간 반인데, 한 시간으로 하고 회의를 한 시간 반 연장했어요. 실컷 이야기를 시키고 나더니, 나중에 한 사람이 이야기를 모두 들어가지고 양쪽 다 납득할 수 있는 결의안을 내놨어요. 그러니까 모두 좋다 해서 만장일치로 통과를 시켰어요. 그래서 내가 그걸 보고, '야! 역시 이것이구나!' 하는 생각을 했습니다.

그때 내가 토론종결 동의를 해가지고 한쪽이 다수로써 눌러버렸으면 그때는 해결될는지 몰라도 다음 회의에 가서는 더 큰 문제로 되어 나올 거예요. 그런데 되지 않는 소리를 하건 뭘 하건 다 앉아서 경청을 하고, 또 제 할 소리 다 하고, 그러니까 290여 국가, 근 300교파, 세대가 다른 젊은이·늙은이, 남자·여자, 보수파·진보파, 이렇게 모였는데도 마지막 가서는 이렇게 공통된 길을 향해서 가거든요. 그래서 포터 총무도 추기경님이 말씀하신 다양성을 이야기하면서 그것이 바람직한 거다, 그리고 갈등을 부정적으로 보지 말자, 갈등을 통해 창조적인 것이 나오는 거다 그런 이야기를 하는데, 오늘의 WCC 같은 복잡한 기관도 마지막 가서는 의견일치를 보면서 같이 나아가는 원리가 여기 있는 것 같아요. 그러니까 우리에게는 그러한 교육과 교양이 너무 적은 것 같아요.

김 그런 것 같아요. 우리가 회의를 해보면 회의가 너무 많아서도 그렇겠지만, 회의에서 상대방의 의견을 받아줄 줄 아는 자세, 그 다음에는 한번 이렇게 결정하면, 그게 만장일치는 아니더라도 다수가 결정을 했으면 따라갈 줄 아는 이런 자세가 우리에게 좀 모자라는 것이 아닌가 해요.

강 국회도 마찬가지예요. 영국의 의회를 보면 보수당, 노동당 하면서도 저렇게 나아가는 것은 의석배치부터 대화를 할 수 있도록 배려하는 등 여러 가지로 분위기가 마련되어 있기 때문인 듯해요. 우리나라도 사람의 마음을 기본적으로 바꿔놓을 수는 없겠지만, 그런 분위기라도 조성해야 할 필요성을 절실히 느껴요. 살아남기주의에 대한 추기경님의 말씀에 동감하면서 내가 강조하는 것은, 오늘의 상황은 우리 함께 살든지 함께 망하든지 할 가능성이 많은 것이므로, 마틴 루터 킹이 해온 이야기지만, 승자도 패자도 만들지 말고 함께 승리하는 세계를 만들자 하는, 그래서 함께 이기고 함께 사는 그런 기운을 우리 사회 속에서 조성해 가는 일이 바로 교회가 할 일이 아닌가, 그리고 그것이 시급한 일이 아닌가 해요.

김 그런 면에서 개신교측에서 굉장한 역할을 할 수 있다고 봅니다. 분파가 있으면서도 국내에선 NCC, 그리고 세계적으로는 WCC를 통해, 다원적이고도 심한 견해차를 조화시키며 연대의식 속에서 일을 해나가는 것을 보면 말입니다. 앞으로 어떻게 될지는 모르지만 현재로서는 민주주의가 가장 이상적인 사회이념 아니겠어요? 그런데 그런 의미의 훈련을 개신교 쪽에서 참 잘해 나가는 것 같아요. 우리나라에서는 사실 아까 말한 토론하는 태도나 다수결을 따라가지 못하는 풍조 등이 있는데, 그런 훈련을 제대로 할 수 있을 만큼 민주주의를 체험하지 못한 데 그 원인이 있겠지요.

강 그래도 저는 절대로 실망하지 않습니다. 우리 아카데미에서 대구에 갔을 때, 모임이 끝난 다음날 한 보수파 목사가 나를 찾아와서 이런 이야기를 했어요. 당신이 여기 왔을 때 저 사람도 예수를 믿는 사람인가 하는 게 궁금해서 정면으로 한번 싸워보려고 왔다, 그런데 어제 이야길 해보니까 정말 당신하고 나 사이에 차이가 크게 없고, 만나보니 그렇게 가까운데, 왜 그렇게 멀게 생각되었는지 모르겠다, 그러니까 내가 우리 교파에서 몰려나는 한이 있더라도 우리가 서로 만나야 한다는 것을 강조해야겠다는 결심이 선 것이 이 모임에 온 제일 큰 보람이다, 이런 이야기였어요, 추기경님은 그렇게 말씀하셨지만 저희는 오히려 가톨릭을 부러워하고 있습니다. 자체 안에서 너무 극으로 나뉘면 다양성은 좋지만 다양한 대립은 좋지 않거든요. 진보파에서는 보수파를, 보수파에서는 진보파를 공격만 하다 보면 결국 화석과 같은 인간으로 굳어지고 세속적이 되어 그리스도를 해치는 결과를 가져오게 되거든요. 이런 상황에서 아까 추기경님이 말씀하신, 그런 꿈을 가진 사람들이 소리를 합해 가지고 나아가면, 그래도 이 아주 꽝꽝 얼어붙은 것이 녹을 수 있고, 창문을 조금 뚫어놓으면 가득 찬 가스가 나가는 길이 있지 않겠는가 하는 희망을 가지고 있습니다.

김 비록 그런 문제들이 있는 어려운 상황이라 할지라도 서로 힘을 합해서 대화의 통로를 마련하시는 데 공헌하시길 기원합니다.

강 오랜 시간 감사합니다.

《對話》 1976년 11월호

자신을 회복해야 한다

인터뷰 · **선우휘**

천진무구한 한 젊은이가 나치스에 의해 교수대에 올려져 신음하며 죽어가는 모습을 보고 주인공은, '하느님은 어디 계시냐' 하는 처절한 질문을 던집니다. 다음 그는 자기 마음 속으로부터 하느님은 저기 계시다, 지금 저렇게 죽어가는 저 젊은이 속에서 하느님도 함께 죽어가고 있다는 신앙적 절망을 가집니다. 그런데 이런 절망은 십자가에 매달린 그리스도께서 이미 가졌던 것입니다. 그분은 '주여. 왜 나를 버리시나이까' 하고 절규했던 것입니다.

선우 오래간만입니다. 오늘 이렇게 만나뵙게 된 것은 자신(自信)이라는 문제에 대해 말씀을 듣고 이야기를 나누어 보고 싶어서입니다.

저희 《조선일보》는 금년 제작의 기본방향, 기본목표를 '자신은 회복되어야 한다'는 것으로 정했습니다.

추기경께서도 잘 아시다시피, 예로부터 우리는 민족으로서나 국가로서 항상 어려운 처지에 서왔기 때문에, 무언가 자신을 제대로 못 지녀온 감이 큽니다. 그러나 어떻든 사람이 한번 태어난 이상 자신 없이 살 수 있느냐 하는 것은 큰 문제입니다. 이 문제는 생각하면 생각할수록 그렇게 간단한 것 같지는 않습니다. 자신을 어떻게 가지느냐, 무엇을 근거로 자신을 가지느냐, 사람이 얼마나 자신을 가질 수 있느냐…… 저희 같은 어떤 특정한 종교를 믿지 않는 사람의 처지에서도 상당히 종교적인 데까지 가야 해답 같은 해답이 나올 것 같은 생각이 듭니다.

김 쉽게 답을 낼 수는 없을 것 같습니다. 그러나 사람이 자신(自信)을 가진다는 것은 결국 자기 자신(自身)의 발견이라 할 수 있겠는데, 종교적 견해로 보자면 하느님에 대한 신앙 속에서 비로소 자아를 참되이 발견할 수 있지 않을까 생각합니다. 내가 존재한다는 것은 내 스스로 원한 것도 아니요, 내가 선택한 것도 아닙니다. 또 부모가 나를 꼭 이런 모양으로 만들어내겠다고 의도한 것도 아닙니다. 그렇다고 우연으로 돌릴 수도 없습니다.

우리는 주어진 존재인 것입니다. 인간 이상의 초월자이신 창조주가 나라는 생명을 당신의 영원한 의도와 계획 속에서 창조하여 주심으로써 내가 존재하는 것입니다. 곧 창조주이신 하느님과의 관계 속에서 나는 존재하는 것입니다. 그러니까 어떤 의미에서는 완전히 의존해서 존재하는 것이지요. 하느님을 떠나서 인간은 존재할 수 없습니다. 성경에도 그런 말씀이 있습니다만, 내가 숨 쉰다는 것, 내가 활동하는 것 등 살아가는 것 모두가 하느님 안에서 이루어진다, 즉 그분이 삶을 허락함으로써만이 내가 살 수 있다고 하는 얘기입니다. 이렇게 보면 자신이라기보다 타신(他信)이라고 할까요?

남을 믿는 것이 되겠습니다만, 자기의 근원이 그렇다 할 때는 하느님이 내 자신의 힘이 되고, 바탕이 되며, 그분을 믿음으로써 나를 믿을 수 있고, 나의 가치를 인정할 수 있지 않겠습니까. 이른바 인간의 존엄성이란 것 역시 신을 전제로 해서만이 가능하다고 봅니다. 신을 떠나서도 인간이 존엄하다고 가정할 때, 왜, 어떻게 존엄할 수 있느냐에 대한 대답은 힘들 것 같습니다. 무언가 인간 안에 불가침의 존엄성이 있다는 것을 믿는다는 것은 인간 안에 있는 신적인 것을 인정할 때에만 가능한 것입니다.

신과의 관계 속에서 자기의 존엄성이라든지 자기의 가치라든지 자기 삶의 의미라든지 하는 것을 더욱 깨달을 수 있겠습니다. 그럴 때 인간은 단지 오늘만을 위하여 사는 것이 아니라 영원을 위하여 산다, 영원한 가치를 위하여 내가 있다고 느끼게 될 것이며, 이런 데에서 인간은 더욱 삶의 보람을 맛보게 될 것입니다. 진·선·미의 본체인 무한, 즉 영원을 향한 갈망을 가질 때, 인간은 참된 자기 성취를 느끼고, 그것을 바탕으로 해서 자신을 말할 수 있지 않을까 생각합니다.

선우 다른 종교를 믿는 사람, 또 종교가 없어도 동양적인 덕목으로 사는 사람도 많습니다. 우리가 한국 사람으로 태어났을 때, 처음에는 어떤 조상의 혈통을 이어받은 자손으로서 가계를 지키는 존재로 스스로를 생각하게 되고, 성장하여 전문적인 직업인이 되면 자기 능력에 따라 발전을 하게 됩니다. 그러나 이런 사람들이 어느 단계에 도달하게 되면 어떤 회의나 공허감을 흔히 갖게 됩니다.

물질적인 풍요를 누리게 됨으로써 일종의 자신을 가지게 되지만, 어느 목표가 달성되어 이를 넘어서게 될 때는 결국 공허감을 느끼게 되는 것 같습니다. 그러므로 지금 추기경께서 말씀하신 것처럼 영원한 것, 절대자의 존재를 기초로 하지 않는 자신이라는 것은 사상누각(砂上樓閣)과 같은 것이 되겠습니다. 그렇다면 종교를 가지지 않은 사람들은 어떻게 참된 자신을 얻을 수 있겠습니까.

생사가 좌우되는 절박한 순간에서 죽음을 면했다고 할 때, 아무리 비신자(非信者)라도 '하느님' 하는 절규를 하게 됩니다. 바로 이 비신자의 절규 '하느님'은 무엇을 뜻하는 것입니까.

비신자의 하느님은?

김 먼저 비신자가 하느님을 찾는 경우를 보지요. 하느님은 신자나 신자 아닌 사람 모두에게 다 같이 계십니다. 비신자는 하느님의 존재를 뚜렷하게 의식하지 못하고, 또 신자들 같은 표현은 못한다 할지라도, 마음 속 깊이, 정신 깊이에는 그 갈망을 통해서 보듯이 보이지 않는 하느님의 손이 깊숙이 미쳐 있다고 생각합니다. 신앙인은 신앙인 나름대로 뚜렷하게 체험할 수 있을지 모르지만, 근본적으로는 신앙인이나 비신앙인이나 신앙의 입장은 같다고 봅니다. 우리가 하느님을 눈으로 본 것도 아니요, 하느님이 우리 귀에 들리도록 말씀해 주시는 것도 아니지만, 그 어떤 절대자, 어떤 영원한 자에 대한 갈망은 공통으로 가지고 있고, 자기 자신의 깊이에서 그것과 만날 때에 바로 하느님을 부르는 비신자의 경우가 생길 수 있는 것입니다.

또 앞서 질문하신 것, 예컨대 인간적이고 현실적인 차원에서 자신을 가지고 살아왔는데 인간적으로 성숙하고 목표한 대로 잘 살게 되었다, 그런데 그 다음은 무엇이냐…… 이에 대한 것은 다음과 같이 말할 수 있겠습니다. 바로 그러한 회의를 느끼고 다시 한 번 자기로 돌아가서 지금까지 자기가 가졌던 자신이라는 것이 어느 정도 인간적인 자신이라고는 할 수 있지만, 그것만으로는 완전치 못하다는 것을 깨달았을 때 형식이야 어떻든 절대자와의 만남이 이루어지는 것이 아닌가 생각합니다. 완전한 의미는 아니더라도 그 때 비로소 자신이라는 것이 자기발견을 하게 되며, 동시에 참된 의미의 자신을 가질 수 있지 않을까 합니다.

　　선우 어떤 신앙을 가져 절대자에게 의존함으로써 자신을 가진다…… 그런데 이런 경우는 어떻습니까. 신앙생활을 하는 사람들도 사회생활에서 크게 실패하는 경우를 봅니다. 하느님을 열심히 믿었는데, 왜 나에게 이런 좌절이 오느냐, 나에게는 잘못도 죄도 없다고 생각하는데 왜 불행이 오느냐, 하는 회의에 깊이 빠지게 되는 경우가 있는데, 이를 어떻게 해석해야 좋겠습니까. 그리고 어떤 종교를 보면, 믿으면 현실적으로 좋은 일이 있다, 즉 기복종교(祈福宗敎)의 경향을 두드러지게 보입니다. 이런 것은 어떻게 보십니까.

하느님은 어디에 계시냐?

　　김 종교의 기복성(祈福性)은 인간적인 차원에서 볼 때 이해할 수 있는 거지요. 하느님께 기도할 때, 완전히 자기욕망을 떠나서 하느님의 뜻이 이루어지도록 염원하는 것이 더 고차원적이고 순수한 기도라고 할 수 있겠습니다만, 보통 인간으로서는 자연히 자기를 위해서 기도를 하게 되지요. 이것 역시 하느님께서 우리에게 주신 마음이라고 봅니다. 주기도문에서도 일용할 양식에 대해 청하고 있거든요.

　그런데 간구하는 것이 주어지지 않을 때라든지, 또 기도하는 것과는 정반대로 고난이 더 심해질 때 인간은 좌절감을 느끼게 마련입니다. 이런 것은 현대신학 속에서도 하나의 문제가 되는 것입니다. 신의 죽음의 문제라든지…… 유대 작가 비젤이 쓴 《흑야》(黑夜)라는 작품이 있습니다. 내용은 젊은 유대인이 2차대전을 겪으며 강제수용소에서 당한 수난을 그린 것입니다. 주인공은 하느님을 독실하게 믿는 청년이었는데, 어느날 유대인 포로들 가운데 몇 사람이 죄 없이 나치스에게 교수형을 당하는 것을 목격하게 되었어요. 그 가운데서도 천진무구한 한 젊은이가 교수대에 매달려 신음하며 죽어 가는 참혹한 모습을 보고, '하느님은 어디에 계시냐' 하는 처절한 질문을 던졌습니다. 다음 그는 자기 마음 속으로부터 하느님은 저기 계시다, 바로 지금 저렇게 죽어가는 저 젊은이 속에서 하느님도 함께 죽어가고 있다, 이젠 하느님도 없지 않느냐, 하는 신앙적 절망을 느꼈습니다.

　그런데 이런 것은 십자가에 달린 예수 그리스도를 통해 이미 행해졌던 일입니다. 그리스도는 하느님의 아들로 사람의 몸이 되어 이 세상에 온 분인데, 십자가에 달리게 되었을 때 자기 아버지인 하느님으로부터도 버림을 받아, '주여, 왜 나를 버리시나이까'라는 절규를 했습니다. 이것은 종교척인 차원의 이야기입니다마는, 그 절망적으로 보인, 인간적으로는 도저히 이해할 수 없는 인간한계의 절정, 거기에서 오히려 하느님의 절대적인 것이 드러난 것입니다.

선우 제가 읽고 감명을 받은 작품 가운데 스웨덴의 라게르크비스트라는 작가가 쓴 《바라바》라는 소설이 있습니다. 노벨상까지 받은 작품이지요. 바라바는 예수가 십자가에 못박혀 죽은 대신에 살아나게 된 자였기 때문에, 여러 가지 종교적 의미를 붙여 해석해 온 사람들이 많습니다만, 이 작가는 그를 단순한 강도로만 그렸습니다. 관습에 따라 십자가형을 면한 바라바는 자기 대신 죽을 사람이 누구인지도 모르고 골고다 언덕까지 따라갑니다. 그러나 강도의 눈으로는 예수의 죽음을 이해하지 못합니다. 저 사나이가 누구냐, 나하고 무슨 상관이 있느냐, 상관없다고 단정합니다.

그런데 여기서부터 바라바의 고뇌가 작가의 의식을 통해서 시작됩니다. 항상 잊을 수가 없는 것입니다. 도둑질을 하다가도 그 생각이 났습니다. 골고다의 언덕에서 나 대신 십자가에 달린 사람이 누구냐, 왜 나 대신 죽었을까, 그건 무슨 뜻인가 하는 고민이었습니다. 이렇게 고민하는 과정에서 바라바는 예수교 신자인 가까운 친구를 만나게 되어 시험 삼아 한번 믿어보기도 했는데, 친구는 끝까지 신앙을 지키다가 죽지만 바라바는 살아서 간단히 신앙을 버립니다. 그래 고민하던 가운데, 로마 대화재(大火災) 사건을 자기 대신 죽은 예수의 불의 심판으로 착각, 직접 불을 지르며 기독교인을 자칭하고 다니게 됩니다. 결국 기독교인들은 바라바 때문에 감옥에 갇히게 되고, 바라바와 함께 처형됩니다. 십자가에 달린 바라바는 마지막으로 어둠을 향해 '모든 것을 당신에게 맡깁니다'라는 말을 남기며 죽어갑니다. 소설은 이로써 끝나는데, 이 마지막 말이 문학적으로 크게 논쟁의 대상이 되었습니다. 작가는 바라바를 통해 신앙을 갖고 싶어하면서도 갖지 못하는 현대인을 묘사한 것이다, 그러나 끝내는 신앙을 갖게 된 것을 의미하지 않느냐 하는 논쟁을 일으킨 것입니다. 여기서 비신자에게도 하느님의 손길이 어딘가 보이지 않게 미치고 있다는 생각을 하게 됩니다.

또 그레이엄 그린의 소설에, 비신자인 한 청년이 독실한 가톨릭 신자인 여성을 사랑했으나 이 여인이 죽자 더 이상 애인에 관한 생각을 하는 것이 고통스러워서 '하느님, 제발 나를 좀 내버려두시오'라고 외칩니다. 그러나 작가는 내버려달라고 했을 때 벌써 하느님을 불렀으니, 이 청년은 이미 신앙을 가진 것이라고 해석했습니다. 이런 것들이 현대인의 공통된 문제인 것 같아요. 어느 정도 믿다가도 자기와 관련시켜 자신의 뜻대로 되지 않으면 신은 없다든가 신은 죽었다든가 합니다. 이런 현상은 역시 현대인이 가지는 자신이라는 문제와 깊은 관련이 있는 것 같습니다. 신이 죽었으니 무엇을 근거로 인간의 보람을 느끼며 무슨 자신으로 살아가느냐 하는 것이 현대인들이 당면하고 있는 문제인데요, 그래서 신자이건 비신자이건 간에 양심이라는 것을 자꾸 내세우고 있는 것 같습니다. 그러면 양심은 어디서 주어지느냐 하는 것이 문제되는 것 같습니다.

김 양심이라는 것은 인간의 가장 내면 깊이에 있는 그야말로 인간이 하느님과 만나는 거룩한 장소, 성소(聖所)라고 할 수 있습니다. 물론 양심도 오도되어 잘못 이해될 수가 있습니다만, 그런 것은 예외인 경우이고, 근본적으로 인간에게는 공통의 양심이 있다는 것이 전제되어야 하겠습니다.

현대의 신앙인들은 하느님의 현존 속에서, 또 하느님을 떠나서 사는 긴장의 관계를 유지해 가면서 생활하고 있습니다. 여기서 하느님을 떠나 산다는 것은 현실생활에서 하느님 없이 산다는 뜻인데, 이것은 내편에서 하느님으로부터 도망가는 것뿐만 아니라, 유한한 나의 존재가 절대적인 존재인 그분과는 같을 수가 없다는 의미 때문이기도 합니다. 독일의 신학자 본회퍼도 '하느님 속에, 하느님 앞에 있으면서도 하느님 없이 존재한다', '하느님은 우리 한가운데 계시면서도 동시에 저 멀리 피안에 계신다'고 한 것처럼 인간은 언제나 이런 두 가지 긴장 속에서 하느님을 가까이 느끼면서도 멀리하고 있는 것 같습니다.

선우 러시아 작가 도스토예프스키의 작품 《카라마조프 형제》가운데 대심판관의 이야기'가 있습니다. 당시의 가톨릭을 대심판관으로 생각하고 쓴 비판적인 대목입니다만...... 그런데 여기서 예수 그리스도는 한마디 말도 하지 않습니다. 저는 이 예수의 침묵에서 하나의 상징적인 의미를 발견합니다. 왜 말이 없느냐? 신의 존재에 회의를 갖는 사람들은 왜 신은 침묵을 지키느냐고 합니다. 이렇게 볼 때 이 침묵에는 깊은 뜻이 담겨 있는 것 같습니다. 오늘의 종교는 이같은 신의 침묵이 가진 깊은 뜻을 현대인들에게 알려줄 의무가 있다고 봅니다. 말씀을 안 하는 뜻이 무엇인지 말씀해 주시지요.

김 그런 의미의 침묵이라면 빛과 같은 것이 아닌가 생각합니다.

---

* 《카라마조프 형제》에 등장하는 이반의 극시(劇詩) 〈대심판관〉을 가리킨다. 가톨릭의 이단 심문이 가장 전성기를 이루었던 15세기 스페인의 세비야(Sevilla)를 배경으로 하고 있다.

이단자들을 화형에 처하는 광장에 그리스도가 강림한다. 대심판관의 명령으로 그리스도는 체포되고 투옥된다. 그날 밤 감옥에서 대심판관은 〈마태복음〉과 〈누가복음〉에 나오는 악마의 시험을 언급하며 그리스도를 공박한다. "당신이 양심의 자유를 위해 빵을 거절했기 때문에 대다수의 인간은 빵을 곁눈질하며 시비와 선악의 판단에 괴로워한다. 또한 당신은 자유로운 신앙 때문에 기적을 거부했는데 그것 때문에 인간은 기적과 더불어 신도 거부하고 말았다. 그리고 당신은 지상의 권력을 거절했는데 지상의 인류가 추구하는 것은 하나의 권력 아래 결합하여 평화와 행복의 왕국을 지상에 건설하는 일이다."

이어서 "그러므로 우리는 그들을 자유의 무거운 짐에서 해방시켜 빵을 주었다. 이제 사람들은 자기의 자유를 버림으로써 자유를 누리게 되었고, 기적과 신비와 권위라고 하는 세 가지 힘 위에 지상의 왕국을 건설하게 되었다. 그런데 당신은 약하고 천하게 만들어진 대다수 사람에게 자유로운 양심의 선택을 강요하여 고뇌에 빠지게 하였다. 당신 같은 사람은 화형에 처해 죽이고 말겠다"고 말한다. 이러한 규탄에 대해 그리스도는 시종 침묵을 지키다가 마지막에는 대심판관에 입 맞춘다.

빛은 엄연히 존재하지만, 그것은 사물처럼 볼 수 있는 것이 아니지요. 예수님은 침묵으로 대심판관을 심판하신 것입니다. 침묵은 말이 없지만 그 자체가 진리이기 때문에 굳이 말할 필요가 없을 것입니다. 침묵으로 상대방이 스스로 깨닫고 반성할 수 있게끔 하는 것입니다.

선우 차원을 달리해서 말씀드려 보겠습니다. 가령 사람의 능력 — 인간이 갖추고 있는 모든 것, 즉 양심이라든가 개인의 지혜, 정의를 갈망하는 깊은 마음 같은 것들을 모두 하느님이 준 것이라고 생각해도 좋겠습니까.

김 예, 그렇습니다.

선우 거기에 자유문제가 나옵니다. 신이 인간에게 자유를 주었다고 했습니다. 자유에 대해서는 그리스철학과 동양사상에서도 일찍이 언급했지만, 인간의 자유문제를 본격적으로 다루기 시작한 것은 기독교가 아닌가 합니다. 이렇게 부여받은 자유를 어떻게 해석하고 행사해야 하느냐, 자유에는 한계가 없는 것이냐 하는 데 대해서 말씀해 주시지요.

김 인간에게 자유라는 것은 가장 소중한 것입니다. 성경 말씀에 '진리가 너희를 자유롭게 하리라'고 했습니다. 그러므로 인간이 더 자유로워지려면 하느님의 진리 안에 있어야 합니다. 내가 하고 싶은 대로 무엇이든 할 수 있다는 것은 올바른 의미의 자유가 아닙니다. 그것은 자유의 남용이며 방종입니다. 자유의 남용과 방종은 결국 인간의 자유를 해치게 됩니다. 자유를 남용했다가 그것을 잃은 인간의 경험은 허다합니다. 그러니까 자유는 어디까지나 진실 속에 있어야 참된 자유인 것이고, 그 폭도 더욱 커지는 것입니다.

선우 자유가 인간에게 그렇게 필요하고 갈망의 대상이 되는 것만큼, 자유를 가졌다는 것이 인간에게 고통을 주는 것이라고는 생각할 수는 없습니까. 서두의 말씀처럼 인간이 자신을 갖기 위해 절대자에게 완전히 의존할 경우, 자유는 포기된 것이 아니겠습니까.

김 그건 그렇지 않습니다. 절대자에게 의존한다는 것은 물리적으로 타의에 따라 움직여지는 것이 아니고, 전인격적인 결단으로 맡기는 것이기 때문에 그것은 자유를 향한 전력투구라고 할 수 있습니다.

선우 한 가지 더 질문을 드리고 싶은 것은 인간의 세계, 세속적 차원이 종교가 생각하는 높은 차원, 이상적 세계와 일치될 수 있느냐 하는 것입니다.

김 예수님이 이 세상에 오실 때 하나의 꿈을 가지고 오셨다고 생각합니다. 인류 모두가 형제처럼 지내는 '하느님의 나라에 임하심'이라는 이상적 목표를 그분은 복음 선교의 제1 중심과제로 삼았습니다. 그러나 오늘의 현실로 보아 이런 꿈이 실현될 수는 없습니다. 그렇다고 좌절해서야 되겠습니까. 물론 현실과 타협해야겠다는 유혹도 많습니다. 이런 유혹과 손을 잡게 되면, 우리 사회의 발전이란 기대할 수 없는 것이고, 참된 의미의 문화예술이 꽃필 수도 없는 것입니다. 불가능하다고 해서 좌절하지 말고, 오늘 달성하지 못했다고 해서 머물지 말며, 꾸준히 노력해 나갈 때 우리의 내일은 기대됩니다. 우리의 남북문제도 이런 차원으로 해결해 가야 할 것입니다.

선우 사람이 갖가지 실의와 좌절, 그리고 죄를 딛고 일어설 수 있는 길은 무엇이겠습니까.

김 잘못을 진심으로 뉘우치고 재기할 때, 오히려 더 깊은 의미의 재생의 문이 열리는 것입니다. 아무 경험 없는 사람보다 산전수전 다 겪은 사람에게서 인간의 성숙성이 더 크게 나타납니다. 종교적인 차원으로는 더욱 그렇다고 생각합니다. 예수님은 스스로 의롭다고 자처하는 바리새인들과 같은 무리들을 허위에 찬 위선자라고 질책하시면서 천대받는 이들이 회개하면 하느님 나라에 먼저 들어간다고 하셨습니다.

선우 일반국민들에게 용기를 주는 말씀을 한 마디 더……

김 본질적인 문제이겠습니다만, 세상사람들이 다 나를 버린다 하더라도 하느님만은 나를 버리지 않는다는 신앙을 가질 때, 우리에겐 흔들릴 수 없는 자신이 생긴다고 봅니다. 자기 자신에 대해서 진실하고 이웃에 대해서도 진실하게 대할 때, 진정한 의미의 자신(自信)이 나와 함께 하는 것입니다.

《조선일보》 1978년 2월 21일

우리는 지금 길을 찾아야 한다

대담 · **이병주**

언제나 바라는 바지만 모든 국민이 어려운 사람을 도와가며 행복하게 살 수 있는 사회가 되었으면 합니다. 특히 바라는 바는 국민의 진실한 뜻이 어디에 있느냐를 파악하고 쓰린 곳 아픈 곳을 어루만져주는 정치가 이루어졌으면 합니다.

주교관은 성당의 뒤편에 있었다. 창틀을 하얗게 칠한 붉은 벽돌의 아담한 건물이다. 겨울답지 않은, 그러나 겨울일 수밖에 없는 날씨가 낙엽이 진 고목을 곁들인 주교관과 뜰에 서려 있었다.

안내를 받고 2층으로 올라가는 계단은 회색 양탄자로 덮여 있었으나, 발 아래 삐걱거리는 판자 소리가 있었다. 27호라 표시되어 있는 문을 밀고 들어섰다. 비서신부의 정중한 영접이 있었다. 또 하나의 문이 열렸다. 추기경은 방 중앙에 서서 나를 맞이해 주었다. 악수를 청하는 손이 두껍고 부드러웠다. 만인의 축복을 위해 있는 손이란 실감이 있었다. 인사를 나누고 자리에 앉았다. 방은 의의로 좁았다. 조도(調度)니 장식이니 하는 건 눈에 띄지 않았다. 벽마다 서가가 있고 책상에도 책이 쌓였는데, 읽고 있는 중인 듯싶은 한 권의 책은 펼쳐진 채 엎어져 있었다. 추기경의 방이라고 하기보다 학생의 방이라 할 수 있는 그런 방인데, 그 분위기는 영락없는 추기경의 방이었다. 소박에 광택이 있고, 검소에 위엄이 있었다.

이병주(이하 이) 만나뵙게 되어 영광입니다.

김수환 추기경(이하 김) 저도 마찬가집니다. 반갑습니다.

이 1979년을 맞이하는 마당에 추기경님의 좋은 말씀 듣고 오라는 동아일보사의 부탁이었습니다만, 한 해를 보내고 새해를 맞으면서 많은 감회가 있으실 줄 믿습니다.

김 그렇습니다. 감회가 많죠. 올해에 국한된 얘기는 아닙니다만, 우리는 지금 길을 잃고 있다는 생각이 듭니다. 이게 두드러진 느낌입니다. 뭔가 사방이 꽉 막혀버린 것 같은 기분이라고 할까요. 이를테면 정치도 길을 잃고 있는 것이 아닌가, 경제도 그 진로를 옳게 잡지 못하고 있는 것이 아닌가, 교육은 교육대로 사도(師道)를 잃고 있는 것이 아닌가, 자성하는 뜻도 되겠습니다만 종교도 길을 잃고 있는 것이 아닌가…… 인간이 인간의 도리를 잃고 양심을 잃고 신념을 잃은 데서 비롯된 폐단이 아닐까 생각합니다. 그러나 낙망하진 않습니다. 소수이긴 하나 지식인·종교인·젊은이들 가운데 자기 목숨을 바쳐서라도 자기 스스로를 불태워가면서 진실을 밝히려는, 즉 길을 찾으려는 사람이 있으니까요. 그 의욕과 정열을 질식시키지 말고 살려나가야 할 것으로 압니다.

이 배금주의적 경향, 물질만능의 풍조가 심각한 병폐로 되어 있지 않습니까. 이런 병폐에 대해 어떤 생각을 가지셨는지.

김 성경에 보면 예수께서 복음을 전파하러 나가시기에 앞서 40일 동안 황야에서 금식하며 기도하시는 대목이 있습니다. 악마로부터 유혹을 받는 대목이기도 하죠. 제일 먼저 받은 유혹이 배고픔을 이용한 것 아니었습니까. 악마는, 진정 네가 하느님의 아들이거든 이 돌을 빵으로 만들어보라고 합니다. 그때 예수께선 사람은 빵만으로 사는 것이 아니고, 하느님의 말씀으로 살 수 있는 것이라고 하시며 그 유혹을 물리칩니다. 산상수훈(山上垂訓)도 같은 취지의 것입니다. 진정 인간은 물질만으로 살 수 있는 것은 아닙니다. 물론 물질적인 욕구충족도 중요한 것이지만, 이것이 정신적인 만족으로 통하지 못하면 허망한 겁니다. 정신에 치중하면 물질을 소홀히 하게 되고, 물질에 중점을 두다 보면 정신을 소홀히 하게 된다는 그런 이율배반적인 생각은 잘못이지요. 오늘날 우리나라는 경제발전에 특히 주력하고 있습니다만, 그 일에 직접 종사하는 분들이 인간에 관한 가치관을 건전하게 파악해 주었으면 하는 것이 저의 바람입니다. 그렇게 함으로써만이 경제의 발전이 인간의 행복과 직결될 수 있는 것 아니겠습니까. 그렇게 되는 것이 바른 의미에서의 경제적 발전이라고 할 수 있는 거구요.

이 자본주의의 도의적 바탕은 재산은 누가 가지고 있던, 개인이 가졌건, 국가가 가졌건, 회사가 가졌건, 궁극엔 국리민복(國利民福)을 위해 쓰이는 것이고 마땅히 그러해야 된다는 데 있지 않겠습니까. 그런데 우리나라의 자본가들이 그러한 점을 과연, 어느 정도로 인식하고 있는가가 문제일 것 같습니다. 말이 바뀝니다만, 1978년으로 제 1차 문화진흥계획이 일단 마무리되고 새해부터 제 2차 계획으로 들어가는데, 문화에 관한 의견은 어떻습니까.

김 글쎄요. 문화란 특히 정신과 유관한 문제이며, 비유컨대 물과 같은 것이 아니겠습니까. 미묘한 것이지요. 그런 만큼 고속도로를 만든다든지 공장을 세운다든지, 이를테면 경제계획·건설계획 같은 것하곤 다를 줄 압니다. 5개년 계획이니 하고 시기를 잘라 계획하는 것보다 끊임없이 문화가 진흥되도록 그 바탕부터 가꾸어 나가야 할 일이라고 생각합니다. 우선 문화인을 존중하는 기풍, 문화를 숭상하는 토양 같은 것을 만들어 나가야죠.

이 지난해는 두 분의 교황을 잃은 애통한 한 해였습니다. 지금 교황으로 취임하신 분은 폴란드 출신 아닙니까. 이탈리아인 이외의 교황이 취임한 선례는 옛날에 꼭 한 번 있었다고 들었습니다. 그때 많은 문제가 있었던 모양인지 이번 요한 바오로 2세의 취임엔 약간의 물의가 있다는 말을 들었습니다만. 미국의 어느 신문에 보니 새 교황이 폴란드에 가족과 친지를 두고 있는 만큼 일종의 포로적인 처지가 되지 않을까…… 하는 걱정을 하고…… 요컨대 활달한 행동을 취할 순 없는 것이 아닌가 하는 우려를 표명하고 있던데, 어떻게 되는 것이겠습니까.

김 괜한 얘깁니다. 그분에겐 가족이 없습니다. 폴란드는 공산권에 속하는 나라이긴 합니다만, 1,000년 동안 가톨릭에 전통적으로 젖어 있는 나라입니다. 신앙의 뿌리가 깊게 박혀 있는 나라죠. 그러니 공산주의자와 무신론자들에게 대항하는 저항심이 강합니다. 요한 바오로 2세는 교황이 되시기 전 폴란드에서 인권의 옹호, 신앙의 자유, 양심의 자유를 위해 공산독재 속에서도 끈질기게 투쟁을 해온 분입니다. 그런 분이 교황이 되셨으니 폴란드를 비롯한 동구권의 공산주의자는 물론이고 소련까지도 당황하고 있는 거죠. 가톨릭 신앙이 강한 절대다수의 국민들이 교황에게 추종할 테니 말입니다. 그렇다고 해서 금방 극적인 변화가 있을 것은 아니죠. 점진적으로 폴란드는 자유화의 과정을 밟아가지 않겠느냐, 그것이 또한 이웃의 체코슬로바키아·헝가리·리투아니아 등지에 영향을 미쳐가지 않겠는가 하는 짐작은 해볼 수가 있습니다. 동시에 동유럽과 서유럽 사이의 정치적·이데올로기적 긴장을 넘어 공산세력의 약화를 불러오는 결과로 그 물결이 극동에까지 파급되지 않을까 봅니다만……

이 너무나 짧은 동안 재임하시다가 돌아가신 먼젓번 교황이 교황 되기 전에 쓴 책의 내용 일부를 소개한 것을 읽었는데, 퍽 재미있던데요. 찰스 디킨스, 마크 트웨인 등에게 쓴 편지 말입니다.

김 그 책 이름은 《저명인사》로 되어 있지요. 요즈음 그 책을 구해 와서 읽고 있는 중입니다. 우리나라에서도 번역되고 있는데 곧 가톨릭출판사에서 출판하게 될 것입니다. 여러 저명인사에게 쓴 편지가 있는데, 그 가운데 예수님께 쓴 편지가 썩 재미있습니다. '예수님, 신부인 내가 다른 사람에겐 편지를 쓰면서 예수님껜 편지를 쓰지 않는다고 핀잔을 주지만, 예수님과 저 사이에 새삼스럽게 편지를 써야 할 게 뭐 있습니까' 하는 식으로 시작되어 있죠.

이 그 책이 나오면 광고를 크게 해가지고 되도록 많은 사람이 읽도록 했으면 좋겠습니다.

김 나폴레옹은 무인으로선 가장 위대한 사람이 아닙니까. 그 나폴레옹이 정신의 힘과 칼의 힘을 비교하곤, 정신의 힘이 결국은 강하다는 말을 한 적이 있습니다. 세계는 칼로써 정복되는 것이 아니고, 정신에 의해서만이 정복된다는 것이죠. 미·소(美蘇)가 오늘날 초강대국으로서 세계에 군림하고 있지만, 사람들의 마음을 사로잡고 있진 못합니다. 사람의 마음은 감동을 통해 화합하는 것입니다. 사람들의 심금을 울리고 마음을 열게 하는 것은 정신이며 사랑입니다. 사랑이야말로 인간을 구하는 것입니다. 사람이 있는 정치, 사랑이 있는 경제, 사랑이 있는 체제, 이게 바람직한 거죠.

이 화제를 바꿔보지요. 지난번 있었던 아시아 경기대회의 중계방송을 보신 일이 있습니까.

김 전부는 못 봤습니다만 남북한의 축구경기를 보았을 때는 느끼는 게 많았습니다. 이번 대회에서 우리가 종합 3위를 차지한 것도 중요하지만, 그 이상의 소득이 있지 않았나 해요. 축구 경기가 끝나고 헤어질 때 악수하는 장면, 금메달을 같이 받으며 단상에서 어깨동무하는 광경, 그렇게 하는 데 무슨 다른 의도가 있었을망정 나타난 그대로만으로 감동적이었습니다. 필드를 뛰는 모습을 보니 모두 한국사람이더군요. 얼굴도 동작도 표정도 말입니다. 일본사람과는 다르거든요. 뭔가 다릅니다. 누가 이기라고 응원을 못할 기분이었어요. 열심히 노력하고 있는 분들에겐 미안한 소리가 되겠습니다만, 양팀이 비겼으면 좋겠다는 마음이 들었는데 결국 비기게 돼서 반가웠어요. 마음이 아픈 장면도 있었죠. 다른 게임의 시상대에서 우리 선수가 악수를 청했는데 북한 선수가 외면하는 걸 보곤 정말 찔끔했습니다. 분단되어 있는 상황이긴 하지만 국제사회에서 그런 태도는 보이지 말아야 하지 않겠습니까.

이 동감입니다. 참 지난번 가이아나에서 집단자살사건이 있었죠.

이른바 인민사원(人民寺院)*이란 것 말입니다.

김 그것도 사회병폐의 한 표현입니다. 허약해진 마음이 그러한 사교(邪敎)에 쏠리는 거죠. 우리나라에도 백백교(白白敎) 같은 것이 있지 않았습니까. 사회에서 소외된 사람, 갈 곳을 찾지 못하는 사람들에게 사교는 기성종교가 주지 않는 것을 줍니다. 당장 필요한 것 말입니다. 그런데 그게 오래 가진 못하죠. 끝내 궁지에 몰리고 맙니다. 사기수단이 영속할 까닭이 없으니까요. 지금도 T교회 같은 것이 있지 않습니까. 아직은 잘 꾸려나가고 있는 것 같습니다만, 언제 어떻게 파국을 당하게 될지 그게 걱정입니다.

이 아닌 게 아니라 그게 큰 문제입니다. 미국의 신문들은 그런 사교의 주동자들을 컬트 리더(cult leader)란 이름으로 표현하고 있습니다만, 바로 그것은 사교주동자(邪敎主動者)란 뜻을 표명하고 있는 것이 아니겠습니까. 나는 사교와 정상적 종교와의 구별을, 전자는 사람의 약점에 편승하려는 것이 주류를 이루고 있고 후자는 사람의 약점을 치유하고 구제하려는 데 있는 것이라고 봅니다.

김 사회가 돈과 권력만을 추구하는 경향에서 벗어나 진실로 인간다운 사회가 되어야 하는 거죠. 약한 사람, 가난한 사람이 소외되는 현상이 있어선 안 되겠다는 것입니다. 모든 국민이 자기가 이 나라 이 사회의 주인이란 보람된 인식을 가지고 살아갈 수 있도록 정치면에서 공부가 있어야 할 것입니다. 이젠 내가 하나 묻겠습니다. 오늘날 언론계는 최선을 다하고 있다고 생각합니까.

---

* 인민사원(人民寺院: Peoples Temple)은 1978년 가이아나 존스타운에서 일어난 집단자살로 널리 알려진 기독교계 신흥종교이다. 교주 존스 목사의 기괴한 행위와 신도들의 집단자살로 말미암아 사이비종교의 반(反)사회성을 보여주는 대표사례로 꼽힌다.

이 반성해야 할 점이 한두 가지가 아니겠죠.

김 물론 어려운 사정이 있다는 걸 모르는 바는 아닙니다. 그러나 언론이 이대로여선 안 된다고 생각합니다. 지금 언뜻 생각난 겁니다만, 최근에 우리가 잃은 것 가운데 가장 크고 중요한 것은 대화입니다. 대화의 길이 막혔다는 겁니다. 이렇게 길이 막히고 보니 사사건건 좌절을 거듭하게 되고, 드디어는 애국심마저 해이해지지 않을까 심히 두렵습니다. 거듭 말씀드립니다만, 언론이 건전하지 않으면 약한 자는 호소할 곳이 없게 됩니다. 끓고 있는 솥에 뚜껑을 덮고, 그 뚜껑을 꼭 누르고 있다고 칩시다. 적당한 때 손을 떼야지 그냥 그대로 있다간 폭발합니다.

이 1979년은 기미(己未) 3·1운동 60주년이 되는 해가 되겠습니다. 소감이 있으시면……

김 3·1운동은 일제의 강압통치에 대한 저항과 독립쟁취의 거사였을 뿐 아니라, 우리 민족의 자유·도의·평화의 길을 밝힌 위대한 정신운동이었습니다. 다시 말해서 민족의 자주정신을 수호하고 발전시키면서, 인간과 도의를 존중하고, 이웃을 비롯한 세계만방과 우호관계를 돈독히 함으로써 인류공동체의 평화와 발전에 이바지하고자 하는 정신이 기조를 이루고 있습니다. 이제 그 60돌을 맞으면서 오늘 우리가 이 정신에 살고 있는지 반성해 볼 필요가 있지 않나 생각됩니다. 우리 헌법 전문에도 이 정신을 이어받는다고 기록되어 있지만, 우리는 아직도 밖으로는 민족 분단의 고착화로 민족전체의 자주독립을 얻지 못하고 있습니다. 우리 자신의 문제를 스스로의 힘으로 해결 못하고 오히려 열강에 의존하고 있습니다. 그뿐만 아니라 안으로 우리는 과연 독립선언서에서 말하고 있는 바와 같이 '폭력의 시대가 거(去)하고 도의의 시대가 내(來)하도다. 양심이 아(我)와 동존하며 진리가 아와 병진(竝進)하는도다'라고 부끄럼 없이 말할 수 있는지 의문입니다. 오늘날 우리는 오히려 양심이나 도의가 땅에 떨어졌다고 개탄하는 편이 아닙니까. 이제 그 정신의 거울에 우리 자신을 그대로 비추어보고 양심과 도의의 힘을, 정의와 진리의 빛을 다시 살펴야 한다고 믿습니다.

이 새해를 맞아 독자들을 위해 특별히 하시고 싶은 말씀은……

김 언제나 바라는 바이지만, 모든 국민이 자유롭고 활달하게, 어려운 사람을 도와가며 행복하게 살 수 있는 사회가 되었으면 합니다. 특히 정부에 바라는 바는, 국민의 진실한 뜻이 어디에 있느냐를 파악하고 쓰린 곳, 아픈 곳을 어루만져주는 정치가 이루어졌으면 하는 데 있습니다. 모든 가정에 천주님의 축복이 있기를 빕니다.

오전 11시에 시작한 대담이 예정 시간을 넘겨 장장 두 시간을 끌어 오후 1시께가 되어서 추기경의 방에서 나왔다. 그 사이 통일문제·중공문제·공해문제·교육문제 등 각 분야에 걸쳐 추기경께서 소상하고 간독(懇篤)한 말씀을 해주셨지만, 그것을 전부 수록할 수 없는 것이 유감이다.

김추기경의 환대에 충심으로 감사를 올린다.

《동아일보》 1979년 1월 1일

양심은 인간이 신과 만나는 장소

인터뷰 · **최일남**

하느님의 아들인 그리스도는 인간의 탈만 쓰고 온 게 아니라 바로 인간이 되어서 오신 겁니다. 천대받고 소외된 사람들을 위해 당신 자신을 낮추시고 인간생활의 저변으로 내려오신 겁니다. 그리고 그런 인간들을 구하려다 보니까 시대의 권력과 충돌하게 된 겁니다.

최일남(이하 **최**) 성탄절을 맞아 몹시 바쁘시겠습니다.

김수환 추기경(이하 **김**) 그렇지요. 교회로서는 이 무렵이 가장 바쁜 때입니다.

최 성탄 메시지는 엊그저께 발표하셨고, 이번 크리스마스 이브 미사의 강론에서 특히 강조한 건 무엇입니까. 추기경의 강론은 유독 관심의 대상이 되어 왔습니다만……

김 메시지와 같습니다. 다소 추가되거나 보충되는 수도 있으나, 큰 줄거리는 비슷하지요.

종현(鍾峴)으로 불리던 명동 언덕배기, 서울의 잡답(雜沓)을 대표하는 이 거리에서 한 발짝 비켜 앉은 성당은, 깊은 물 속에 들어 있는 것처럼 조용하다.

그러나 그 성당은 단순한 '뾰족집'의 의미를 넘어, 한 시대의 복합적 경험을 압축하고 상징하는 듯한 모습으로 와닿는다. 그것은 또 1898년이 건물이 세워진 이래 가장 험난하면서도 뜻있었던 한 시대의 표적으로 파악될 수 있을까.

최 그 동안 가톨릭이 한국의 깨어 있는 사회랄까 민주화에 큰 구실을 했다고 봅니다. 그런 일에 자부를 갖고 계신지.

김 자부라기보다는 어쩔 수 없이 그렇게 되었죠. 정치적 동기나, 막말로 정권 차원에서의 욕망이 아니고, 어디까지나 종교적인 동인(動因)에서였습니다. 이 시대를 살아가는 종교인의 양심으로 이래서야 되겠느냐는 생각 때문이었습니다. 정치나 누구를 탓하기보다도, 상황이 저희들에게 그렇게 할 수밖에 없게 만들었습니다. 한국의 종교계나 신학이 퍽 진보적인 편이라고 믿습니다만, 우리의 말과 행동은, 진보적인 것이라기보다는 오히려 보수적인 측면에서 나온 것으로 받아들여져야 합니다.

말하자면 진보나 보수라는 단순논리를 떠나 종교가 지닌 바탕인 인간애에서 나왔다는 설명이다.

1922년, 대구 남산동 태생. 평생을 통한 믿음과 절제로 다져졌음직한 온화한 용모. 그 용모를 감싸고 있는 신부복에 난동(暖冬)의 햇빛이 반사된다.

김 1961년에서 '65년 사이 가톨릭 최고의 종교회의라 할 제 2차 바티칸 공의회가 있었는데, 거기서 근본적인 문제의 하나로 제기된 것이 교회의 반성과 함께 교회가 오늘날 무엇을 해야 하느냐, 라는 물음이었습니다. 그 결과 교회는 현대를 사는 사람들의 기쁨과 희망, 슬픔과 번뇌를 함께 나누고, 그 가운데서도 가난한 사람들과 희로애락을 같이할 때 비로소 구원의 역할을 할 수 있다는 이야기가 나오게 되었습니다.

김추기경은 여기서 그치지 않고, 교회가 근원적으로 인간의 문제에 치열한 관심을 기울이게 된 근거를 소급해서 풀이한다. 결코 높지 않은, 타이르듯 하는 어투로. 85년 전에 있었던 교황 레오 13세의 노동문제교서, 그 40년 뒤에 발표된 비오 11세의 같은 교서, 또 요한 23세의 〈어머니와 교사〉·〈지상의 평화〉, 그리고 바오로 6세의 〈제민족(諸民族)의 발견〉을 비롯한 여러 차례의 교서가 한결같이 근로자나 농민 등 소외되기 쉬운 사람들의 인권을 강조한 것이었다.

최 그런데 좀 해묵은, 어찌 보면 고전적 주제 같기도 합니다만, 종교는 하느님만 믿으면 됐지, 정치나 사회현실에 용훼(容喙)할 게 없지 않느냐는 소박한 논리도 있지요.

김 그러나 교회도 사회도 결국은 인간으로 구성돼 있는 것 아닙니까. 교회는 신자뿐만 아니라, 사회의 모든 사람과 함께 동고동락함으로써만 구원의 기능을 다할 수 있습니다. 그것은 그리스도 강생(降生)의 의미를 생각해 보면 자명해집니다. 하느님의 아들인 그리스도는 인간의 탈만 쓰고 온 게 아니라 바로 인간이 되어서 오신 겁니다. 천대받고 소외된 사람들을 위해 당신 자신을 낮추시고 인간생활의 저변으로 내려오신 겁니다. 그리고 그런 인간들을 구하려다 보니 자연히 정치·경제에도 관심을 갖게 되고 그 시대의 권력과 충돌하게 된 겁니다. 이런 의미에서 교회가 너무 사회문제에 깊숙이 관여하고 있다고 할지 모르나, 오늘의 가톨릭은, 어디까지나 성서의 가르침대로, 정의롭고 밝은 사회를 위해 종교 나름대로의 구실을 하려는 거지요.

애기가 좀 길어졌다 싶었던지 김추기경은 담배를 권한다.

김 담배 안 피우십니까?
최 아닙니다. 아까부터 피우고 싶었는데, 성역(聖域)에 들어왔기 때문에 근신하느라고 참고 있습니다.(웃음)
김 저런, 괜찮습니다. 이걸 하나 피워보세요, 좀 싱겁습니다만.

응접탁자 위의 담배 케이스에서 꺼내준 담배는 희한했다. 필터를 도려내고 그 부분에 마른 쑥을 쟁여 넣은 것이다. 좀 싱겁다. 추기경도 그건 너무 싱거워서 잘 안 피운다고 했다. 그리고 보면 개신교 쪽과는 달리 신부사회에서는 술·담배는 금기가 아니라는 생각이 났다.

김 금하지 않습니다. 윤리적으로 죄가 안 되니까요. 나는 한 갑을 훨씬 더 피웁니다. 술도 좀 더 하고 싶은데 맥주 한 잔이 고작입니다.(웃음)

　이것저것 따지고 보면 가톨릭은 퍽 ‘열려 있는’ 종교인데도, 임신 중절이나 이혼은 엄격히 금하고 있다. 그것은 복합적이고 다양한 산업사회에서 감내하기 힘든 계율이 아닐까.

　김 흔히 그런 걸 두고 보수적이라고도 하는데, 보수나 진보라는 것도 상대개념일 뿐 무엇을 기준으로 그걸 따지느냐를 묻고 싶습니다. 임신중절도 그래요. 인구조절의 필요성을 인정 않는 것은 아니나, 그 이전의 윤리 특히 인간의 생명은 존중되어야 하고, 그것은 경제적이든 뭐든 다른 어떤 이유로도 수긍할 수 없는 겁니다. 인간은 태내에서부터 인간이고, 그 생명을 없애는 마음이 정말로 어머니의 마음일 수 있느냐 하는 겁니다. 그리고 독신자로서 이런 이야기가 걸맞지 않을지는 모르겠으나, 이혼도 당사자들의 고충을 모르는 바 아니고 동정하지 않는 바 아니나, 성서적인 근거로 하느님이 맺어준 걸 누가 풀며, 두 사람의 아름다운 약속이 타기(唾棄)되어서는 안 된다는 견해입니다.

　최 약속이라는 말이 나와서 하는 소립니다만, 가톨릭에서 말하는 ‘양심선언’은 어떤 근거, 어떤 의미를 지니고 있습니까.

　김 가톨릭에서는 아주 존중되고 있습니다. 당사자의 교육 정도나 환경에 따라 그것이 무너지거나 무뎌지는 수는 있겠으나, 그것은 극히 예외이고, 양심은 인간이 하느님과 만나는 가장 거룩한 장소이기 때문에, 엄숙하게 존중되어야 합니다. 양심을 판다, 고 할 때, 그 사람의 인격 전부가 무너짐을 의미하지 않습니까. 그런 뜻에서 양심선언은 한 사람의 인격 전부를 건 결단이자 신념의 고백입니다.

8남매의 막내로 1941년 서울 동성상업학교(현재의 동성고)를 나온 김추기경은 동경 조치(上智)대학을 거쳐 51년에 서울 성신대(聖神大), 64년에 독일 뮌스터대학을 각각 졸업했다. 신부가 되기로 마음을 굳힌 건 언제였을까.

김 동성상업학교 때 일반 상업을 배우는 학생과 신부 코스를 밟는 학생으로 나뉘었는데, 나는 후자였습니다. 조치대학에서는 철학을 공부했습니다. 솔직히 말해서 처음부터 신념이 굳었던 건 아니고, 어머님이 권하고 그걸 내 것으로 만든 건 훨씬 뒤였는데, 그 동안 갈등도 있었습니다.

그러는 사이, 한 사람의 남자로서 가정을 이루고 사는 것보다는, 더 많은 사람에게 봉사하기 위해서 이 길을 택했다. 그런 결정을 내리게 된 어떤 극적인 계기는 없었으나, 나름대로 부닥친 문제는 있었다는 고백이다.

김추기경이 일곱 살 때 작고하신 부친은 옹기그릇 만드는 일을 업으로 하셨다. 그 무렵 그 동네에는 천주교를 믿다가 박해받은 사람들의 후손이 많았기 때문이다. 김추기경의 집안도 순교자의 후예였다. 모친은 김추기경의 부친이 작고한 뒤 때로는 옹기행상을 하며 자녀를 돌보았고, '55년에 돌아가셨다.

최 추기경께서는 한때 가톨릭시보사 사장을 하셨더군요. 잠시나마 저희들과 동업자(웃음)였고 언론인 출신이라고도 할 수 있겠는데, 그런 안목에서 근래의 신문을 보면 불만이 한두 가지가 아니겠습니다.

김 내가 언론인이라 할 수 있을까요.(웃음) 사장이라고는 해도 편집기술은 없고, 직접 쓰고 번역하는 일이 주업무였는데, 하나의 작품을 쓴다는 일이 고되면서도 기쁘더군요. 기사와 논설을 처음부터 끝까지 다 읽었습니다. 그런데 활자의 마력이랄까 신문이 인쇄되고 보면 틀린 글자가 나와요. 한번은 그걸 OK지(마지막 교정지)라고 하나요, 대장(臺狀: 신문 및 전단 인쇄에서, 한 면을 조판한 뒤에 교정지와 대조하고자 간단히 찍어 내는 인쇄용지)까지 분명히 보았는데, 신문에 나온 걸 보니 차례 제(第)가 아우 제(弟)자로 둔갑했지 뭡니까. 그게 또 컷이어서 갈아 끼울 수도 없고……(웃음)

사장의 직책이었으므로 물론 경영과 수지에도 신경을 썼고, 일에 몰두하다 보니 밥 먹으러 나가는 시간도 아까워 배달된 국밥으로 끼니를 때우기도 했었다. 아무튼 밥 대신 타블레트로 식사를 대신할 수는 없을까를 생각할 만큼 보람되고 재미있던 시절이었다.

최 계속해서 그길로 나갔더라면 언론인으로서도 대성하실 걸 그랬습니다.(웃음)

김 언론인들에게도 많은 고충이 있겠고, 그건 지금도 마찬가지겠죠. 그러나 언론자유는 인간의 기본권 가운데서도 가장 중요한 몫을 차지하는 게 아니겠습니까. 그러니까 신성한 소명의식을 가지고, 필요하면 목숨까지도 바친다는 순교자적 각오가 있어야지, 그 일이 단순한 생활수단으로 떨어진다면 큰일입니다. 의기소침해서, 막말로 할 수 없이 붙어 있다는 생각은 안 했으면 해요.

김추기경은 그런 상황과 관련해서 자책하는 언론인이 많은 걸 알고 있고, 그런 사람들에게 어떻게 매질할 수 있느냐고 반문한다. 다만 언론계 전체가 단결했더라면 그렇게까지 위축되지는 않았을 것, 이라는 아쉬움을 갖고 있다. 신문을 보는 김추기경의 시각을 다시 새로 출범할 최규하(崔圭夏) 대통령 정부로 유도해 본다.

김 그분들이 충분히 아시고 있겠으나, 우리 민족의 미래를 다지는 큰 고비를 잘 넘기도록 사명과 보람을 가져주었으면 하는 겁니다. 과도(過渡)고 임시니까 헌법이나 고쳐주고 물러서면 된다는 생각에 그치지 말고, 그러기 때문에 더욱 기초를 다지고, 나라의 주인인 국민이 맡긴 큰 짐을 지고 있다는 의식이 필요한 거지요. 그리고 국민 편에서도 누가 맡아도 어려운 시기니까 이분들이 좀 부족하다고 느끼더라도 일단 믿고 기대해 보자, 이런 생각입니다. 최대통령한테서 차 한 잔 얻어 마신 적은 없습니다만……(웃음)

새 정부가 할 일은 여러 가지가 있겠으나, 전망이 어두운 내년의 경제위기를 어떻게 넘기느냐는 문제도 포함되고 있으며, 그것은 노사문제와도 이어질 수 있다. 종교는 여기서 어떤 구실을 할 수 있을까. 지난 여름의 '쓴 경험'*을 상기할 때 더욱 그렇다.

---

* 'YH무역농성사건'을 가리킨다. 가발제조업체인 YH무역이 부당한 폐업을 공고하자 이 회사 노동조합원들이 회사 정상화와 노동자의 생존권 보장을 요구하며 1979년 8월 9일부터 신민당 당사에서 농성을 벌였다. 그러나 회사 측에서는 아무 반응을 보이지 않았다. 8월 11일 경찰 1,000여 명이 당사에 난입해 노동자들을 강제로 연행했고, 취재기자 및 신민당 국회의원들에게도 폭력을 행사했다. 이 과정에서 노조위원장 김경숙이 사망했다. 사건 직후 폭력 진압과 강제 연행에 항의하는 시위가 곳곳에서 일어났고, 기독교·학생·청년세력의 반유신 투쟁으로 이어지는 등 1970년대 말 한국노동운동사의 한 획을 그은 사건으로 평가된다.

김 근로자의 권익옹호를 위한 노력은 계속 해야지요. 그러나 노사가 극한으로 격돌해서 사회불안으로 남지 않고, 또 교회가 개입하지 않고도 양자가 협의·화해해서 문제를 해결했으면 하는 게 근본생각입니다. 우선 정책이 앞장서고, 기업가도 고충이 있겠으나 사생활의 공개 등을 통해서, 근로자들 입에서 우리만 자제하고 참으란 말이냐는 불만이 나오지 않도록 해야 합니다. 예상되는 석유부족과 물가 등은 어느 층만이 참아서 될 것 같지도 않고 공동운명체로서 결의와 협력을 통해 경제난국을 타개할 도리밖에 없을 겁니다.

최 젊은이들과도 자주 만나십니까. 그들의 생각을 어떻게 보십니까.

김 젊은이는 바로 우리의 미래입니다. 만나는 기회가 잦지 않아서 분명히는 모르겠으나 건전한 것 같아요. 문제가 없는 건 아닙니다만, 대체로 그런 것 같습니다. 그들이 전체를 대표한다고는 말할 수 없을지 모르나, 기성세대는 외형적으로 무질서해 보이고 윤리적 가치관에 안 맞는다고 이들을 부정적으로만 볼 것이 아니라, 이들이 지니고 있는 긍정적 측면을 확산시키려는 노력을 기울여야 합니다.

그런 젊은이 가운데 신부를 지망하는 사람도 있을 법하다.

김 비율로는 적으나 소망스러운 일이지요. 자신을 바쳐, 인간을 위해 소명의식을 가지고 봉사하려는 사람이 많으면 많을수록 좋으니까요.

최 추기경 자신은 이 길을 택한 걸 후회해 본 적이 없습니까.

김 추호의 뉘우침도 없습니다. 옛날엔 한때 지휘자를 꿈꾼 적도 있었습니다만.(웃음) 다시 태어난대도 이 길을 갈 겁니다.

최 저는 철저한 속인(俗人)이 돼서, 좀 속된 일에 관심을 갖게 되는데, 그 하나가 결혼생활도 안 해본 사제가, 어떻게 복잡한 인간관계를 이해하고 구원할 수 있을까 하는 겁니다.(웃음)

김 그런 점이 없다고는 할 수 없고 일부에서 그런 유의 불만도 있습니다. 그런데 가령 부부 사이에 문제가 생겼을 때 우리에게 도움을 청해오는 걸 보면 신부가 더 중재역할을 잘 하는 것이 아닌가…….(웃음) 중요한 것은 성직자를 믿기 때문이겠죠.

최 항상 바쁘신 것 같은데 여가는 어떻게 보내십니까. 음악을 듣는다든지 독서를 한다든지……

김 이것도 저것도 못하고 있습니다. 그래서 이런 인터뷰가 있을 때는 어떻게 말해야 하나 하고 부담을 느낍니다.(웃음)

최 건강은 괜찮으십니까.

김 괜찮습니다. 최근에 테니스를 시작했어요. 이제 겨우 공을 바로 치는 걸 배우고 있습니다.

최 마지막으로 속된 궁금증을 한 가지만 더 여쭈겠습니다. 일반 신부를 포함해서, 추기경의 월급은 얼마나 됩니까.

김 수입이 전혀 없다고는 할 수 없으나 월급제도는 아닙니다.(웃음)

《동아일보》 1979년 12월 24일

누구도 '모두의 기대' 깨뜨릴 수 없다

인터뷰 · **정 훈**

희망이란 내일을 향해서 바라보는 것만이 전부는 아닙니다.
내일을 위해서 오늘 씨앗을 뿌리는 것이어야 합니다.

서울 중구 명동 2가 1. 명동 마루턱에서 명동대성당 뾰족탑을 향하다 보면 오른편에 3층의 붉은 벽돌 양관(洋館)을 가리키는 하얀 푯말이 서 있다. 서울대교구 교구청.

그 교구청 2층 일우(一隅)에 우리나라 최고의 성직자로서 전하(殿下)라는 존칭이 붙는 등 20여 가지의 특권을 행사할 수 있는 추기경의 방이 있다.

경신년(庚申年) 새 아침 신년대담을 위해 찾아뵌 김수환(金壽煥) 추기경은 평소 미사나 강론 때의 근엄한 표정과는 달리 서민적인 체취와 함께 법복에선 짙은 예지가 풍긴다.

"무슨 얘기부터 먼저 시작할까요…… 아무래도 금년은 정치발전의 해니까, 이에 따른 얘기부터 하는 것이 순서겠지요." 말문을 여는 김추기경은 새해에는 정치 발전에 따라 "우리 모두 희망을 한번 가져보자"고 말한다.

김수환 추기경(이하 김) 희망이란 내일을 향해서 바라보는 것만이 그 전부는 아닙니다. 내일을 위해서 오늘 씨앗을 뿌리는 것이야말로 진정한 의미의 희망이 아니겠어요?

즉 지금까지는 막연했던 희망이었지만 이제부터 갖는 희망은 더 구체적이어야 한다는 부연이다. 김추기경은 이와 함께 모든 정치발전은 국민 전체의 질서 속에서 평온하게 이루어졌으면 좋겠다고 강조한다.

김 우리는 금년엔 모두가 같은 '기대'를 가지고 있습니다. 또 기대하는 사람만 있고, 이를 실천해 나가는 사람이 없어서는 곤란하겠지요. 그러나 가장 중요한 사실은 그 어느 누구도 우리 모두의 기대를 깨뜨려서는 안 된다는 것입니다.

두 손을 모으며 강론 때의 엄숙한 표정을 짓는 그는 "그 기대는 각기 놓여진 장소에서 자신을 위해서라기보다는 나라를 위해서 먼저 충족시켜야 한다"고 말한다. 추기경은 이를 풀이하면서 어쩌면 케네디 대통령이 취임식 당시 행한 연설의 유명한 구절인 '국가가 나를 위해서 무엇을 해줄 것인가를 묻지 말고, 내가 국가를 위해서 무엇을 할 수 있는가를 물으라'도 나라를 먼저 생각하라는 뜻이 아니겠느냐는 설명이다.

정훈(이하 **정**) 추기경께서는 지난 '69년 추기경으로 서임된 이래 지금까지 무엇보다도 인간·진리·양심에 대해서 많은 강론을 하셨고, 또 부활절이나 성탄 메시지를 통해 이의 회복을 강조해 왔습니다. 지난해엔 성탄 메시지에서 인간의 가치관 정착을 강조하셨고, 인권의 유린은 신에 대한 모독이라고까지 말씀하셨는데……

김 사실 진리나 양심이나 인간성이 우리 사회에 없어서 이를 자주 거론한 것은 아니었습니다. 여러 가지 여건, 이를테면 급격한 경제발전 같은 요인에 따라서 진리나 양심이나 인간성이 밀려가는 듯한 느낌을 받았습니다. 물론 양심이 억눌림을 당할 때가 있었으며, 진실이 가려질 때도 있었고, 인간성마저 상실될 때도 있었는데 그래서는 안 되겠다는 뜻이었습니다. 새해엔 양심이 억눌리지 않고, 진실이 가려지지 않으며, 인간성이 상실되지 않는 해가 되어야겠습니다.

정 한국 가톨릭교회는 곧 선교 200주년을 맞으며, 개신교 역시 선교 100주년을 맞습니다. 가톨릭 선교 200주년 행사계획의 일환으로 교황 요한 바오로 2세에게 방한(訪韓) 초청장을 보낸다는 얘기를 들었습니다만…… 선교 200주년 행사의 구체적인 내용과 더불어, 개신교와 합동행사계획이라도 세우고 계시는지……

김 선교 200주년 행사는 '행사를 위한 행사'로 그치려고는 하지 않고 있습니다. 무언가 자체의 내적 충전을 위한 계기로 삼으려고 합니다. 요한 바오로 2세에게 아직 초청장을 내지는 않았으며, 선교 200주년 행사를 위해 오는 14일 첫모임을 가집니다. 우선은 200년 전 우리의 순교자들이 피를 흘리며 전교(傳敎)할 당시 믿음의 가치를 생각해 보면서 살아 있는 신앙생활을 할 수 있도록 교회 자체가 믿음의 장소가 되도록 해야 되겠습니다. 이 격변의 시대에 교회가 빛과 소금의 구실을 맡을 수 있도록 점검하며, 또 그렇게 되도록 노력해야겠습니다. 개신교와의 관계는, 서로 연관이 없는 것은 아니나, 아직 합동으로 무엇을 해보겠다는 계획은 가진 바 없습니다.

정 금년의 사목(司牧)지침은……

김 금년도 사목지침의 주제는 '하느님 백성의 일치'입니다. 신도가 교회에서 참으로 믿음 안에 일치되느냐 하는 것이 문제인데, 일치될 수 있도록 노력해야겠습니다. 초기의 교회들을 보면 신도들이 교회 안에 모여서 다같이 복음의 말씀을 듣고, 서로가 가진 것을 함께 나누고, 함께 기도했습니다. 초기 교회의 모습을 모범으로 삼아 공동체적으로 형성되는 것을 목표로 삼는 것이 금년의 사목지침입니다. 좀 더 풀이하면 믿음 속에 공동체가 형성된다는 뜻입니다.

정 가톨릭교회도 이제는 보수성을 탈피하는 등 시류에 적합한 체제를 갖추어야 하지 않을까요. 가령 낙태의 자유화 같은……

김 우리 교회는 한국 자체만을 위한 교회는 아닙니다. 결론적으로 얘기하자면, 교회에서 전하는 메시지가 현대인의 마음 속 깊이 담기는 메시지냐 아니냐에 따른다고 생각해요. 아까도 말했지만 오늘의 교회가 빛과 소금의 구실을 맡을 수 있어야 된다고 생각됩니다. 낙태문제는 교회의 보수성 문제라기보다는 윤리의 문제입니다.

정 지난 70년대는 물질문명이 고도화한 것과 달리 정신문화는 이에 뒤따르지 못했던 것으로 생각됩니다. 특히 우리나라는 물론 외국에서도 사교(邪敎)가 범람, 대중 깊숙이 파고들어 갔습니다. 가이아나 인민사원(人民寺院) 사건 등도 그 좋은 예라고 생각되는데, 어떻게 보면 기성교단에서 책임을 져야 할 문제가 아닐까요.

김 물론 교회에도 일단의 책임은 있다고 생각됩니다. 그러나 나머지 책임은 국가 또는 국민을 이끄는 위정자들에게도 있습니다. 다시 반복해 말씀드리는 것 같습니다만, 이 기회에 교회도 스스로 반성하여, 정말로 이 시대에 빛과 소금의 구실을 할 수 있도록 해야겠습니다.

정 새해에 국민 여러분에게 한마디 말씀을, 특히 '가진 자'와 '못 가진 자'에게.

김 새해가 경제적으로 어려운 해가 되리라는 것은 우리 모두 피부로 느끼고 있습니다. 이 어려운 국면을 지혜와 슬기로써 극복해야 되겠다고 생각합니다. 특히 정부에서는 정치나 경제 등 관계전문가들을 동원, 어느 것이 우리나라를 위해서 최선의 길인가를 탐색하는 작업이 필요하다고 생각합니다. 이를 위해서는 중지(衆智)가 모아져야겠지요. 그러나 지금의 형편으로서는 누가 이 나라를 이끌고 가는지를 모르는 상황 아닙니까. 하루 빨리 이 '힘의 공백'이 없어져야겠습니다. 또 오늘의 이 어려운 시기에 가진 사람들은 가지지 못한 사람들을 위해서 무언가 대담한 일을 해야 한다고 생각합니다. 가령 사회의 공통 이익을 위해서 가진 것을 내놓는 것 같은 일, 요즘 거론되고 있는 부정축재 문제라든가 정풍운동(整風運動)이 모두 다 같은 맥락을 이루고 있다고 생각합니다만……

정 최근 몇 년 들어 기자들이 추기경을 뵙고 대화를 나눌 수 있는 기회가 줄어들었습니다. 특히 종교담당 기자들이 추기경을 만나 뵙고 자유로운 간담회라도 나눌 수 있는 기회가 전혀 없다시피 했는데, 앞으로는 좀 더 문호가 넓어져야 하지 않을까요.

김 그 점은 시인합니다. 앞으로 가급적이면 간담회라도 가지려고 노력하겠습니다. 틈 있는 대로 추기경실을 개방해 볼까 합니다.

당초 추기경과의 인터뷰는 30분을 넘지 않는다는 약조를 비서신부와 다짐했지만 20분이나 초과했다. 두서없는 질문을 던져서 죄송하다는 인사를 드리고 난 뒤, 문득 아직도 장년의 티를 벗어나지 않은 추기경의 모습에, 나이를 물어보고 싶어졌다. 1922년생이니 58세, 지난 69년 세계에서 최연소 추기경으로 서임된 이후 10년, 앞으로의 1년을 김추기경에게 또 기대해 본다.

《한국일보》 1980년 1월 6일

크리스마스를 맞으며

인터뷰 · **이준우**

하느님의 사랑에 의한 인간의 해방―이것이 크리스마스의
현 의미이자 본래적인 뜻입니다.

이준우(이하 **이**) 오랜만에 뵙겠습니다. 바쁘신 시간을 이렇게 내
주셔서 감사합니다. 한 해를 마무리하는 끝손질들로 분주한 요즈음
입니다. 떠들썩한 세모의 풍경이 보이기도 합니다. 여기저기서 울
려나오는 크리스마스 캐럴과 크리스마스 트리의 불빛들, 백화점마
다 넘쳐나는 인파를 보면서 종교의 세계가 우리에게 끼친 무시 못
할 영향력을 실감하고 있습니다. 물론 성탄을 축하하는 축제분위기
도 없어서는 안 되겠지만, 이런 때일수록 조용히 한 해를 돌이켜보
며 정리하고, 새로 태어나는 그리스도와 함께 새해를 설계하는 일

이 더욱 필요한 때라고 하겠습니다. 어떻게 묵은 해를 마감하고 새해를 맞는 것이 바람직하겠습니까.

김수환 추기경(이하 김) 신자든 신자가 아니든 누구나 간에, 세모를 맞이하는 마음 깊이 한 해를 돌이켜보며 반성하게 되고, 새해에는 무엇인가 달라졌으면 하고 바라게 됩니다. 그러니 성탄절도 조용하고 내적인 고요 속에서 맞이한다면 더욱 바람직하겠습니다.

물론 성탄절이 교계(敎界)에서는 큰 축제인 만큼 너무 조용해도 우습겠지요. 축제는 역시 축제다운 분위기가 따라야 합니다. 캐럴도 있어야 하겠고, 트리도 세워져야 하겠지요. 또 너무 지나친 소비라든지 사치를 해서는 안 되겠지만, 친한 사람, 가까운 사람, 더구나 가족들을 위해 이런 때를 이용하여 작은 선물을 마련하고자 백화점 등을 찾는 것도 아름다운 일이라고 생각합니다. 이러한 분위기에다 성탄이 주는 의미를 깊이 생각하면서 한 해를 마무리 하는 자세가 필요합니다.

새해를 시작할 때는 누구나 새롭게 살겠다고 다짐하는데 1년을 지내놓고 보면 그렇지 못하기 때문에 후회하는 일이 많습니다. 하루하루는 값진 것입니다. 자신의 힘으로 얻은 것이 아니고 하느님이 주신 하루하루이니, 그 나날을 더 값지게 가치와 보람으로 가득히 채울 수 있다면 기쁨이 더욱 크겠지요. 그러나 지난 하루가, 한 달이, 1년이 그렇지 못했다는 점에서 후회를 하게 마련입니다. 그렇다고 후회에만 젖어 있어서야 되겠습니까. 새해에는 후회를 바탕으로 하여 알찬 한 해를 마련해야 하겠습니다.

돌이켜보면 지난 한 해에는 무엇인가 많은 것을 잃은 것같이 생각됩니다. 경제적으로 볼 때 무역에서 적자가 난 것이 올해 아닙니까. 물질적인 적자도 있고, 정신적인 적자도 뒤따른 것 같습니다. 그러므로 새해에는 국민 모두가 우리가 처해 있는 경제난국의 실태를 잘 파악하고 힘을 모아야 이 어려움을 극복할 수 있을 것입니다. 마찬가지로 정신면에서도 우리가 잃어버린 인간다운 삶의 가치를 되찾는 새해가 되도록 노력을 기울여야 하겠습니다.

이 성탄절은 교계에서는 부활절과 함께 가장 뜻 깊고 중요한 의미를 지닌 날이 아닙니까. 격변하는 시대에 사는 우리 현대인들에게 메시아의 탄생은 어떤 의의를 갖는 것입니까. 며칠 전 추기경께서 성탄 메시지를 발표하신 바 있습니다만, 이 기회에 다시 한 번 크리스마스의 현대적 의미에 대해서 좀 말씀해 주시지요.

김 하느님의 사랑에 의한 인간의 해방—이것이 크리스마스의 현대적 의미이자 본래의 의미입니다. 해방이라는 표현은 정치적으로, 또 좌경(左傾) 집단들이 주로 사용하고 있어, 현재의 우리나라 상황에서는 쓰기를 꺼리는 말로 되어 있지만, 본래 그 말 자체는 기독교적인 표현입니다.

근본적으로는 죄를 포함해서 인간의 실존적인 어둠—죽음—이때의 죽음은 육체적인 의미뿐 아니라 전인간의 죽음을 뜻합니다만, 이것들로부터 해방됨을 의미하는 것입니다. 부정·불의·억압으로부터 해방됨을 말하는 것이지요. 하느님의 사랑에 의한 인간의 근본적인 해방, 이것이 크리스마스가 제시하는 특별한 의미이겠습니다.

이 문명이 발달하면 발달할수록 결핍되기 쉬운 것이 정신적인 성장과 발전입니다. 며칠 전 망망대해에서 항해사 없이도 계기의 힘으로 목적지에 도달할 수 있는 컴퓨터 조종식 선박이 진수되었다는 보도가 있었습니다. 사고하는 두뇌는 기능적인 두뇌로 요구되고 있으며, 사람의 잔손이 필요하던 일들이 단추 하나 누르면 해결되는, 바야흐로 과학문명의 첨단에 와 있다고 하겠습니다. 이렇게 고도로 발달된 현대문명 속에 살게 되면서, 몇몇 기능적인 두뇌를 가진 사람들을 제외한 나머지 인간들은 이제 그 존재가치를 상실하게 되지 않을까 하는 우려마저 생깁니다.

이런 때에 사람들에게 삶의 참된 가치와 존재의 목적을 일깨워 줄 수 있는 것이 바로 종교라고 생각하는데요.

김 동감입니다. 그런 위험이 있으며, 지금 그 과정에 들어서 있다고 보입니다. 최근 여행길에 미국에 들렀을 때, 어떤 도서관을 방문할 기회가 있었습니다. 그 도서관은 모두 컴퓨터 시스템으로 되어 있었어요. 장서가 전부 컴퓨터로 정리되어 있을 뿐 아니라, 미국 전역은 물론, 캐나다의 각 대학 도서관에까지 연결되어 어느 책이나 그 내용을 알 수 있게 되어 있고, 심지어는 그 책이 지금 어디에 가 있으며 누가 빌려 읽고 있다는 것까지 정보처리가 되고 있는 것을 보았습니다. 이런 것을 구경하면서 컴퓨터가 참 좋은 것이로구나 하는 것을 느꼈습니다.

또 이러한 컴퓨터의 발달로 선진국에서는 이미 컴퓨터 전화가 실용단계에 와 있습니다. 통화를 해야 할 상대방이 부재중이어도 전달 내용이 컴퓨터 기억장치에 의해 기록되었다가, 나중에 상대방에게 전해지게 되는 것입니다. 이 모두가 놀라웠습니다.

이처럼 과학이 발달되어 모든 것이 컴퓨터화되고, 더구나 천재적인 머리를 가진 사람들이 천재적 두뇌를 컴퓨터에 조작해 놓는다면, 기계가 보통 인간으로서는 따라갈 수 없는 역할도 능히 할 수 있게 될 것 같습니다.

그러나 이렇게 됨으로써 뒤따를 인간의 비인간화가 촉진될 위험이 있다는 것을 알아야 하겠습니다. 뿐만 아니라 현대과학으로 생명의 조작, 태아의 성별조작이 가능하다고 들었습니다. 게다가 능력별 인간을 만들어내는 문제도 상당히 연구되어 있는 모양입니다. 그것이 선용될 때에는 무한한 발전이 따를 수 있겠으나, 인간의 조작이 들어가기 때문에 악용될 우려도 배제할 수 없고, 무서운 결과를 가져오지나 않을까 하는 염려가 생깁니다. 이렇게 되면 인간은 그 자신이 만들어낸 괴물에 의해 멸망될 가능성도 없지 않습니다. 어떤 의미에서는 벌써 그런 길로 인간이 가고 있는 것 같습니다. 그러므로 인간회복을 위해서는 마음의 귀함, 영혼의 가치를 필히 인식해야만 하겠고, 그래야만 기계화에 따른 비인간화에서 오늘의 인간을 구제할 수 있지 않을까 생각합니다. 바로 그러한 인간회복에 사명감을 가지고 앞장서야 할 선도자가 종교라고 믿습니다.

이 하나의 종교로서 가톨릭이 현세에 전하는 메시지가 있을 텐데요.

김 가톨릭이라는 말에는 보편적이다, 즉 유니버설(universal)하다는 뜻이 담겨 있습니다. 온 우주를 품는다는 뜻이지요. 그러므로 세상에 하느님, 다시 말해 성서적인 표현을 빌면 아버지의 사랑을 선포함으로써, 민족이나 인종, 남녀 기타 인위적인 혹은 사회적인 차별을 초월하여, 모든 사람들이 이 사랑 속에서 하느님의 자녀로 한 형제가 된다는 것, 이것이 바로 가톨릭이 이 땅에 주는 메시지라고 하겠습니다.

이 1984년이 되면 한국 천주교회는 선교 200주년을 맞지 않습니까. 김대건(金大建) 신부와 수천 명 순교자를 밑거름으로 출발한 한국 천주교회는 이제 세계 속의 가톨릭으로 성장했다고 보겠습니다. 200주년을 맞이하는 감회도 크겠거니와, 그에 따른 많은 행사도 준비되고 있을 텐데, 구체적인 계획을 좀 소개해 주시지요.

김 가톨릭선교 200주년을 앞두고 많이 생각하고 있습니다. 준비위원회도 만들었어요. 교회가 한국사회 속에서 복음선교의 사명을 다하고, 이 겨레를 영적으로 구원해 갈 수 있을 만큼 내실을 기하자는 것이 우선의 목표입니다. 외적인 큰 행사보다도 내적인 자기쇄신, 교회 전체로부터 신자 개개인에 이르기까지의 신앙쇄신을 강조하고 있습니다. 이 말은 순교하신 신앙의 선열들이 목숨을 바쳐 믿음을 지켜온 것과 마찬가지로, 우리도 같은 순교적인 정신 자세로써 신앙으로 살아가는 오늘의 어려움을 이겨나가야 한다는 뜻입니다. 바로 그 순교정신으로 살 때만이 이 교회가 참으로 살아 있는 교회가 될 것이며, 그래야만이 겨레에 하느님의 사랑과 생명을 참되게 전도할 수 있는 교회가 될 수 있을 것입니다. 그렇게 되어야만 교회는 사회 속에서 진정한 빛의 구실, 소금의 구실을 할 수 있게 됩니다.

가톨릭을 포함해서 기독교계를 둘러볼 때 교회가 놀랄 만큼 수적으로 팽창해 온 것이 사실입니다. 교회의 종탑이 안 보이는 곳이 없을 만큼 많습니다. 그런데 교회 수가 양적으로 늘어났다고 해서 한국사회가 근본적으로 정신적 삶에서 변화를 받은 것이 무엇이냐고 물었을 때, 우리 스스로 부끄럽기 그지없습니다. 우리가 사회를 승화(昇華)시켜 왔는지 또는 교회가 사회 속에서 속화(俗化)되어 왔는지 알 수 없을 정도입니다. 이런 이유로 200주년을 맞는 가장 큰 목표로 신앙과 교회의 내적 충실을 설정한 것입니다.

다만 이같은 내실의 외형적 표현으로 첫째로 기념문화사업, 둘째로 기념회의, 셋째로 기념대회를 준비하고 있습니다. 이 가운데 기념대회의 경우, 가능하다면 교황을 초청하여 한국교계의 기쁨으로 삼고 싶습니다.

이 끝으로 한 말씀 더 드리겠습니다. 우리는 올 1년을 격변 속에서 지내오지 않았습니까. 갈등도 많았고요. 이런 상황 속에 사회의 조화를 이루기 위해 국민들은 어떻게 처신해야 좋을지 말씀해 주시지요.

김 우선 불안이나 공포가 없어야 되겠지요. 내일이 어떻게 될지 모르는 불안을 안고서는 삶을 제대로 설계할 수 없을 것입니다. 마음을 놓고 살 수 있는 분위기가 조성돼야 할 것 같아요. 살인강도·뺑소니차·부정·불량식품 등 사회악·부조리의 뉴스가 신문 사회면을 메우고 있는 한 국민들의 사회에 대한 불신은 사라지지 않을 것이고, 발전도 저해됩니다. 정의와 진리가 통하는 사회, 이러한 가치가 존경받는 사회라고 국민들이 피부로 느낄 만큼, 무언가 변화가 있지 않으면 안 되겠다고 생각합니다.

이러한 문제는 위정자나 사회지도자들의 책임감만으로는 시정되기 어렵습니다. 우리 한 사람 한 사람이 이웃을 인간으로서 존경하고, 이웃의 자유와 권리를 존중해 줄 줄 알아야만 이 사회의 우울한 문제들은 사라지게 되리라고 생각합니다.

인간의 가치, 인간의 존엄성에 대한 깊은 인식이 필요합니다. 가정교육에서부터 인간의 존엄성이 강조되어 사회교육으로 이어져야겠습니다. 그래야만 인간 서로 간의 사랑의 정신, 박애정신을 이해

하게 됩니다. 이렇게 인간을 이해하게 되면 이웃을 이해하게 되고,
더 나아가 그들을 사랑하게 되어, 궁극에는 밝은 사회를 이끌어갈
기틀을 세우게 될 것입니다.

《조선일보》 1980년 12월 21일

정치의 바탕은 사랑

인터뷰 · **남중구**

> 남을 받아들이는 마음이 심화되면, 남을 용서해 줄 줄 아
> 는 마음이 됩니다. 용서해 줄 줄 아는 마음을 가지기 위
> 해서는 우선 자기가 용서받아야 할 존재라는 걸 깊이 깨
> 달아야 합니다.

　추기경의 집무실은 무척 소박하고 평범하지만, 무엇인가 보이지
않는 위엄이 있었다. 서쪽 벽 전체를 꽉 메운 서가. 책상 위에도 책
이 쌓였다. 열 평 남짓해 보이는 장방형(長方形). 영락없는 철학교
수의 서재인데 다시 찬찬히 뜯어보면 역시 추기경의 방이다.

　남으로 난 창문마다 정갈스럽게 드리워진 순백의 커튼. 그 어느
한 창틀 밑에 상록 활엽초를 심은 큼지막한 화분 하나가 놓여 있고,
그 화분 위 활엽초 그늘에는 뜻밖에도 청개구리 두 마리가 입을 벌
린 채 재미있는 표정으로 내방객을 맞는다. 물론 도자기로 만든 장

난감 장식물이지만 이를 보는 순간 '야, 이 방에도 파격은 있구나' 하는 안도와 함께 마음이 풀린다. 그러나 정작 방주인은 청개구리의 존재를 전혀 모르고 있었다.

"글쎄요…… 제 방에 웬 개구리들이 다 있지요…… (어느 신부가 가져다 놓은 것이라는 비서신부의 설명이 있은 뒤) 아, 그러고 보니 저기 꽃병에 꽃도 꽂혀 있군요. 이것 참 큰일났어요. 저런 것들이 통 눈에 들어오지 않으니……"

그만큼 바쁘다는 이야기도 되지만, 속사(俗事)에는 무심하다는 이야기도 된다. 정월 초하룻날부터 세배객들이 줄을 잇는데다 이런 저런 일로 추기경은 요즘 거의 매일 자정 가까워서야 잠자리에 들곤 한다. 그는 한 해가 마지막 가는 지난 12월 31일에는 다른 성직자 두 명과 함께 청와대를 방문, 전두환 대통령과 요담(要談)하기도 했는데 내용은 알려지지 않았다.

남중구(이하 남) 또 한 해를 보내고 맞으시면서 감회가 없을 수 없겠습니다.

김수환 추기경(이하 김) 외적으로 어려울 때일수록 내적으로는 더 심화되고 또 마음의 눈이 열려서 인생을 더 깊이 볼 수도 있게 됩니다. 지금이 만약 시련의 때라면 오히려 우리 자신을 더 성장시키는 기회로 주어졌다, 이렇게 생각해봅니다.

남 오늘의 사회가 안고 있는 가장 본질적인 문제는 무엇이겠습니까.

김 역시 인간상실, 그것이지요. 사람들은 인간의 존엄성이란 말을 즐겨 쓰면서도 자기 자신에 대해서도, 남에 대해서도 이해하지 못합니다. 인간의 가치를 존재에 두기보다는 소유에 두고 있어요. 에리히 프롬이 《존재냐 소유냐》라는 책에서도 썼습니다만, 가지는 것은 인간의 존재를 더 풍요하게 하려는 하나의 수단에 불과한데도, 그것이 목적인 것처럼 착각들을 하고 있어요. 결과는 인간상실입니다. 자기 안에서부터 인간을 찾아야 해요.

그러면서 추기경은 이렇게 말을 잇는다. 말이 쉽지 실제 자기 안에서부터 스스로 자기를 찾는다는 것은 여간 어려운 일이 아니다, 어디서부터 '인간찾기'를 시작해야 할 것인가, 사회·직장·생활 전체가 인간으로 하여금 한 번도 머물러 서서 자기를 찾게 할 여유를 주지 않는다, 그렇다고 이렇게 계속 쫓겨야만 할 것인가, 나를 찾기 위해서는 어떻게든 잠시라도 머물러 서야 한다, 그것이 안 되면 인간은 절망의 연속일 뿐이다. 추기경의 목소리는 자문자답 속에 조용조용 가라앉아 간다.

김 인간상실은 결국 사람의 상실에서 비롯됩니다. 참말로 한 인간의 절망적인 순간에 내면적인 고독까지도 다 알고, 그 고독까지도 오히려 위로로써 채워주는, 그 마음의 어둠을 빛으로써 가득 채워주는, 끝까지 버리지 않고 사랑해 줄 사람이 있을 것이라고 기대할 수 있을는지, 기대하기 힘들죠. 그런데 한 인간으로서 이것이 없어서는 절망입니다. 나를 사랑해 줄 수 있는 존재가 이 우주의 어디에도 없다고 할 때, 예를 들어 죽음의 시간에는 옆에 많은 사람들이 서 있다 하더라도 죽음을 맞는 그 사람은 고독 속에 완전히 버려진 상태가 됩니다. 나는 가끔 임종 옆에 서게 되는데, 죽음을 혼자서 맞고 있는 저 사람을, 누가 저 고통에서 건져줄 수 있을까를 자문(自問)해 보곤 합니다. 지금까지 맺었던 모든 인간관계에서 단절된 채, 모든 인간적인 사랑과도 단절된 채, 많이 가졌다 해도 결국은 다 잃고 죽음에 이르게 됩니다. 죽음으로써 모든 것이 끝나버린다고 한다면 허무주의에 빠지게 되죠. 그게 정말 인간의 답이냐, 그렇게는 볼 수 없어요. 오직 홀로 남겨진 고독의 상태에 있을 때, 빛을 주고 다른 차원 높은 의미의 생명으로 가득 채워주는 어떤 존재가 있어야 된다, 그걸 우리는 하느님이라고 말합니다.

추기경의 두 손은 어느새 기도하듯 가슴에 모아져 있다. 눈을 감고 나직하게 몸 전체로 호소하듯 말을 이어갔다.

김 고독은 누구도 피해 갈 수 없어요. 사람에게는 각자 주어진 고독의 밑바닥이 있어요. 고독의 의미를 부정적으로 받아들이면 아주 위험합니다. 그러나 자기의 삶을 돌이켜 보는, 자신의 존재 자체를 깊이 보게 되는 그런 기회가 바로 고독이다, 이런 긍정적인 측면으로 본다면 고독의 시간이라는 것은 참으로 소중한 것일 수도 있어요. 2차대전 때 나치스에 저항하다가 처형된 독일인 목사 본회퍼, 그 사람의 옥중편지에 이런 말이 있어요. '사람이 혼자 있기를 거부하면 그리스도와 함께 있기를 거부하는 것이다.' 말을 바꾸면 고독의 순간은 인간과 하느님이 만나는 순간, 만남의 상태다, 이런 뜻이 되겠죠. 또 성자 아우구스티누스는 그의 고백록에서 '불안은 하느님이 부르시는 소리다'라고 했어요.

아우구스티누스는 젊은 시절 말할 수 없이 방탕을 거듭하다가 어머니 성(聖) 모니카의 지극한 사랑 앞에 눈을 떠 뒤늦게 성자가 됐고, 그의 정신세계는 실존철학에 깊은 영향을 끼쳤다. 성 모니카가 아들을 생각하며 가는 길바닥은 언제나 눈물로 젖어 있었다는 이야기가 있다. 아우구스티누스가 후년에 쓴 고백록은《참회록》이라는 제목으로 한국에도 번역돼 있다.

김 근본적으로 남을 받아줄 줄 아는 마음, 그게 필요한 것 같습니다. 남을 받아들이는 마음이 깊어지면 남을 용서해 줄 줄 아는 마음이 됩니다. 용서해 줄 줄 아는 마음을 가지기 위해서는 우선 자기가 용서받아야 할 존재라는 걸 깊이 깨달아야 합니다. 그렇게만 된다면 사람들의 마음은 너그러워집니다. 지금 우리나라에는 이런 의미의 관용, 남을 받아줄 줄 아는 마음이 참으로 필요하다고 느껴집니다.

남 현실적인 문제를 좀 얘기하지요. 정치란 도대체 뭘까요. 많은 정당들이 쏟아져 나오고 있고, 올해는 또 선거의 해이기도 해서 요란할 것 같기도 하고……

김 정치는 본시 참 좋은 것이라고 봅니다. 정치란 결국 인간 공동체를 발전시키기 위한, 인간을 성장시키고 풍요하게 만들자는 데 목적을 두고 있는 것 아닙니까. 그렇다면 정치의 바탕도 역시 인간에 대한 사랑이다, 인간에 대한 사랑이어야 한다, 이런 말을 할 수 있겠습니다. 지난번 성탄 메시지에서도 정치나 경제의 윤리적·정신적 바탕은 사랑이어야 한다, 이 말을 했는데, 이걸 뭐 귀담아 듣는 분들이 별로 없는 것 같아요. 교회에서 설교할 때나 사랑이지 정치에 무슨 사랑이 설 자리가 있느냐, 경제에 무슨 사랑이 설 자리가 있느냐, 이렇게들 생각하는 것 같아요. 그래서 흔히 정치는 본래 그런 거다, 정치라는 건 으레 썩은 거다, 그게 정치현실이다……우리 종교인들이 과거에 정치문제에 대해 조금 비판적인 발언을 하면 종교인들이 정치를 뭘 안다고 그런 말을 하느냐, 이렇게 나와요. 그렇다면 정치는 도대체 누구를 위해서 하는 거냐, 정말 권력을 누리기 위해서 하는 거냐, 그건 아닌 겁니다. 사실 솔직히 말하면 요새 정당 되어가는 것 별 관심이 없습니다. 그러나 좌우간 우리나라가 민주주의를 향해서 한 걸음이라도 더 전진을 해야지 후퇴해서는 절대로 안 됩니다. 공산주의를 막는 길은 민주주의밖에 없어요. 군사력의 강화만이 아니고 정말 지켜야 할 가치, 지킬 만한 가치가 이 땅에 있다는 것을 국민들이 피부로 느낄 수 있도록 해야 합니다. 그래서 이 정치는 정말 우리들을 위한 정치다, 우리가 주인이다, 이런 의식과 믿음을 가질 수 있도록 돼 나가야 합니다.

　남 지금은 세계적으로도 상당히 어렵지 않습니까. 어느 한 고비를 넘는 것 같은데, 역시 원인은 인간상실 때문일까요.

　김 그렇게 느껴집니다. 강대국들의 무력경쟁 같은 것도 그래요. 무기를 자꾸 만들면 인간 스스로의 자멸을 불러오게 된다는 사실을 뻔히 알면서도, 왜 자꾸 그걸 만들어내야 하는지…… 어떻게 돼서 현대인간이 사람을 서로 믿고 사는 것보다 무기를, 총을 믿지 않으면 안심하고 잘 수도 없고 살 수도 없게 됐는지, 이게 기현상이에요.

　남자 나이 40이면 자신의 얼굴에 책임을 져야 한다는 말이 있다. 해가 바뀌면서 올해 나이 쉰 아홉. 귀밑머리에 내려앉은 서리가 기

품을 더해주는 것 같다. 믿음과 절제 속에 스스로를 얼마나 다져왔
으면 저렇게 온화한 모습일까 하는 생각도 든다. 신선한 언어들은
시간 가는 것을 잊게 해준다. 이야기를 하다 말고 자신의 얼굴에
머문 기자의 눈길을 느꼈음일까, ‘내 얼굴이 굉장히 못생겼지요’ 하
며 껄껄 웃는다. 소탈하면서도 정이 가는 용모, 만인의 축복을 위해
있는 얼굴이 그곳에 미소를 담고 있다.

요즘은 ‘너무 바빠서’ 책도 읽을 틈이 없다는 그가 최근에 읽었
거나 읽고 있는 책은 에리히 프롬의 《인간의 마음》(번역판)과 헨리
나우웬의 《상처받은 치유자》(영어판). 느지막이 테니스를 배워 점
심 후면 가끔 신부나 신도, 성모병원 의사들과 어울리기도 하지만,
요즘은 날씨가 매워서 칠 기회가 많지 않다고 했다.

필터 속을 후벼내고 신경통에 좋다는 약쑥을 대신 쟁여 넣어 만
든 담배(추기경의 이 담배는 널리 알려져 있다)를 한 개비 권한 뒤 자
신도 피워 물면서 ‘하루에 한 갑 이상 피우고 있으니 걱정’이라고
했다. 술은 맥주 한 컵 정도.

남 시간이 길어졌습니다만, 요즘의 젊은이들을 어떻게 보십니까.

김 젊은이들은 어쨌든 젊은이들이고, 우리의 미래입니다. 이건
확실해요. 우리 기성세대로 보면 못마땅한 게 많지만, 그들 편에서
볼 때는 또 기성세대가 돼먹었느냐 하면 안 돼먹은 게 많단 말예요.
우리가 그들을 보고 너희들 틀려먹었다, 자꾸만 이래서는 문제해결
이 안 됩니다. 기성세대나 젊은이들이나 저마다의 주장에 상당한
일리들이 있고 보면, 서로 대화할 수 있도록 해나가야 합니다. 대화
가 가능해지려면 어른이 먼저 자, 우리 한번 이야기해 보자, 이렇게

나와야 되지 않겠어요? 그걸 힘으로 자꾸 봉쇄한다고 문제해결이 되느냐 하면, 저는 그렇게 안 봐요. 그들이 지적하는 모순이 우리 기성세대한테 계속 있는 한, 그들은 오히려 떨어져 나갈 뿐만 아니라 더 격렬해질 것으로 봐야지요. 그런 의미에서도 정말 언론이 활성화돼 가지고, 이런저런 문제가 양성적으로 토론됐으면 해요.

남 언론 얘기가 나왔으니 말입니다만, 추기경께서는 가톨릭시보사 사장을 지내시기도 했지요. 언론기관 통폐합에 이어 언론기본법도 공포되고 했는데, 요즘 언론에 대해 보고 느끼신 점을……

김 언론인 자신들이 이건 이렇고 저건 저렇다, 이 말을 신문에 해야 되는데, 지금 보면 남의 입을 빌려서, 남이 얘기해 주기를 바란다 이 말입니다. 보도의 정확성 문제만 해도 시간적으로나 기술적으로 퍽 힘든 일이기도 합니다만, 진실을 100퍼센트 보도할 수 있다는 보장은 하나도 없단 말입니다. 법정에서 신문을 증거물로 채택하는 일이 있습니까. 물론 이해는 하지만. 그렇게 있는 동안에는 우리나라 언론이 한 번도 살 것 같지 않아요. 획일적으로 같은 소리만 하는 언론, 이것 가지고는 구제의 길이 없어요.

《동아일보》 1981년 1월 8일

봉사하는 마음

인터뷰 · **정달영**

여기서 우리는 인간의 문제에 눈을 돌려야 합니다. 인간의 존엄성의 깊이를 깨닫고, 인간을 사랑할 줄 알아야 합니다. 빛은 참말로 누군가를 뜨겁게 사랑할 때 발견되는 것이라고 나는 말하고 싶습니다.

김추기경의 시를 읽은 일이 있다. 몇 해 전, 월간지 《창조》에 실렸던 〈평화를 위한 기도〉. 간절한 기구로 이뤄진 그 이행(履行)의 시는 영혼의 밑바닥에서 울려오는 육성, 구름의 저 너머에서 터져오는 천뢰(天籟) 같아서 아주 감동적이었다.

직절(直切)한 언어로, 질문형으로 시작되던 그 기도시연의 첫머리를 떠올리며 옛 명례방(明禮坊) 언덕을 걸어서 찾아간 주교관(主教館)에서 김수환 추기경은 막 외국인 기자 한 사람을 작별하고 있었다. 그 뒷모습이 다소 피곤해 보였다. 수많은 방문객들, 꽉 짜인 일정을 피할 수 없는 공인(公人)의 일상이 그곳을 지배하고 있다는 인상이었다. 짓궂기는 해도 시 이야기부터.

정달영(이하 정) 기도시를 감명 깊게 읽었던 일이 있습니다. 요즘도 시를 쓰십니까.

(추기경은 당혹해 하는 듯했다. 잠시 후에야)

김수환 추기경(이하 김) 아, 그것은 처음이자 마지막으로 썼던 시지요. 시가 아니고 기도문에 지나지 않습니다만.(마치 소년처럼 홍조가 스쳤다.)

정 지난 가을에는 긴 여행을 하신 걸로 아는데, 여행 중에 겪으신 잊지 못할 이야기를 좀 공개하시지요.

김 미국에 들렀다가 교포들의 가정을 방문했었지요. 그때 있었던 일이 두고두고 생각납니다. 그날 나는 어떤 한국인 가정에서 그날 낮에 보았던 대학도서관의 컴퓨터 시스템에 대한 놀라움을 이야기하고 있었어요. 로봇이 척척 책을 날라다주는 광경에 대해서였습니다. 그런데 그때 그 집의 8학년(중 2)짜리 아들이 끼어들면서 '컴퓨터로 뭐든지 다 만들 수 있다지만 만들지 못하는 것이 꼭 하나 있을 거예요' 하는 거예요. 그게 뭐냐고 일제히 반문했지요. 소년은 '사람의 마음이죠' 하고 대답하더군요. '너 참 명언을 했다'고 즉석에서 감탄했지만 두고두고 생각나는, 그러고도 계속 감동을 주는 소년이었습니다.(추기경은 잠시 말을 끊었다. '그 소년은 평소에 어눌한 아이였다'고 덧붙이며, 그때의 감동이 가시지 않는다는 표정으로) 또 한 가지 잊히지 않는 장면이 있어요. 한인들의 소공동체(小共同體)에서 함께 식사하고 환담을 하는 중에 '현대세계에서 그리스도 가정의 역할'이라는 로마주교회의 주제에 대해 이야기가 미쳤는데, 이른바 수태조절의 방법론을 싸고 주부들의 항의가 빗발쳤습니다. 교회는 피임약 복용에 대해 원칙적으로 반대하는 입장이라고 내가 말하자, 한 부인이 '신부님들은 현실을 너무 몰라서 그래요' 하고 반격하는 거예요.

정 그래서 어떻게 답변하셨습니까. 사실상 현실세계에 사는 사람들로선 지키기 어려운 계율이라고 믿어지는데요.

김 물론 개개인의 경우를 두고 일률적으로 재단하기는 어려운 문젭니다. 그보다는 오히려 원칙적인 문제로, 그같은 손쉬운 방법들이 무원칙하게 사용되고 있는 사회를 보자고 했지요. 젊은이들의 성윤리가 문란하고 결혼의 신성성(神聖性)이 흐려지며, 이혼율도 따라서 높아진 사회는 전체적으로 불안하다. 그런 결과가 눈앞에 전개되고 있는 걸 보면서 교회가 그것을 어떻게 추인(追認)할 수 있겠느냐……

정 결국 항상 이야기하시는 인간성 회복의 문제로 귀착될 것 같습니다.

김 그렇습니다. 다 잘사느냐 다 못사느냐의 문제에 앞서 인간성을 잃어가고 있는 것이 오늘의 세계가 당면한 가장 큰 문제지요. 우리 한국사회에서도 상류층에 갈수록, 조금 더 풍요롭게 살아가는 사람들일수록, 희생정신이 감소되고 있는 것을 역력하게 볼 수 있습니다. 아이를 적게 낳겠다는 생각만 해도 오히려 더 교육받은 사람들, 더 여유 있는 계층에서 더욱 강렬하거든요. 그런 생각의 동기가 자신들이 편하자는 데서 온다는 데 문제의 심각성이 있는 겁니다.

정 한국의 가톨릭교회가 1984년으로 200주년을 맞이하고, 또 개신교회도 같은 해 100주년을 맞이합니다. 이제야말로 크리스천이 이 사회에서 무엇을 할 것인가를 진지하게 생각할 때라고 생각되는데, 그런 점에서 서양의 전통 기독교회와 현재 한국의 교회 사이에 어떤 차이가 있다고 보시는지요.

김 표피적으로는 우선 이렇게 말할 수 있을 것 같아요. 서양의 교회는 쇠퇴일로를 걷고, 한국의 교회는 성장일로를 걷는다고. 서구에서는 교회나 수도원이 비어간다고 하고, 한국에서는 교회와 신학교를 더 지어야 한다는 문제가 절박한 것이 그 예라고 할 것입니다. 그러나 '한국교회가 정말로 성장했느냐' 하고 물어 볼 때 아무도 그렇다고 대답할 수 없을 겁니다. 내면적인 깊이랄까, 신앙의 심도랄까 하는 점에서 우리는 뼈아픈 반성이 앞서야 합니다. 그 내실의 기준을 나는 남에게 정말 봉사해야 한다는 생각을 교회가 하게 될 때로부터 잡아야 한다고 믿습니다. 과연 '84년에 가서는 그만한 성숙을 볼 수 있을는지요.

정 요즘 가톨릭까지 포함한 기독교계 전반에서 신앙쇄신 운동이랄까, 성령운동이랄까 하는 일들이 맹렬하게 벌어지고 있음을 보는데, 그것이 신앙의 내면화와 관계가 있는 것인지요.

김 나는 그것을 긍정적으로 봅니다. 신앙의 기쁨을 주고, 기도의 정신을 깨닫게 되며, 성경을 열심히 읽게 된다는 점 등이 좋은 점이지요. 특히 분노나 원한을 씻어버리고 용서와 사랑의 마음을 갖게 되는 내적 치유의 경험은 우리 사회의 현실에서는 가장 바람직하고 소중한 것입니다. 그것을 레컨실리에이션(reconciliation)이라고 하지요. 자기 자신과의 화해랄까.

그래서 나는 요즘의 성령운동을 이 시대의 어떤 조짐으로 이해하고 있습니다. 다만 한 가지, 신앙 자체에는 긍정적이고 옳은 것이 많은 만큼 위험도 있다는 말을 잊지 않았으면 좋겠군요.

정 새해는 우리 국민에게 커다란 도전이 예비된 해인 것 같습니다. 새해를 맞이해서 특별히 하시고 싶은 이야기가 있다면 들려주시지요.

김 얼마 전에 신문을 보니, 존 레논(John Lennon)이라는 가수가 피살되자 레논의 젊은 팬 두 사람이 '우리는 절망했다'는 유서를 써 놓고 자살했다는 기사가 있더군요, 그 둘의 절망이 많은 것을 생각하게 했어요. 몇 해 전엔가 서대문구치소에서 사형수들을 만난 일이 떠올랐어요. 그때 나는 죽음이 임박한 그들에게서 말할 수 없이 조용한 내적 평화를 발견했습니다. 자유도 없고, 더구나 풍요와는 거리가 먼 그들에게 절망의 그림자는 없었어요. 그들이 그토록 평화로울 수 있었던 것은 무엇 때문이었을까요. 그들은 자신의 실존적인 어둠을 밝혀주는 진짜 빛을 발견하고 있었던 것이 아닐까요. 미국의 젊은 자살자에게는 그 빛이 레논이었다고 봅니다.

나는 우리의 젊은이들에게 꼭 이 말을 하고 싶어요. 젊은이들을 현재의 정치적인 분위기나 경제적 상황을 두고 어둡다고 생각하고, 그런 분위기나 상황이 풀리고 개선되면 밝다고 생각할는지 모르지요. 그러나 과연 그것들이 풀리고 개선된다고 해서 밝음을 느낄 수 있을까요. 그것만이 빛일까요. 우리는 여기서 정치나 경제가 아닌 인간의 문제에 눈을 떠야 합니다. 인간 존엄성의 깊이를 깨닫고 인간을 사랑할 줄 알아야 합니다.

빛은 참말로 누군가를 뜨겁게 사랑할 때 발견되는 것이라고 나는 말하고 싶습니다. 자유·평등·박애를 근간으로 하는 민주주의라는 것도 인간의 존엄성을 떠나서는 생각할 수 없지요. 존엄하지 않은 인간에게는 자유나 평등이나 박애가 요구되지 않습니다.

존엄하지 않은 인간은 단순한 고등동물일 뿐이지요. 그런데 이 존엄성은 어디서 올까요. 유물론적인 인간관에서 존엄성을 이야기할 수 있습니까. 인간은 육체만이 아니라 영혼과 개성이 있어서 인간인 것입니다. 성서적인 창조를 전제하지 않은 채, 하느님이 모든 인간을 사랑한다는 것을 전제하지 않은 채 인간의 존엄성을 얘기할 수는 없는 것이에요. 인간에게는 '신적인 무엇'(divine seed)이 있는 것입니다. 이런 가치를, 내가 얼마나 존엄한 존재인가를 인식할 때 우리는 이웃을, 타인을 비로소 다시 보게 됩니다. 그것이 빛이지요. 사랑이 싹틀 때 그것이 빛입니다.

추기경의 이야기는 한참 더 계속됐다. 그래서 웃으며

정 〈사랑은 눈물의 씨앗〉이라는 유행가가 있었지요. 빛의 씨앗인 사랑을 어떻게 쏠을 수 있겠습니까.

김 이런 경구가 있어요. '자신을 불태우지 않고는 빛을 낼 수 없다'는 것이지요. 빛을 내기 위해서는 자신을 불태워야, 희생해야 합니다. 사랑이야말로 죽기까지 가는 것이고, 생명까지도 바치는 것이며, 그러기 위해 자기를 완전히 비우는 아픔을 겪어야 하는 것이지요. 오늘 우리 사회에 꼭 필요한 것은 정치적인 것, 경제적인 것에 앞서 국민 모두가 스스로 정신을 한데 모을 만한 변화이며, 그 변화를 느낄 수 있는 가치를 보여주는 일입니다. 우리 모두 빛을 내기 위해 우리 자신을 불태웁시다, 이렇게 젊은이들에게 말하고 싶군요.

《한국일보》 1981년 1월 11일

하느님은 사랑이다

인터뷰 · **반영환**

한국기독교는 다른 나라에서 보기 힘든 수적 증가현상을 보이고 있습니다. 내가 보기엔 이 현상의 원인은 우리 사회가 무언가 모르게 정신적 가치에 대한 굶주림 같은 걸 느끼고 있지 않는가, 그래서 교회를 찾는 것이 아닌가……

가톨릭에서 추기경이란 로마 교황에 버금가는 서열이다. 가톨릭 전래 200년을 앞두고, 130만의 신도를 거느리고 있는 한국 가톨릭에 추기경은 단 한 사람, 아시아에 10명이 있을 뿐이고 세계를 통틀어 115명의 추기경이 있을 뿐이다. 추기경은 그만큼 높고 귀한 자리이다.

그러나 김수환 추기경(59)은 엄격한 권위를 내세우지도 않고, 지극히 소박하고 소탈한 외모와 성품으로 무한히 친근감을 갖게 한다. 이 점이 바로 김추기경의 인간적인 매력일 성싶다.

서울 명동성당 경내의 서울교구청 2층에 자리잡은 추기경의 집무실에서 마주 앉았다. 한여름 눈부시게 흰 수단(Soutane) 차림의 김추기경의 모습은 매우 인상적이었다.

김수환 추기경(이하 김) 한국은 1984년에 가톨릭 전교(傳敎) 200주년을 맞게 됩니다. 또 올해는 조선교구가 설립된 지 150주년을 맞는 해이기도 합니다. 한국의 천주교회가 하나의 체제로서 정식 지역교회로 인정받은 것이 1831년이죠. 교회가 체제를 갖추려면 주교가 있어야 하는데, 이 해에 프랑스의 브뤼기에르 소(蘇) 주교가 첫 주교로 임명되었어요. 그러나 그분은 끝내 한국에 들어오지는 못했지요.

하지만 교회적 측면에서 보면 한국천주교회는 세계교회 속에서 특별한 의미를 가집니다. 로마교황청에서 정식으로 인정받기까지 많은 고난의 역사가 이어지지 않았습니까. 한국교회사(韓國敎會史)는 순교와 박해의 역사로 점철되다시피 했습니다. 순교한 많은 선열들과 외국 선교사들의 봉사와 사랑이 초석이 되어 오늘의 한국교회가 존재하게 된 거지요.

그 뜻을 기리고 교인 자신들이 오늘 우리 겨레와 후대를 위해 참으로 믿음 속에서 살아야겠다, 복음 전파하는 일에 열성을 다 해야겠다는 것을 다짐하고자 한국가톨릭은 오는 10월, 서울 여의도 광장에서 대규모 집회를 마련하고 있다. 가톨릭으로서는 보기 드문 대외(對外) 행사이다. '54년 성모성년(聖母聖年) 행사를 서울 혜화동에서 가진 이래 거의 30년 만의 일이다.

1969년 3월 29일, 한국가톨릭사상 처음으로 추기경이 되었던 김 수환 추기경은 올해로 착좌(着座) 13년째.

반영환(이하 반) 지난달 미국을 방문, 워싱턴에서 주제 강연을 하셨다고 하는데, 어떤 내용이었습니까.

김 미(美)평화봉사단 창설 20주년 기념으로 마련된 강연으로, 주제는 사회개발의 여러 가지 문제들에 관한 것이었어요. 특히 중진국으로서 한국이 필요로 하는 것을 얘기해 달라는 요청이었습니다. 그래서 이런 얘기를 했어요.

오늘날 20세기 사회는 경제발전에 따른 결과로 인간성의 상실과 소외의 문제가 심각하게 대두되고 있다, 그래서 어떻게 하면 인간을 전인적인 발전으로 이끌어갈 수 있느냐 하는 것이 문제가 되고, 누구나 이 얘길 하고 있지만 실질적으로 그것을 어떻게 이룩할 것이냐에 대해서는 구체화시키지 못하고 있는 것 같다, 나는 지난 5월 우리나라 한국에도 다녀갔던 인도의 테레사 수녀가 한 말 가운데 '가난을 나누는 정신'이 문제의 해결방안이라고 본다, 나누어줄 줄 알 때, 사랑의 베풂이 이루어질 때, 인간적인 발전을 기할 수 있을 것이다, 라고 말했어요.

또한 미국에 대한 요망에 대해서는 이런 말을 했어요. 오늘의 세계 속에서 미국은 세계평화를 위해 큰 책임을 지고 있다. 그 평화를 이룩하려면 미국 본래의 독립정신, '미국을 이룩한 바탕이 되는 정신'(Foundation Spirit)으로 되돌아가야 한다. 대충 이런 내용이었는데, 공감하는 미국인들이 많더군요.

김수환 추기경은 종교지도자답게 인간의 존엄성, 이 시대의 인간의 비인간화, 소외, 인간성 회복 등에 관해 깊은 관심을 기울이고, 기회 있을 때마다 이 문제를 강조해 왔다.

김 인간의 존엄성이야말로 이 시대에는 참으로 중요시하지 않으면 안 됩니다. 비인간화된 인간이 아무리 물질적으로 부(富)를 가지고 있어도 세계평화에는 기여하지 못하고, 오히려 파괴하게 될 겁니다. 인권에 대한 관심이 줄어들면 사람들은 침묵을 지키게 되고, 결국은 휴머니즘의 감퇴를 가져오고, 그리고 우리 안에 있는 가치관의 상실을 초래하게 됩니다.

반 우리 사회에는 최근 들어 '정의사회 구현'이란 정부의 의지가 강하게 확산되고 있습니다만, 아직도 우리 사회가 안고 있는 모순이나 병폐가 있다면 어떤 것이 되겠습니까?

김 외형적으로는 전과 비교해 볼 때, 사람들이 부정한 일을 하다가는 호되게 당하기 때문에 부정의 건수가 크게 줄어든 것 같아요. 그래도 가끔 부정을 저지른 사람들의 기사가 신문에 나는 걸 보았어요. 나는 근본적으로 요즘엔 사람들이 옳고, 그른 것에 대해 생각하기를 싫어하거나 귀찮아하는 경향이 있지 않나 생각합니다. 사람들이 너무 쉽게 모든 걸 체념해 버리는 것 같습니다. 국민들이 생각조차 하기 싫어졌을 때, 이런 현상은 오늘과 내일의 우리 사회에 정신적으로 어떻게 영향을 미칠 것인가 걱정됩니다.

반 어떤 이들은 우리 사회의 도덕적 타락이나 양심의 부재를 우려합니다. 추기경께서는 이 점에 대해 어떻게 생각하시는지.

김 우리 사회가 도덕적으로 타락했다, 혹은 양심이 부재한다 하는 극단적인 표현은 쓸 수 없어요. 아직도 우리 사회에는 나쁜 사람보다 좋은 사람이 더 많이 있는 것 같지 않아요?(이 말을 하면서 김추기경은 크게 웃는다. 지극히 소탈하고 천진스런 홍소다.) 전에 비해 이웃에 대한 관심이 더 많아지고 있고, 봉사정신도 더 왕성하게 표출되고 있습니다. 대체로 사회가 혼탁해지면 밝은 데로 나가자는 기운이 안간힘쓰며 나타나는 걸 보게 되지요. 이제는 사회 전체의 분위기가 당당한 것으로 되어야 할 때입니다. 요즘 젊은이들은 쉽게 체념에 빠지고, 조그마한 일에도 극단적인 반응을 일으키는 경향이 있습니다. 그러나 사회 전체의 분위기가 중요한 것이죠.

그러면서 미국의 예를 들어보인다. 미국이라는 사회는 우리보다 더 폭력이 난무하는 사회로서, 몇 해 전 히피족들이 판칠 때엔, 미국이 망해가지 않나 하는 느낌이 들 정도였다 한다. 여기저기서 청소년들이 누더기를 입고 마약을 피우며 방황하고 있었다고 한다. 그런데 그 뒤로 몇 번 가보니까 그런 문제가 완전히 해결된 건 아니지만, 위기를 훌륭하게 극복해 가고 있더라는 것이다.

김 그때 이것이 개방사회·민주사회가 가지고 있는 힘이구나 하는 걸 절감했습니다. 가정이나 학교나 사회에서 자기 표현, 자기 소신에 따라 행동할 수 있는 정도의 개방이 이루어지면, 자율적으로 문제해결의 길이 제시될 수 있지 않나 생각합니다. 인간이란 본질적으로 양심과 자율적인 판단의 능력을 지니고 있으며, 교육이 청소년들에게 이 힘을 길러주게 되면 내일의 건전한 발전에 희망을 걸 수 있으리라고 봅니다. 자율적인 영역을 더 주면 문제해결을 강요하지 않아도 스스로 해낼 수 있는 능력이 생기는 법이죠.

반 최근 몇 년 동안 한국의 기독교 신자는 급격히 증가, 개신교가 700만, 가톨릭이 130만으로 거의 1천만 명에 육박하는 놀라운 추세를 보이고 있습니다. 세계적으로 드문 예라고들 말합니다. 추기경께서는 이같은 현상을 어떻게 보시는지요.

김 그래요. 한국의 기독교 전파는 다른 나라에서 보기 힘든 현저한 수적 증가를 보이고 있습니다. 제가 보기에는 이 현상의 원인은 우리 사회가 무언가 모르게 정신적 가치에 대한 굶주림이라든가 갈증 같은 걸 많이 느끼고 있지 않은가, 그래서 교회를 많이 찾는 것이 아닐까 풀이해 봅니다만 저희들 입장에서는 물론 좋은 일이지요. 다만 그들의 갈증을 교회가 올바르게 충족시켜 주느냐 하는 점과, 교회가 난립하는 현상은 생각해 봐야 할 문제입니다. (이 대목에서 개신교에 대한 비판이 아님을 강조한다.)

기독교가 이 시대의 정신적 가치를 기르고 북돋는데 노력해야 하고, 또 우리 자신이 전파하는 복음주의적 가치에 따라 살아야 한다고 믿습니다.

김추기경은 얘기하는 중에 '이 시대'란 말을 자주 쓰는 걸 느낄 수 있었다.

반 추기경께서 하느님의 말씀인 성경에서 늘 마음에 새기고 있는 구절은 어떤 것입니까.

김 최근에 내가 강조하는 구절이 있어요. '하느님은 사랑이다' 하는 것이지요. 이 구절은 성경에 나오기도 하지만, 성경 전체가 이 한 마디로 압축된다고 봅니다. 하느님은 우리를 사랑하시는 분이다, 그 사랑을 위해 우리에게 모든 걸 다해주셨다, 이 말씀 하나로 오늘날 사는 인간은 인간성을 다시 찾을 수 있고, 참된 사랑을 깨달을 수 있고, 남을 사랑할 줄도 알게 됩니다. 믿음이 뭐냐고 묻는다면, 이 말을 믿는 것이 믿음이라고 대답해주고 싶습니다.

갑자기 추기경의 소년시절 꿈이 궁금하게 여겨졌다. 추기경이 되겠다는 생각은 안 하셨을 거고……

김 시골에서 자랐기 때문에 평범한 한 인간으로 시골동네의 초가삼간 속에 살겠다는 게 어릴 적 꿈이었지요. 저녁 무렵 연기가 피어오르는 걸 보면 따뜻한 보금자리를 연상하곤 했습니다.

잔병은 있으나 건강은 비교적 좋은 편이라 따로 건강관리를 하지는 않고 있다는 김추기경은, 2년 전부터 테니스를 치기 시작했다고 한다. 50대, 60대 사람들과 명동성당 구내 구장에서 ‘천천히 치는 테니스’를 즐긴다.

얼마 전부터 김추기경의 양미간 바로 위에 콩알만한 둥근 자국 두 개가 생겼다. 신도들은 갑작스런 자국에 놀라 ‘추기경의 표시냐’고 묻기도 한단다.

김 이거요? 지난 1월말 어떤 한의사 한 분이 쑥뜸으로 축농증을 치료해 준다고 해서 쑥뜸을 놓은 자리예요. 얼마 지나면 없어진다고 말하긴 하지만, 아마 평생 남을 것 같아요. 머리에도 일곱 군데

나 놓았는데 어떻게 뜨거운지, 꼭 연옥 같더군요.

그러면서 추기경은 유쾌하게 웃는다.

《서울신문》 1981년 7월 21일

평화가 우리와 함께

인터뷰 · **이종석**

조선교구 150주년을 맞아 순교선열의 모습을 생각할 때마다 〈마태복음〉 5장 3절에서 12절까지의 산상수훈을 생각합니다. 형장으로 간 그분들의 모습에서 '가난', '애통', '온유', '화평' 등 사랑의 모습을 봅니다. 그분들은 박해 속에서도 상대방을 미워하지 않았고, 더구나 보복 같은 것을 생각지 않았습니다. 그분들은 오직 이 땅의 복음화와 진리와 인간의 기본자유를 기원했습니다. 자기를 버려 평화의 피를 뿌린 것입니다.

지난 9일, 천주교 조선교구(朝鮮敎區) 설정 150주년을 지냈다. 1831년 9월 9일, 교황 그레고리오 16세가 조선대리감목구(朝鮮代理監牧區)를 북경교구(北京敎區)에서 독립시키고, 브뤼기에르 주교를 초대대리 감목으로 임명한 날로부터 기산(起算)한 기념일인 것이다. 바르텔레미 브뤼기에르 감목은 이 땅에 부임하지도 못한 채 만주에서 별세했고, 100년이 지난 1931년에 그의 유해가 서울명동대성당 지하실에 안치됐지만, 이 날은 우리나라 천주교가 전교(傳敎)의 외각적인 틀을 마련하고 바야흐로 복음의 전파를 시도한 의미

깊은 날이다.

천주교 서울대교구는 이 뜻 깊은 해를 보내며 전에 없이 많은 행사를 벌이고 있다. 지구별 신앙대회, 문학 심포지엄, 미술전, 교구사(敎區史) 자료전을 이미 가졌으며, 가톨릭사회과학 심포지엄, 교구사 심포지엄을 벌이고, 10월 18일 여의도광장에서 대규모 신앙대회를 절정으로 일단 막을 내린다. 보수적이고 폐쇄적이기까지 하다는 가톨릭이 이처럼 눈에 돋보이는 행사를 끈질기게 이어나가는 의미는 무엇일까. 이들 행사를 주관하는 총책임자이며 한국인으로서는 최초의 추기경, 또는 어느 교단에서도 볼 수 없을 만큼 130만 신도들을 정연하게 이끌고 있는 천주교 서울대교구장 김수환 추기경을 명동성당 안의 그의 집무실로 찾아갔다.

이종석(이하 이) 조선교구(朝鮮敎區) 150주년을 축하합니다. 우리 가톨릭은 전교의 여명부터 박해와 고난으로 시작됐습니다. 이후 일제강점기를 거쳐 북한의 공산치하나 6·25 동란을 통한 순교의 역사가 지속됐다 하겠습니다. 김추기경께서 보시는 우리 가톨릭의 150년사를 한마디로 말씀해 주십시오.

김수환 추기경(이하 김) 교회 안에서 쓰는 말인데, '고난과 부활의 역사'다, 이렇게 말합니다. 초기교회 시절 테르툴리아누스 교부(敎父)의 말씀에 '순교자의 피는 신도의 씨앗이다'란 말이 있습니다. 한국의 가톨릭도 피 흘리는 순교로부터 시작됩니다. 150년 전 조선교구가 설립되기 이전부터 이 순교가 시작되었는데, 가령 10명이 순교하면 그 수만큼 신자가 줄어드는 게 아니라, 20명, 30명으로 늘어났습니다. '순교자의 피는 신도의 씨앗'이란 말은 바로 이를 두고 한 말이 아닌가 생각됩니다. 순교자의 피를 밑거름으로 해서 신도의 수가 늘어났지요. 그러므로 '고난 속에 부활의 생명이 함께 있었다'는 말씀이 실증됐고, 성경에 나오는 '한 알의 밀알이 이 땅에 떨어져 열매를 맺었다'는 말씀이 이 땅에서 실증된 것이지요.

이 150년사에서 가장 감동적이고 뜻 깊은 사건이랄지, 혹은 가톨릭이 우리 근대민족사에 어떻게 기여해 왔는지, 추기경님의 의견을 말씀해 주십시오.

김 뒷부분부터 대답하지요. 우리가 한국근대민족사에 기여했다 한다면, 주로 박해 속에서 성장한 때문에 너무 자랑하고 싶은 생각은 아니지만, 첫째 조선조 후기 엄격한 신분사회에서 반상(班常)의 구별을 타파하고 모두 함께 형제와 같은 우의로 지낸 일, 이것은 근대화 과정에서 큰 의미가 있는 것이지요. 이 땅에 인간의 평등의식을 가져왔다 할 수 있습니다. 또 남녀유별이란 엄격한 제한도 가톨릭이 처음 타파했지요. 여자도 같은 신도로서 하느님에게 동등한 대우를 받은 것입니다.

둘째, 한글의 발전에 기여한 것을 들 수 있습니다. 물론 교회의 교리적인 목적이 있었으나, 가톨릭은 한글을 교회의 공용언어로 썼고 이를 통해서 한글이 발전된 것을 부인할 수 없습니다.

셋째, 제국주의의 박해 속에서 우리 조정의 눈을 억지로라도 세계를 향해 열게 한 것도 공헌 가운데 하나겠지요.

다음 특기할 사건이라면 어폐가 있지만, 1942년 왜정 말기에 노기남(盧基南) 대주교께서 처음으로 주교가 되신 것을 꼽겠습니다. 왜냐하면 일제의 횡포가 고조될 때인데, 일본은 한국교회를 일본인 주교의 지배 아래 넣으려고 획책, 이 해 12월에 대구 교구장(敎區

長)으로 일본인 하야사카(早坂)씨를 임명해서 나도 서임식에 참석했었지요. 물론 그분도 인간적으로는 훌륭한 분이었는데, 민족적 입장에서 착잡하고 슬픈 감정이었습니다. 이런 때 노(盧)주교님의 서임은 민족적으로 가슴 벅찬 일이었습니다. 교구장도 겸하게 되어 신도들로서는 굉장한 경사로 받아들였습니다.

이 올해 모든 행사의 주제가 '평화가 우리와 함께'인데, 이걸 좀 설명해 주시지요.

김 한마디로 그리스도적인 평화지요. 예수님 말씀에 내가 주는 평화와 세속의 평화는 다르다, 세속의 평화는 힘으로 유지되는 것이니 파괴되기 쉬운 것이다, 라는 의미의 말씀이 있지요. 예수님의 평화는 사랑으로 이룩되는 평화이므로 쉽게 깨지지 않습니다. 150주년을 맞아 순교선열의 모습을 생각할 때마다 〈마태복음〉 5장 3절에서 12절에 걸쳐 나오는 산상수훈(山上垂訓)을 생각합니다. '가난한 자에게 복이 있나니 천국이 저희 것이요…… 온유한 자에게 복이 있나니' 등. 형장으로 가는 그분들의 모습에서 '가난', '애통', '온유', '화평' 등 사랑의 모습을 봅니다. 이분들은 박해 속에서도 상대방을 미워하지 않았고, 더구나 보복 같은 것은 생각지 않았습니다. 그분들은 오직 이 땅의 복음화와 진리와 인간의 기본자유를 기원했고, 인류평화와 행복을 기원했습니다. 자기를 버려 평화의 씨를 뿌린 것입니다. 우리도 이를 본받아 힘보다는 사랑으로 정의구현과 진리를 위해 몸바쳐야 참 평화가 온다는 의미지요.

이 가톨릭으로서는 이례적으로 이번 행사가 거창한 것 같은데, 이들 행사가 교회 내부의 결속이나 신앙을 위한 것인지 또는 대외적인 친교의 의미인지……

김 두 가지 다입니다. 우선 적극적으로 친교하자는 의미와 내적인 반성의 계기를 만들자는 것입니다. 행사가 전시에 그쳐서는 안 되며, 믿음의 내실이 중요합니다. 행사란 짧은 것이므로 우리는 계속 신도들의 정신적 신앙적 심화를 위해 기도를 권장하며, 성서를 많이 읽고 묵상할 것을 권장합니다.

이 우리나라는 복자(福子) 103위(位)가 있으나, 아직 성자(聖子)가 없습니다. 왜 없습니까.

김 우리도 로마에 신청 중이지만, 이에 대한 구별이 엄격합니다. 의사도 인정하는 기적, 가령 병자소생의 기적 같은 것이 2건 이상 있어야 되지요. 현재 로마에서 심의 중인데, 나는 이들의 은공으로 한국교회가 발전한 것도 기적이 아닌가 하고 말합니다만……(웃음)

이 통계를 보면 현재 가톨릭이 130여 만 신도, 17개 교구인데, 개신교는 통칭 8백만 신도입니다. 교세의 신장이 좀 완만하다고 생각지 않으시는지요.

김 우리는 통계가 엄격한 편인데, 실제 수는 그 이상일 것입니다. 교적(敎籍)이전이나 기타의 경우로 누락자가 많습니다. 그리고 도시고 시골이고 간에 요즘에 구도자가 많습니다. 작년에 6만이 입교했는데, 올해는 10만이 넘을 것입니다. 우리 교회의 신장이 완만하단 말은 있으나, 그것이 반드시 보수적이다, 배타적이다 하는 데만 원인이 있지는 않습니다. 우리는 교회가 있으려면 반드시 신부가 있어야 하는데, 신부 양성이 어렵지요. 개신교보다 교육기관이 적어 6년 과정의 신학교가 3개뿐이고, 여기서 1년에 3, 40명의 신부밖에 배출하지 못합니다. 믿음의 공동체인 신부가 있어야 하므로, 개신교를 따라갈 수 없지요. 교회의 체질문제입니다.

이 기념담화에 '민족사의 누룩이 되자'고 하셨는데, 그 의미는 무엇입니까.

김 세상을 변화시키는 게 누룩이란 것은 성경에도 나옵니다. 변화란 무엇인가. 하느님을 아버지로 섬기는 하느님의 나라, 인종이나 민족·피부·언어의 장벽을 넘어서 형제로서 하나 되는 것이 하느님 나라의 완성입니다.

'하나의 세계'란 말은 세속에서도 쓰지만, 아직 정신적으로는 앞서 말한 '차별의 장벽'을 넘지 못하고 있습니다. 이를 넘도록 하는 사랑의 실천이 바로 누룩입니다. 우리 민족사에서도 우리나라를 사랑의 공동체로 발전시키는 데 우리가 누룩이 되어야 합니다. 가난한 자, 약한 자들의 소외감을 없애주고, 정의롭고 인간다운 삶의 사회를 만드는 데 우리가 밀알이 되어야 한다, 예수의 죽음의 메시지도 바로 밀알이니 우리도 자기를 썩힘으로써 남을 살리는 밀알이 되자 이겁니다. 우리가 모두 약하고 부족한 존재들이지만, 언제나 이웃, 특히 고통받는 이웃을 생각하는 자세를 잃지 않을 때, 그러한 자세를 견지할 때 우리는 눈에 띄지 않는 가운데 사회를 개혁하고 향상시키는 변화를 가져온다, 이것이 누룩의 의미지요.

이 150주년을 보내는 가톨릭의 현안문제는 무엇인가요.

김 마음이 가난한 이들, 억울한 이들과 함께 울어주는 교회가 되어야 합니다. 그렇지 못하면 교회는 자기만족에 빠지는 무용(無用)의 교회가 됩니다. 가령 명동성당에 누가 침입해서 이를 파괴했다면, 모든 신도들이 격노하고 신문이 대서특필할 게 아닙니까. 교회는 하느님의 궁전이며, 신성하고 역사적인 곳입니다. 나는 인간 개개인이 명동성당 이상으로 고귀한 하느님의 살아 있는 궁전이다,

인간은 누구나 육체와 영혼이 있고 하느님의 모습을 따라 만들어진 존엄성을 가진 존재다, 라고 생각합니다. 그런데 이런 인간이 유린될 때는 자칫 남의 일같이 넘어가기 쉽다 이겁니다. 나는 참으로 교회를 쇄신하기 위해선 이에 앞서 인간의 신성이 유린되어서는 안 된다고 생각합니다. 하느님의 뜻대로 보호 발전되도록 우리가 믿음을 가져야 사랑과 자비가 있는 교회가 됩니다. 하느님 앞에 쓸모없는 사람이란 없습니다. 모두를 사랑합니다. 우리가 그렇지 못하니 이는 현안이 아니고 영원한 숙제입니다. 그 밖에 신도 재교육이나 성직자 배출, 교회 신축 등 숱한 문제가 있지만 '사랑 베푸는 교회'가 되는 것이 가장 급선무지요.

이 '84년 한국 가톨릭 발상(發祥) 200주년 때는 교황이 오십니까?

김 초대는 했지만 알 수 없어요. 작년에 뵈올 때 어느 아시아 지역 주교가 자기 나라에 초대하니, '한꺼번에 갈 수 없고 한국의 200주년 행사 때 갈 수도 있다'고 암시적인 말씀을 했지요. (1981년) 피격 이후 올해 여행 스케줄을 모두 취소했지만, 몇 년 남았으니 모시도록 최선을 다해야지요.

이 끝으로 신도들 혹은 비신도들에게 당부 말씀을 해주시기 바랍니다.

김 순교자들은 자기를 하느님께 바쳤기에 참된 생명을 얻었습니다. 오늘날의 물질만능주의, 이기주의에 빠지면 참생명을 잃는 것입니다. 순교자를 본받아 자기를 버릴 줄 아는 사람, 이기적인 자아를 버리고 이타적인 인간봉사의 신도가 되자는 게 신도들에 대한 당부입니다. 비신도들에게 드리는 당부 말씀은, 진실한 사랑은 죽음도 받아들인다는 것을 말씀드리고 싶습니다. 오늘날 모든 인간들이 행복을 위한 물질을 추구하는데, 인간의 삶에 풍요는 필요하지만, 그것이 목적이 될 수 없습니다. 특히 젊은 세대에게 하고픈 말은 이웃과 나눌 줄 아는 사랑·정의·진리의 인간이 참인간임을 굳게 믿는 사람이 되어달라는 것입니다. 에리히 프롬의 '인간의 가치는 소유에 있지 않고 존재에 있다'는 말을 상기하고 싶습니다. 끝으로 10월 18일 여의도 집회 때 교통 등의 문제로 시민들의 불편을 드릴 것이 송구스럽습니다. 제3의 장소도 생각했으나, 집회 자체의 의의도 있으니 이해해주시고 참아달라고 부탁합니다.

《동아일보》 1981년 9월 12일

지금도 주님께 용서를 빈다

기록 · **오홍근**

위로받기보다는 위로하고
이해받기보다는 이해하고
사랑받기보다는 사랑하게 하소서

　　그날따라 대구 계산동(桂山洞) 대성당의 종소리는 유난히 성스럽게 울려 퍼졌다. 많은 신도들과 선배 신부들의 따스한 눈길을 받으며 나는 로만 칼라(Roman Collar) 위에 수단(Soutane), 다시 그 위에 희고 긴 장백의(長白衣) 차림으로, 왼손에 제의(祭衣)를 걸친 채 발소리를 죽여 사제 서품식을 집전하는 최덕홍(崔德弘) 주교님 앞으로 걸어 나갔다. 그날따라 십자가도 유난히 뚜렷하게 시야에 들어왔고, 최주교님의 목소리도 유난히 엄숙했다.
　　어머니, 그해 69세이셨던 어머니는 '자식이 신부가 되는 게 소원'

이었던 당신의 꿈이 이뤄지는 가슴 벅찬 순간을 맨 앞자리 마룻바닥에 꿇어앉은 채 지켜보고 있었다. 식순에 따라 나는 두 손을 모아 이마를 받친 자세로 마루에 엎드렸다.

성가대와 선배 신부들이 불러주는 성인열품도문(聖人列品禱文: 모든 성인에게 도움을 구하는 성가)의 성스러운 메아리가 성당을 맴돌 때, 주님께서 내 안에 들어와 자리하실 수 있도록 나는 내 마음을 비워내는 작업을 하고 있었다.

나로 하여금 신부가 되는 것을 망설이게 했던 그 많은 시련들, 내게 1년쯤 고민을 안겨줬던 추억 속의 여인, '네가 어떻게 신부가 되겠느냐'고 나 자신을 긁어대던 자격지심 등…… 이런 것들의 환영을 지워냈다.

1951년 9월 15일. 이날 나는 주님의 부르심에 세상에서는 죽고 그리스도 안에서 살겠노라는 결정적인 대답을 한 것이다.

따지고 보면 내개는 신부가 될 수 있는 소지가 많았다.

충남 연산(連山)이 고향이었던 할아버지(金甫鉉)는 독실한 신자로서 병인년교난(丙寅年敎難: 1866~1868) 때 잡혀 충청남도 덕산(德山) 근처에서 교수형을 당함으로써 순교하셨고, 아버지(金永錫)는 그의 유복자였다.

그렇게 태어난 아버지도 천주교를 뿌리치지 못한 채, 당시 박해를 받던 수많은 신도들이 그러했듯이 옹기장수가 되어 전전하다 대구의 처녀(徐仲和)와 결혼했다. 그 뒤 옹기터를 경북으로 옮겼으나 장사가 잘 안 돼 또다시 이곳저곳으로 전전해야 했었다.

5남 3녀의 막내로 내가 태어난 곳은 대구시 남산동. 그러나 그곳에 대한 기억은 내겐 별로 없다.

다섯 살 때 큰누나가 결혼해 역시 옹기장사를 하며 살고 있는 군위(軍威)로 이사를 했는데, 이곳이 바로 유년기의 요람으로 이곳에서 국민학교 5학년 때까지 살다 대구로 이사를 했다.

군위에서 보낸 내 유년기는 말 그대로 가톨릭과 밀접한 생활이었다.

당시는 일제 때였으나 종교의 자유는 있어서, 큰 도시에는 성당도 있었고, 시골처럼 성당과 신부가 없는 곳에서는 신도들이 어느 한 집을 공소(公所)로 정해, 그곳에서 신도들끼리 주일예배를 보곤 했다. 우리 집이 바로 공소였다.

예배를 이끌어가는 사람은 다른 어른이셨으나, 아버지가 고집해 우리 집을 공소로 내놓으셨다.

신부가 와서 미사를 올리는 것은 봄·가을에 한 차례씩, 1년에 두 번.

신부가 온다는 기별을 받으면 부모님은 방 두 채에 부엌 하나인 초가집일망정 도배를 새로 하고 대청소를 하시며, '밥풀 하나라도 흘리지 말라'고 내게 당부를 하시곤 했다. 부모님이 이러시니 내게는 신부가 '만날 수 없이 높은 분'이요, '선생님보다도 훌륭한 분'이 아닐 수 없었다. 조랑말이나 자전거를 타고 신부가 마을 어귀를 들어설 때마다 어린 내가 느꼈던 '신부에 대한 외경심'은 지금도 생생하다.

내가 7세 되던 해 아버지가 별세하셨으나, 가톨릭을 향한 어머니의 신앙심은 더욱 깊어갔던 것 같다. 주일에는 물론 평시에도 가톨릭의 교리를 가르쳐주셨고, 신앙심을 가지도록 노력을 기울이셨다.

국민학교 3학년 때이던가 4학년 때이던가 어머니는 처음으로 손

위 형님(東漢: 1983년 선종)과 내게 '신부가 되라'는 말씀을 꺼냈다. 형님은 즉석에서 쾌히 응낙했으나 나는 그러질 못했다. 그도 그럴 것이, 신부는 '우선 장가를 안 가는 사람'이어야 하는데, 나는 장가는 가고 싶었다. 같은 반에 있는 친구들 가운데는 이미 장가를 든 사람이 적지 않았고, 그들이 장가를 갈 때마다 나는 내심 부러워하던 터였다. 지금 생각하면 사모관대며 가마며 음식이며 맞절 같은, 결혼 그 자체보다 결혼의 부수적인 것들에 더 마음이 갔던 게 아닌가 생각된다.

아무튼 대구로 이사한 뒤 나는 천주교 대구교구 유스티노 신학교 부설 국민학교에 입학했다. 이 학교는 말만 국민학교였지 국민학교 5, 6학년 정도의 수업을 하면서, 신부가 되는 기초 코스를 가르치는 특별교육기관이었다. 물론 형님과 함께 어머니의 권유에 따른 것이었다.

내가 사춘기를 보낸 곳은 서울 동성상업학교로 동성상업학교는 갑조(甲組: 상업학교코스)와 을조(乙組: 신부코스, 전원 장학생)로 나눠 학생을 뽑았는데 형님과 나는 을조였다.

도서관에서 일본 문학전집을 닥치는 대로 읽어대면서 막연하나마 이성에 대한 눈을 뜨기 시작했다. 그러나 당시 내가 느끼기로는 이같은 소설은 읽으면 읽을수록 스토리가 비슷한 몇 개의 틀로 요약되는 것들이었다. 예컨대 남녀가 만나 사랑을 하다가 삼각관계로 발전했다가 누군가 자살을 하고…… 아무튼 쉽게 싫증을 느꼈다.

그래서 접하기 시작한 게 《가톨릭 성인전》이었다. 돈 보스코 성인의 이야기와 소화(小花) 테레사 성녀의 이야기 등이 이때 읽은 것들로, 특히 소화(小花) 테레사 성녀의 이야기는 내게 소설에서는 맛볼 수 없었던 무한한 뜨거움을 안겨주었다. '하느님은 미미한 존재를 통해서도 당신의 사랑을 충분히 드러내는 분입니다…… 기쁨과 고통 등 모든 것이 사실은 하느님의 사랑에서 옵니다……' 하는 대목은 지금도 좋아하는 대목이다.

그러나 이같은 대목이 좋고, 동성상업학교 을조가 신부 코스라고 해서 사실 내가 신부가 되리라고 마음먹은 것은 아니었다. 우선 여성에 대한 동경이 없지 않았다. 나는 날이 갈수록 예비신부는 고사하고 한 인간으로서도 부족함을 통감하게 됐기 때문이었다. 과연 나는 신부가 될 자질이 있는가. 그것에 대한 나의 대답은 항상 '아니'였다.

고민 끝에 어느 날 프랑스 사람인 공베르 신부를 찾아가 심경을 털어놓으면서 '신부가 되기 싫다'는 내 의사를 밝혔다. 공베르 신부는 한참 동안 그윽한 눈빛으로 나를 쳐다보다가 입을 열었다. '신부는 되고 싶다고 해서 되는 게 아니고, 되기 싫다고 해서 안 되는 게 아니다'라고.

나는 두말 못하고 물러났으나, 신부가 될 것인가에 대한 내면적인 갈등은 그 뒤 일본유학(조치대학) 시절에도 줄기차게 계속됐다. 더구나 당시는 우리나라가 일본의 식민지가 되어 있던 때라 신부 쪽보다는 이 나라 독립을 위한 투쟁의 길이 훨씬 더 내 마음을 잡아끌었다.

어느 날 학교에서 나는 일본인 교수와 '일본의 식민지정책'을 놓고 열띤 토론을 벌인 적이 있었다. 우연히 그곳을 지나다가 토론을 들었던, 평소 존경하던 독일인 교수 게펠트 신부가 손짓해 나를 불렀다.

'너, 혁명가가 될래, 아니면 신부가 될래?'

'민족이 나를 필요로 한다면 항일투쟁에 나서야 한다고 생각합니다.'

'너는 역시 신부가 돼야 해.'

그러나 민족감정만은 어쩔 수 없었다.

1944년 학병으로 끌려가 사관후보생 훈련을 받을 때였다. 하루는 일본인 교관이 불러서 갔더니 '너는 조선인으로 전체 성적이 2등인데, 일본인에 대해 어떻게 생각하느냐'고 물었다. 마침 가슴 속에서 치솟아 오르는 분노를 억제치 못하고 있던 때라 나는 내 마음 속의 불덩이를 그대로 그 일본인 교관 앞에 쏟아놓고 말았다. 그것이 빌미가 되었던지 그 얼마 뒤 나는 사관후보생 자격을 박탈당한 채 일등병이 되어 동경 남쪽 치치지마(父島)로 쫓겨났다.

그러니까 그때까지도 나는 신부수업을 했으면서도, 신부가 무한한 동경의 대상이었으면서도 '신부가 되겠다'는 결정을 내리지 못하고 있었다. 해방 후에도 마찬가지였다. 귀국해 만나 뵌 대구 남산동(南山洞) 성당 장병화(張炳華: 마산교구 주교 역임, 1990년 선종) 신부님은 내게 결정적인 조언을 해주신 분이다. 신부로서는 부적당하다는 나의 고민을 듣고 난 장신부는 '바로 그 점, 그렇게 생각하고 있기 때문에 너는 신부 될 자격이 있는 것이고, 꼭 신부가 돼야 한다'는 것이었다.

지금 생각하면 어머니와 공베르 신부, 게펠트 신부, 그리고 장병화 주교는 내가 신부의 길을 택하도록 한 은인들이 아닌가 생각된다.

다음으로 여성 이야기를 해볼까 한다.

나는 두 번, 여성과 인연이 있을 뻔했다. 한 번은 일본유학 시절 친구가 자기 여동생과 결혼하지 않겠느냐는 권유를 한 일이 있고, 또 한 번은 해방 후 우연히 교회에서 만난 세 살 아래의 여인이었다.

첫 번째 여인은 별 고통 없이 사양했으나, 두 번째의 여인은 내가 거의 1년 동안 고민을 했다. 니체를 좋아한다는 이 여인은 이북에서 월남한 피난민으로, 정신적으로 내게 상당한 부담을 주면서 접근해 왔다. 신부가 될 것인가를 결정하지 않았던 때라 나는 많은 고민을 했다. 어쩌면 그 여인에게는 상처가 될 수도 있었고, 그보다는 내 스스로 '어떤 결정을 내려야 하느냐' 하는 기로에 빠져들었기 때문이다. 고민에 고민을 거듭한 끝에 나는 하나의 결론을 얻었다. '한 여성을 완전한 의미로 사랑해 줄 자신이 없다'는 것이었다. 그보다는 많은 사람에게 도움을 주는 일이 내게 주어진 길이라고 판단했던 것이다.

그리고 나는 신부가 됐다. 올해로써 신부가 된 지 30년이 되었다. 그 30년 동안 나는 무엇을 했는가. 30년의 연륜만큼 거룩하게 됐는가. 신부가 되기 전에 그랬듯이 여기에 대한 대답 역시 '아니'다. '거룩하게' 됐기보다는 오히려 때 묻은 30년이고, 그러기에 나는 지금도 무릎을 꿇고 엎드려 주님께 용서를 비는 것이다.

1831년, 이 나라 초대 교구장으로 부임한 프랑스 신부 브뤼기에르 주교는 조선에는 돈도 사람도 없고, 고난뿐인 나라라는 주변의 만류를 뿌리치고 이 땅에 발을 디뎠다.

그때 그는 말했다.

'결국 그것은 자기를 내주는 사랑이 없어서 나온 이야기다'

그로부터 150년이 지난 지금, 만일 그같은 상황이 내게 주어졌다면 나는 그같은 말을 할 수 있을까. 브뤼기에르 주교의 참사랑을 오늘 내가 삶의 지표로 삼고 싶은 것도 바로 이 때문이다. 오직 하느님이 나를 자유롭게 쓰실 수 있도록, 내가 신부서품을 받을 때처럼 내 마음을 비우는 작업을 끝없이 계속함으로써 나 자신을 하느님의 손에 맡기는 믿음을 지켜 가고 싶다.

내가 언제 어디서나 좋아하는 성 프란체스코의 〈평화를 구하는 기도〉를 외면서 내 이야기의 끝을 맺고자 한다.

나를 당신의 도구로 써주소서
미움이 있는 곳에 사랑을
다툼이 있는 곳에 용서를
분열이 있는 곳에 일치를
의혹이 있는 곳에 신앙을
그릇됨이 있는 곳에 진리를
절망이 있는 곳에 희망을
어두움에 빛을
슬픔이 있는 곳에 기쁨을 가져오는 자 되게 하소서
위로받기보다는 위로하고
이해받기보다는 이해하며
사랑받기보다는 사랑하게 하여 주소서
우리는 줌으로써 받고 용서함으로써 용서받으며
자기를 버리고 죽음으로써 영생을 얻기 때문입니다

《중앙일보》 1981년 9월 22일

역사의 등불이 되자

대담 · **김희진**

신앙대회를 갖게 된 목적은, 오늘을 사는 우리들이 순교선열
들의 얼을 이어받아 어떻게 하면 우리 사회와 역사 속에서
믿음과 희망, 그리고 생의 등불을 밝혀나갈 수 있을 것인가를
다짐하려는 것입니다.

김희진(이하 김희) 몇 시간 뒤면 조선교구 설정 150주년 기념 신앙
대회가 시작됩니다. 가톨릭이 우리나라에 들어온 지는 약 200년, 정
확히 말하면 197년이 됩니다만, 우리나라에 전래된 경위는 세계 선
교사상(宣敎史上) 유례가 없는 일이라고 흔히 말하고 있습니다. 우
리나라의 경우 유례 없다는 것은 무엇을 뜻하며, 신앙대회의 의의
는 어떤 것입니까.

김수환 추기경(이하 김) 세계적으로 유례 없는 일이라고 말하는 이
유는, 하느님의 복음이 다른 나라의 경우에는 어느 나라나 선교사

를 통해 들어갔습니다만, 우리나라의 경우는 우리 선조들 스스로의 힘과 믿음으로 들어왔었다고 하는 점에서 종교사적으로 유례 없는 일이기 때문입니다.

또 하나의 특색은 우리 교회가 설립되면서부터 박해가 심했다는 사실입니다. 그 박해는 당시 조정의 기본정책으로 본다면 말살정책이었다고 할 수 있었죠. 남녀노소를 가릴 것 없이 1만여 명이나 되는 수많은 신도들이 피를 흘리고 목숨을 바쳤다고 하는 사실은 근대에 들어서는 유래 없는 대수난이었습니다. 신학자이며 교부(敎父)이신 테르툴리아누스께서 말씀하신 ‘순교자의 피는 신자의 씨다’라는 표현 그대로 한 사람의 신자가 순교하면 2명의 신자가 늘어나고, 2명의 신자가 순교하면 4명의 신자가 늘어나서 천주교 말살정책에 가까운 박해에도 불구하고 오히려 이 땅의 교회는 더욱더 번성해 갔고, 그에 따라 믿음도 그만큼 성숙돼 갔던 것입니다.

한국교회사를 한마디로 말하면 바로 예수님의 수난과 부활에 아주 깊이 참여한 교회라고 할 수 있습니다. 이것은 믿음의 측면에서 본다 하더라도 참으로 의미 깊은 일이라 생각됩니다. 죽음을 이기고 부활한 교회의 생명력이 우리 역사를 통해서 실증적으로 드러나게 된 것이라고 볼 수 있다는 것이죠. 오늘 조선교구 창설 150주년을 기념해서 신앙대회를 갖게 된 목적도 우리의 빛나는 교회사와 순교선열들의 얼을 기리고 기념하는 측면도 있습니다만, 다른 측면으로는 오늘을 사는 우리들이 순교선열들의 얼을 이어받아서 어떻게 하면 우리 사회와 역사 속에서 믿음과 희망, 그리고 생(生)의 등불을 밝혀나갈 수 있을 것인가를 다짐해 보기 위한 것입니다.

그렇기 때문에 우리는 다만 과거를 회상하는 모임이 될 뿐 아니라, 이 대회를 통해서 민족사(民族史) 안에서 구원과 믿음의 구실을 하는 모임이 되어야 하지 않겠느냐는 생각입니다. 잘 아시다시피 우리는 남북으로 분단되어 있기 때문에 우리 민족의 자주적이고 평화적인 통일을 염원하고 있습니다만, 언제 어떻게 통일이 이루어질는지는 까마득하기만 합니다.

그런데 국토 분단의 현실에 영향을 받았기 때문인지는 모르지만, 우리 사회 안에도 어떤 의미의 분단적인 상황이 각계각층에 심화되어 가고 있다고 생각됩니다. 가령 가진 자와 못 가진 자 사이라든지, 기업주와 피고용인 사이에서, 또는 대학교수와 학생 사이, 심지어는 가정에서까지 어느 의미로는 넘을 수 없는 분단의 강이 흐르고 있다고 생각됩니다.

이 시점에서 우리 사회를 갈라놓고 있는 분단의 강을 넘어서 누군가가 평화와 화합의 다리를 놓아주어야 할 것입니다.

이런 현실 속에서 우리 신자들로서는 사람과 사람 사이에 피어나는 사랑과 일치, 화합의 정신을 본받고 순교선열들의 얼을 이어받아 뭔가 보람 있는 일을 모색해 보아야겠다는 취지와 함께 민족사 안에서 우리의 다짐을 확립하려는 목적에서 오늘 대회를 개최하게 된 것입니다. '평화가 우리와 함께'란 캐치프레이즈는 가톨릭 신자만이 아니라 우리 사회, 우리 민족 모두가 함께 모여서 대화합의 전기(轉機)를 가져보자는 데에 뜻이 있다는 말입니다.

김희 유럽의 문예부흥 이후 인류의 문화는 인본주의적인 경향이 짙어지면서 물질문명이 크게 발달했습니다. 그 반면에 정신세계, 특히 종교의 영향력이나 개개인의 신앙심은 일반적으로 약화되어 가고 있다고 생각됩니다. 그러나 우리나라에서는 가톨릭을 중심으로 교세가 크게 늘어나고 있으며 신심이 두터운 사람들이 많습니다. 대체적으로 서구인들의 종교, 즉 기독교에 대한 열기가 식어들고 있는 추세에 비교해 보면, 우리나라 교인들은 매우 열성적이라고 생각됩니다. 그 원인은 어디에 있다고 생각하십니까.

김 그런 측면에서 크게 본다면 우리나라도 마찬가지 처지가 아닐까 생각됩니다. 그러나 우리나라 종교계에 어떤 의미로는 열기가 있는 것도 사실입니다.

그 원인을 종교적인 관점에서 본다면 물질문명이 발달된 서구보다 우리나라에서 성령께서 사람과 일하심이 성(盛)하고 있다고 생각됩니다. 즉 다시 말씀드리면 우리나라가 서구보다 성령께서 일하실 수 있는 여건이 조성되어 있다는 얘기죠. 한편 이것을 인간적인 측면에서 본다면 오늘의 정치경제적인 현상들이 불안정하기 때문에 정신적 불안이 더욱더 성령을 찾게 하는 것이 아닐까 생각됩니다. 사람은 현실적으로 무언가를 믿고 의지하면서 살아가야 하는데, 현재 그럴 만한 대상이 없습니다. 그런데 이 불안이라는 것을 좀 더 깊이 생각해 보면, 그건 인간에게 주어진 실존적 불안이라고 생각됩니다.

사람에게는 마음 속 깊이 자기가 현실에서 찾지 못하는 숭고하고 영원한, 그리고 무한한 것을 끊임없이 추구하는 본성이 있습니다. 그래서 인간들은 우리가 흔히 말하는 덧없는 현실, 허무한 세상을 살아가면서, 그 속에서 아무것도 발견하지 못하기 때문에 불안스러워합니다. 인간에게는 실존적 고독이 필연적으로 내재하게 마련이라는 말이죠. 어느 의미로는 인간의 본성이 영원한 신비와 생명을 찾고 있다고 말할 수 있습니다.

어느 가톨릭 사상가의 표현을 빌리면 인간은 빵과 집 없이도 살 수 있고 사랑 없이도 살 수 있지만 신비 없이는 살 수 없다고 합니다. 이같은 실존적인 문제가 인간으로 하여금 하느님께로 귀의하게 하는 것이 아닐까 생각됩니다.

한국적인 현실문제는 더욱 더 하느님을 찾게 되는 현실적인 동기가 될지 모르겠습니다만, 깊은 차원에서 생각한다면 인간 본성 자체가 가지고 있는 실존적인 문제를 해결하려면 결국 하느님을 찾을 수밖에 없을 것입니다.

김희 같은 맥락의 얘기가 되겠습니다만, 인본주의 또는 물질 위주의 사조 때문인지 세계적으로 성직자, 수도자, 특히 사제성소(司祭聖召)가 줄어들고 있지 않나 걱정됩니다. 또 우리 현실로 보아도 사제가 부족한 형편입니다. 이 문제와 관련해서 가톨릭 사제의 독신제(獨身制)에 대해 비판이 있는 모양입니다만, 추기경께서는 어떻게 생각하고 계십니까.

김 일반적으로 생각할 때 독신제라는 것은 쉬운 일이 아닙니다. 그러나 사제, 즉 신부들의 수가 세계적으로 줄어드는 현상은 사제 독신제 때문이 아니죠. 서구의 추세를 보면, 결혼을 허용하고 있는 개신교 계통의 목사들의 수가 오히려 가톨릭 성직자의 수보다 더 줄어들고 있다는 사실을 보아도 확실히 알 수 있습니다. 그러니까 독신제 때문에 성직자 수가 줄어들고 있다는 말은 성립될 수 없는 것입니다. 사제결혼 문제는 자칫 잘못하면 성직자로서 속세의 물질주의나 자기중심적인 이기주의에 빠져들게 할 위험성이 있습니다. 성경 말씀대로 성직자는 하느님 나라에 스스로를 바치기 위해서 독신으로 있습니다.

성직자수를 늘리기 위해서 사제들의 결혼문제를 거론하는 등의 사고는 이참에 없어져야 한다고 생각합니다.

하느님의 나라라고 하는 것은, 결국은 하느님과 인간의 관계와 인간 서로의 관계가 모두 다 창조적인 사랑에서 비롯된다는 사실입니다. 예수 그리스도께서는 모든 인간과의 창조적인 사랑을 구축하시기 위해서 결혼을 하시지 않았습니다. 그분께서 인간 가족, 사랑의 가족을 형성하기 위해서 몸과 마음을 모두 바치셨듯이, 지금도 이 세상에서 자신의 몸과 마음을 바치면서 살아가는 사람들이 필요하다고 생각됩니다.

김희 추기경께서 사제가 되신 지는 퍽 오래인 줄 알고 있습니다만, 사제가 되신 동기와 사제생활을 통해서 가장 보람 있었던 일, 그리고 가장 괴로우셨던 일은 무엇이었습니까. 또 지난 생활을 되돌아보실 때 스스로를 어떻게 평가하고 계십니까.

김 지난 9일로 제가 사제생활을 시작한 지 만 30년이 되었습니다. 지난 30년을 되돌아볼 때 제가 처음 신부가 되었을 때 품었던 그날의 순수했던 마음과 이상에 견주어 그 동안 하느님께 정말로 몸과 마음을 바쳐 진실한 신앙생활을 해왔느냐고 자문해 보면, 보람보다는 오히려 후회가 많고, 소임을 다하지 못한 데 대한 자책이 앞설 따름입니다. 제가 신부가 된 동기로는 제 어머님의 권유가 가장 그 영향이 컸었다고 생각됩니다.

저는 원래 큰 포부를 갖지 않았었고, 초가삼간이나 지어 홀로 되신 어머님을 모시고 남들처럼 처자를 거느리며 평범하게 한 세상을 살아갈 생각이었습니다. 그런데 어머니께서는 제가 국민학교를 다닐 때부터 신부가 되라고 누누이 권하셨습니다. 어머니의 뜻을 거역할 수 없어 소신학교(小神學校)에 입학해서 신부가 되기까지 18년이란 세월이 흘렀습니다.

18년이란 세월을 돌이켜보면 나 스스로 신부가 되고 싶다는 생각을 해본 적도 있었습니다만, 그보다는 늘 나 자신이 신부가 될 자격이 있을까 하는 회의가 더욱 많았었습니다. 과연 하느님이 나를 어디로 부르실 것인가 하는 문제였지요.

그러나 회의에 빠질 때마다 주변의 신부님들께서 신부가 되어야 한다고 격려를 해주셔서 결국 신부의 길을 택하고 말았습니다. 신부가 되던 날, 신부가 되는 예식의 하나로 길게 마룻바닥에 엎드려 있었던 바로 그 순간에 하느님의 부르심이 인자하셨다는 생각이 들었습니다.

신부의 보람들을 손꼽아본다면, 첫째로 신자들과 희로애락을 나누며 가깝게 호흡하던 것이라고 생각됩니다. 신부란 저같이 주교가 되고 교구장이 된다고 해서 보람이 있는 것이 아닙니다. 이들 직함이란 단지 행정직에 불과하기 때문이죠. 일선교회의 신부시절이 저에게는 가장 보람에 찬 시간이었다고 생각됩니다.

그 다음에는 제가 대구교구에서 가톨릭시보사 사장으로 일했을 때 보람을 느꼈습니다. 2년 동안 사장뿐 아니라 편집장이나 기자일까지 거들면서 열심히 일했었지요. 지금도 그때의 추억이 새롭기만 합니다.

그리고 셋째로는 대구교도소와 시립희망원을 방문하면서, 우리 사회에서 소외당하고 있는 그들에게 삶의 희망을 불어넣어 주고 격려해 주는 일들이 보람찼었다고 생각됩니다. 그때 저는 며칠이 되든 몇 달이 되든 불우한 처지에 있는 그들과 기거를 함께 하면서 생활하고 싶은 충동을 자꾸 느꼈습니다.

그러면서도 과연 그들 속에 들어가서 그들에게 무엇을 도와주고 어떻게 생활할 수 있을 것인가를 생각하다가, 나의 능력과 의지를 시험해 볼 양으로 실행할 계획을 짜고 있었는데, 그때 마산교구장으로 발령이 나서 실천에 옮기지 못하고 말았습니다. 이것은 하나의 꿈 같은 얘기가 될는지도 모르겠습니다만, 만약 지금이라도 교회에서 허락만 해준다면 가난하고 불우한 사람들 속에 들어가서 생활하고 싶은 것이 저의 간절한 소망입니다. 그들과 함께 동고동락하면서 생활하는 것이 인생의 크나큰 보람이 되지 않을까 생각됩니다.

김희 순서가 바뀌었습니다만, 가톨릭은 물론이고 일부 개신교에서도 일치를 위한 운동이 활발하게 전개되고 있습니다. 기독교의 일치운동에 대한 전망을 어떻게 보십니까.

김 기독교의 일치운동은 현실적으로 우리에게 주어진 중대한 과제라고 생각됩니다. 예수님께서 소망하신 것이 모든 사람에게 복음을 전하는 것이었습니다. 이때 '모든'이란 말뜻은 온 세계, 모든 인류를 가리키는 말입니다. 예수님의 숭고하신 뜻대로 모든 사람이 일치되어야 할 것인데, 불행히도 부덕한 인간의 탓으로 기독교 내에서마저 여러 교파로 갈라져 있는 실정입니다. 기독교 일치운동은 우리나라와 같은 여건 속에서는 어려운 면이 많습니다. 그러나 세계적으로는 신학자들이 신학이론으로 이 운동을 적극 추진하고 있습니다. 가톨릭이건 개신교건 간에 모두가 그리스도의 사랑을 바탕으로 해서, 교회가 그 자체를 위한 교회가 아니라 세상을 위하고 남을 위하는 교회가 되어야 합니다. 더 나은 세계를 위해 우리 모두가 호양(互讓)의 정신으로 서로의 인격을 존중해 주고, 그리고 신학적 접근과 대화를 통해서 점진적으로 노력해 나간다면 외양적인 일치보다 언젠가는 '그리스도 안에서 하나'라는 믿음 속의 일치가 이루어지리라고 생각됩니다. 그러나 그 시기는 예견할 수 없을 정도로 오랜 기간이 걸리리라고 봅니다.

김희 추기경님께서는 성탄 메시지라든가 부활절 메시지 등을 통해서 우리시대의 비인간화 현상을 여러 차례 지적하시고, 이를 믿음을 통해서 극복하자고 말씀하셨습니다. 그런데, 세상 사람들의 편에서 보자면 이렇습니다. 이런 상황에서도 하느님은 계시냐, 하느님은 어느 편이냐……

김 정의보다 불의가 승리하고 정의로운 사람보다 부정한 사람이 이길 때 하느님은 어디 계시냐, 하느님은 과연 정의의 편이냐 하고 외치는 것은 이해가 갑니다. 그러나 하느님은 어디 계시냐는 그 외침 속에는 이미 하느님을 찾는 진실한 마음이 자리하고 있다고 봅니다. 그들은 하느님과 더 깊이 만나기를 바라는 것이죠. 시련이 없다면 어떻게 극복이 있을 수 있겠습니까. 상식적으로는 고통 받는 사람이 가장 불행한 사람이고, 교도소의 사형수 같은 사람이 불쌍한 사람이죠. 그러나 불쌍하다고 생각되는 그들 사형수나 무기수들 가운데서, 마음 속으로는 어느 누구보다도 많은 자유를 누리는 경우를 저는 가끔 보았습니다. 반대로 법률적으로는 분명히 자유도 있고 돈·명예·지위를 다 가지고 있으면서도 마음이 완전히 무엇인가에 사로잡혀 있는 노예 같은 사람도 우리는 봅니다. 자유는 근본적으로는 선과 악을 선택할 수 있는 선택의 능력입니다. 어떤 사람이 악을 선인 줄 알고 선택했을 경우, 또 악을 악인 줄 안 뒤에도 계속 선택했을 경우, 그 사람은 계속해서 자유를 잃다가 결국 노예가 될 것입니다. 물론 물질적 풍요는 있을 수 있겠죠. 그러나 반면에 그 사람이 선을 선택했을 경우, 한때의 어려움은 있을지라도 계속해서 자유롭고 인간다워지고 풍요로워질 것입니다. 자유롭게 자유를 찾아가면서 사는 삶이야말로 바로 정의로운 삶이죠.

　　김희 추기경께서 가장 정의롭게 산 사람을 든다면 어떤 사람을 들겠습니까.

　　김 예수 그리스도죠.

　　김희 바쁘신데 고맙습니다. 150주년 기념 신앙대회가 뜻있는 결실을 가져오기를 빌겠습니다.

《한국경제신문》 1981년 10월 18일

여성과 종교

대담 · 강은교

성경에서 말한 아담과 이브의 얘기는 상당히 상징적인 의미가 있어요. 남자와 여자가 한 몸에서 나왔다. 남성과 여성이 사랑할 때도, 이 사람은 바로 내 몸이다, 라고 생각할 때, 그 사랑이 완전한 것 아니겠어요. 그러니까 여성들이 아담의 옆구리에서 이브가 나왔다는, 나온 장소 때문에 너무 신경을 쓰는 것 같은데, 옆구리라는 것이 뭐냐, 옆에 있다, 이것이 뭐겠어요. 동반자가 아니겠어요. 생의 동반자, 늘 함께 있어야 하는 사람……

강은교(이하 **강**) 이번에 조선교구 설정 150주년을 맞아, 이렇게 중요한 해에, 여의도에서는 80만 신도가 모였다고요.

김수환 추기경(이하 **김**) 그날 오셨나요?

강 가지는 못하고요. 전날 미사를 보고, 그날은 텔레비전 중계를 보았어요. 신문에서는 가톨릭의 저력 같은 것을 느꼈다고 하던데, 정말 대단하더군요.

김 그런 행사가 뭐 세력확장을 위한 것은 아니고요, 그런 게 필요해요. 서울 신자들은 물론이고, 시골 신자들은 수가 적잖아요. 신앙생활을 하는 데 지방에서는 소수의 콤플렉스 같은 것을 가지고 있어요. 그런 사람들에게는 이런 모임이 신앙생활에 많은 도움이 되는 것 같아요. 물론 그런 의미도 하나 있겠고, 우리가 금년에 150주년을 기념하면서 이 행사를 계기로 우리에게 오늘의 이 신앙을 전해주신 순교선열의 얼을 기리고, 그런 가운데 우리 자신의 신앙생활을 반성도 하고, 이 사회 속에서 참된 신앙인으로서 어떻게 '공동선'을 위해 이바지할 수 있는가, 이런 것을 다짐해 보자는 거죠. 오늘날 사회상황에서는 어떤 가치관의 결여라고 할까, 가치관의 혼돈에서 오는 정신적 공백에 가까운 것에 처하게 되고, 심각한 경우에는 인간으로서 삶의 의미까지도 묻게 되나 그 해답을 얻지 못해서, 요즘 신문에서 많이 보듯 젊은이들 가운데 조그만 일에도 고통을 이겨내지 못해 자살하는 경우도 있잖아요.

강 요즘 특히 많은 것 같더군요.

김 모든 이에게, 모든 일에서 같은 깊이로 파고들지는 못하지만, 이런 사회에서 희망의 등불을 밝혀보자 하는 뜻을 가진 거죠.

강 올해는 정말 축복의 해인 것 같은데요, 그런 만큼 신도는 물론, 교회로서도 반성해야 되는 그런 해가 아닌가 싶어요. 상식적인 이야기지만, 하느님이 맨 처음 지구를 창조하실 때는 순결한 세상, 죄가 없는 세상을 창조하셨잖아요. 얼마 지나 질병·고통, 이런 것들이 생겼고, 그래서 예수님을 보내셨는데도 결국 2천 년 동안 계속되어 오면서 인간은 고통과 질병의 지구를 건설해 왔다, 이렇게 볼 수 있는데, 그런 것이 비인간적인 요소에 의한 것 아니겠어요? 사회가 비인간적인 것은 그렇다 치고라도 교회 안에도 비인간적 요소, 비민주적 요소가 많은 것 같아요. 신교보다 구교는 그게 더

하잖아요. 예를 들면 중앙집권적인 요소나, 관료적 층이 두껍다든가…… 지나치게 의식을 존중하다 보니 말예요.

김 교회의 제도적 문제점이 오늘날 교회 자체의 비인간화를 가져오지 않았나, 이런 말씀인 것 같은데요. 민주적이라는 말은 좁은 의미에서는 정치적 민주주의를 말하는데, 교회는 분명히 그런 의미의 민주주의는 아니에요. 예를 들어서 제가 서울 교구장인데, 교구장은 신도의 선출에 의해서 되지는 않아요. 상부의 임명에 따라서 되는 거죠. 이것은 신앙적 바탕을 두고 있어요. 예수님이 사도들에게 하신 말씀 중에서 '너희가 나를 뽑지 않고, 내가 너희를 뽑는다'는 말이 있죠. 교회는 체질적으로 그런 의미의 민주주의는 될 수 없어요. 교회는 그리스도로부터 비롯된 것이지 사람들이 만들어낸 것이 아니거든요. 이런 의미가 아니고, 강선생님 말씀이, 교회도 사람들을 위해 있는 것이 아니냐, 이런 의미라면 거기에는 우리가 해당되죠. 믿음의 단체로서의 교회, 그럴 때는 저도 그렇고 우리 신도들도 그렇고, 남에게 봉사하고, 백성을 위해서 봉사하는 것에 존재 이유가 있죠. 그 점에서는 우리가 무척 반성해야 되죠.

그런데 이게, 그런데…… 극단적으로 말해서 입으로는 봉사를 말하며 봉사하지 않고, 입으로는 사랑을 설교하며 사랑하지 않고…… 언제나 부족하죠. 솔직히 말해서 언제나 부족합니다.

강 제가 괜한 말씀을 드렸나봅니다. 화제를 돌리죠. 우리가 살아가는 문제 중에서 현실적인 문제로 심각한 것이 경제문제인데요, 성경에서도 경제에 관한 구절이 많이 나오잖아요. 역대 교황의 칙서나 문서를 봐도 경제문제에 관한 언급이 현대에 오면서 특히 많아지고 있는데요, '당신이 가진 부(富)가 당신의 것이 아니고 잠시 가진 것, 하느님에게서 위탁받은 것이다' 하는 내용도 있어 인상적이었어요. 말하자면 사회적 부와 개인의 부의 관계가 현대에 와서 중요해지는 것 같아요.

김 저 담배 좀 피워도 되나요?

강 네, 좋습니다. 세계적으로 보아도 후진국에 대한 선진국의 착취, 절대빈곤, 이런 문제가 매우 심각한 것 같은데요, 오늘날 가톨릭의 경제관은 어떤 것일까요.

김 부의 공정한 분배를 통한 사회정의를 말하는 건데, 문제는 인간을 어떻게 보느냐예요. 아까도 말씀드렸지만 교회도 인간을 위해서 있다, 또 경제도 인간을 위해서 있다, 경제의 근본 바탕이 인간에 대한 사랑이 된다면, 그게 경제인들의 머리 속에 다 들어간다면, 글쎄 언제 그렇게 될지는 모르겠습니다만, 그렇게만 된다면 남북문제라든가, 노사문제라든가 이런 것이 모두 해결될 거예요.

강 결국 사랑의 정신이 빠졌기 때문에, 즉 물질이 너무 거대해짐으로 해서 그리스도 정신이 없어졌기 때문에 그런 일이 일어나겠죠.

김 재물 자체는 좋은 것인데, 재물이 사람을 위해서 있는 것이 아니고 재물 자체가 목적이 된다 이거죠. 서구 같은 풍요한 사회를 보면, 오히려 풍요 속에서 인간의 고독, 생의 공허를 많이 느껴요. 제가 작년에 독일에 갔을 때 한 젊은이가 이렇게 묻더군요. '이런 풍요 속에서도 왜 인간에게 고통이 있어야 되느냐'고요. 말하자면 이들은 고통이 있다는 그 사실을 못 받아들이는 거예요.

강 본말(本末)이 뒤바뀐 거군요. 그런데, 기독교가 지금은 세계적인 종교 아니겠어요. 이것을 다른 말로 하면 선진공업국의 이익을 대변해 왔다 하는 얘긴데요, 이러다 보니 자기 나라의 주체성을 살리자 하는 뜻에서 아프리카의 케냐에서는 그리스도의 얼굴을 흑인으로, 또 어떤 분은 그리스도의 얼굴을 삿갓 쓴 도인으로 그려놓기도 하시더군요. 이것은 기독교의 토착화·민족주의화라고 할 수 있겠는데요, 우리 상황에서 바로 그런 기독교의 토착화나 민족주의화는 어떻게 실천할 수 있을까요.

김 글쎄, 토착화를 위해서 그리스도를 흑인으로 그리거나, 삿갓을 씌우는 것도 좋겠지만, 진정한 토착화를 위해서는 교회가 사회에 육화(肉化)되어 들어가야 해요. 그 사회에 몸을 취해 들어가야 한다 이거죠. 그리스도가 사람과 일치되고자 사람이 되어 오신 것을 육화라고 하는데, 교회가 자기가 놓인 사회 속에 그 육화를 연장시키는 거예요. 그만큼 사회 속의 사람들과 같이 느끼고, 같이 슬퍼해야죠. 마음의 토착화가 이루어지지 않은 오늘날, 아까 말한 대로 삿갓을 씌운 그리스도를 우리나라 사람들에게 보인다면 '아, 우리의 예수님이다' 하고 공감하겠어요? 민족주의라는 것이 민족의 고유한 의미, 민족의 장점을 살리는 면은 있어야 되지만, 주의라는 말이 들어가면 왜 조금 폐쇄되어 있는 것 같지 않습니까?

강 네, 조금 경직된 느낌을 주죠.

김 그런 의미라면 난 오히려 피해야 되리라고 봐요.

강 그렇겠죠. 그리스도의 정신은 무한히 넓은 것이니까요.

김 뿐만 아니라 우리 민족을 위해서도 어떤 국수주의적인 민족주의, 배타적인 민족주의는 안 돼요. 열린 민족주의, 세계 속에 숨쉬는 민족주의를 찾아야 돼요.

강 《주부생활》이 여성지라서가 아니라 여자와 남자의 문제, 이런 것도 중요한 것 같은데요, 이탈리아의 저널리스트 오리아나 팔라치(Oriana Fallaci: 1929~2006. 최초의 종군 여기자이며, 세계 각국의 권력자들에 대한 공격적인 인터뷰로도 유명하다)라고 있죠?

김 그래요. 난 이름만 들었지 잘 모르겠는데……

강 유명한 여자예요. 밍크코트를 의자에 던져놓고 다니는, 굉장히 돈 많이 버는 저널리스트죠. 그 사람이 이런 얘기를 했어요. '창세기에 아담의 갈비뼈로 이브를 만들었다, 이것은 남성문화의 복선적인 신화다' 하는 얘기를요. 아담과 이브의 얘기를 신화로 일축해버리는 여권 운동가들의 얘기는 어딘가 무리도 있는 것 같지만 공감되는 부분도 있거든요.

김 인간에게 남성과 여성이 있다는 것, 이것은 확실하죠? 인간이란 것이 남성만도 아니고 여성만도 아니고, 그리고 인간이 인간다워지려면 이 양성이 조화를 이루어야 하고, 조화를 이룬다는 것이 꼭 양성이 같다는 얘기는 아니죠? 남성의 특유한 점, 여성의 특유한 점을 만일 제가 표현한다면 남성은 머리, 여성은 마음, 이럴 거예요. 여기서 마음이 더 높으냐, 머리가 더 높으냐를 가리기는 어렵죠. 물론 위치상으로는 머리가 더 위에 있지만, 그 가치로 따질 때 어느 것이 위인지 가릴 수는 없어요. 마음 없는 머리, 머리 없는 마음은 생각할 수 없죠. 그렇게 보면 아까 성경에서 말한 아담과 이브의 얘기, 이건 상당히 상정적인 의미가 있어요. 남자와 여자가 한 몸에서 나왔다. 남성과 여성이 사랑할 때도 이 사람은 바로 내 몸이다, 라고 생각할 때, 그 사랑이 완전한 것 아니겠어요. 그러니까 여성들이 그 장소 때문에, 나온 장소 때문에 너무 신경을 쓰는 것 같은데, 옆구리라는 것이 뭐냐, 옆에 있다, 이것이 뭐겠어요. 동반자 아니겠어요. 생의 동반차, 늘 함께 있어야 하는 사람, 그렇게 해석할 때 이것은 굉장히 아름다운 상징이죠.

강 그것이 정통적인 생각이었죠. 지금도 그렇고요.

김 그러면 여성이 동반자 되기도 포기하고, 독립되기를 원합니까?

강 글쎄요.(웃음) 그 갈비뼈 사상에서 어떤 동반자적인 것보다는, 오리아나 팔라치의 말대로 남성문화적인 것을 느끼게 되거든요.

김 그래, 그런 사람들의 성서 해석은 원래대로의 것이 아니고, 바로 남성문화권에서 자라온 기독교의 견해에 따라 하는 말이죠.

강 그럴 수도 있겠죠. 그럼 추기경님이 제일 존경하시는 여성은 어느 분이신가요, 살아 있는 분 중에서.

김 테레사 수녀를 들 수 있겠죠. 그분은 특히 소외된 인간, (사회에서) 원치 않는 인간에 대해서 사랑을 가지시는 분이니까요. 요즘 사회에서 원치 않는 사람들이 많아요. 지체부자유아나, 가난한 이들이나, 심지어 노인들까지…… 부인 잡지니까 솔직히 말하겠는데, 요즘 부인들도 아이를 원치 않거든요.

강 하지만 그 산아제한이란 것이 있잖아요. 가톨릭에서는……

김 아, 네, 그걸 부인하는 건 아니에요. 하지만 어머니들의 심리에 자기의 모태에서 자라는 아이를 죽일 만한 마음이 되면, 아무리 경제가 발달해도 사랑의 뿌리를 근본적으로 말살하는 거예요. 이런 얘기 하면 저는 독신생활하니까 걱정 없이 남의 얘기 한다고 할지도 모르지만요,(웃음) 사실 우리 같은 사람은 인구문제에 이바지하는 거예요.(웃음) 독신생활하는 사람이 이런 것까지 얘기하는 것은 그렇겠지만, 부부에게 자녀의 수가 문제된다면 서로가 노력을 해서 필요할 때 절제를 지키는 거죠. 아내가 싫을 때 남편이 강요하지 말고…… 이 방면의 전문가들에게 들었는데, 부부의 사랑도 절제를 통해서 더 깊어진다고 해요. 내가 생각해도 그럴 것 같고요.(웃음) 인간이, 인간이라는 것이 뭐겠어요. '선'을 위해서 어려움을 극복해 가는 것이 인간적인 것 아니겠어요. 그런데 성의 문제는 인간이 자기 컨트롤을 못할 만큼 개방되었어요. 이것이 과연 인간적인 것이냐, 비인간적인 것이냐, 이런 성의 문제에서 파생되는 여러 가지 인구문제 등은 결국 비인간적인 방법으로 해결되고 있어요. 성이란 것이 가장 소중한 인간의 것, 서로 남녀가 신성하고 소중하게 주고받는 것인데 말이에요.

강 현실적으로 실천하기에는 그 절제의 한계가 애매하고 어렵지만, 바로 그런 관계가 이루어져야겠지요.

김 모르겠습니다.(웃음)

강 그러다 보니 결국 가치관의 타락이라는 문제가 사회의 각 방면에서, 문화·경제·정치 모든 면에서 제기되는데, 기독교의 할 일이 클 것 같아요.

김 나는 문학에 대해서는 잘 모르지만, 문학하는 분들도 인간의 실존적 문제에 대해 더 많은 생각을 하시는 분들이 아닌가 싶은데, 어떠세요?

강 네, 인간을 구원한다는 문제에서 보면 기독교나 문학이 같은 입장일 거예요. 문학이 감동을 줄 수 있었다면, 그건 정직하다는 것 때문 아니었나 싶어요. 이건 '자기'를 정직하게 인식한다는 얘긴데, 이때의 '자기'는 살고 있는 사회에서 역사적으로, 사회적으로 연결되어 있는 자기일 거예요. 현대문학이 지나치게 '소외' 문제만 다루다 보니 전부 부정적인 것이 마치 본질적인 것처럼 되었어요. 자기만이 아는 소리, 자기만의 밀실에 갇힌 사람들의 순간적인 부르짖음같이. 그렇게 변하다 보니 문학이 사람들에게 줄 공통적인 자리를 잃어버린 것 같아요. 제가 요즈음 생각한 것은 문학의 원시시대를 회복해야 되지 않겠나, 하는 것이에요. 옛날 노동요(勞動謠)를 보면, 다 같이 노래한다, 다 같이 얘기한다, 이런 것인데 공동체 의식이 감동으로 연결되어 많은 사람들에게 전달되어지는 과정이거든요. 문학이 이제 그런 것들을 회복해야 되지 않겠나 하는 생각이에요. 결국 작품으로 이것을 보여주어야 하는데, 그러려면 열심히 살아야 할 것 같아요.

김 정말 좋은 생각이시군요. 얼마 전 출옥한 시인이 나에게 와서 그러더군요. 그 안에서 자기를 극복하기 위해 기도도 해보고 좌선도 해보고 염불도 해보고 그랬는데, 나중에는 원수까지도 포함해서 모두 사랑할 수 있는 보편적 인간의 사랑, 그런 것을 갖게 되더라고. 그것이 성취되지 않는 한 삶의 의미는 없어진다, 그러더군요. 문학하는 사람들도 모든 인간과의 유대감 속에서 작업을 해야 되죠. 건투를 빕니다.

강 어려운 시간 내주셔서 정말 감사합니다.

《주부생활》 1981년 11월호

갇힌 예수와 해방하는 예수

인터뷰 · **조 만**

> 모든 인간은 자아 우상을 가지고 있다고 봅니다. 근본적으로
> 예수의 해방을 가로막고 있는 것은 그 예수에게 완전한 자리
> 를 비워주지 않는 자아가 아닌가, 만일 예수에게 자유를 드리
> 고 내 안에서 일할 수 있게 한다면, 해방하실 그분을 내 안에
> 서 해방시켜 드린다면 그것이 진정한 해방이 아닌가 해요.

고통 속에 버려져 있는 우리가 바로 예수

조만(이하 조) 성서에 보면 예수께서 '어린이 하나를 대접하는 것
이 나를 대접하는 것이다'라고 말씀하심으로써 어린이와 예수를 일
체화했다고 볼 수 있는데요, 오늘의 한국의 상황에서 우리는 예수
의 모습을 어디에다 일체화해야 할 것인가, 즉 예수 그리스도가 우
리의 역사 속에 계시다고 우리는 믿고 고백하는데, 역사 속에서 예
수의 모습은 어떠한 것이냐, 하는 점을 말씀해 주십시오.

김수환 추기경(이하 김) 쉬운 질문인 것 같지만, 그 문제에 대해서 대답하기는 어려울 것 같습니다. 제 경험을 하나 얘기하지요. 여러 해 전인데, 교회의식을 가진 여성 근로자가 자기가 일하는 공장에 대해서 쭉 얘기하는 것을 들었습니다. 대부분이 나이 어린 여공들이 열악한 작업 환경 속에서 엄청난 착취를 당하고 있는데, 자기들은 그 속에서 인간의 존엄성 따위는 전혀 의식하지 못하고 생활하고 있다는 거예요. 그러면서 자기 자신이 거기에서 일하는 것은 그들 속에 현존하는 예수님을 발견하기 위한 것인데, 도대체 그곳 어디에서 예수를 발견할 수 있느냐면서 저에게 말하기를, 자기가 때때로 생각하는 것은 자기에게 그런 것을 가르쳐 준 추기경님이나 신부님들은 다 바리새인들이라는 것이에요.(웃음) 자기들이 하지 못하는 것을 우리에게 하라고 한다면서 항의하는 식으로 물었어요.

그래 저는 뜨끔하기도 하고 뭐라고 얼른 답도 못했어요. 마침 그때 아주 가난한 사람들과 함께 생활하는 외국인 앤드류 신부님이 같이 계셨어요. 금년에 우리나라에 오신 테레사 수녀님과 같이, 캘커타에서 남자 수도회를 창설해서 이끄시는 분인데, 그에게 답을 하라고 했지요. 그가, 당신에게는 같이 일하는 여성 근로자들이 예수님이고, 여성 근로자들을 위해서는 당신이 바로 예수님이라고 했더니, 그 근로자가 가만히 생각하다가, '아 나는 거기까지는 생각을 못했다, 우리를 떠난 어떤 예수님, 우리를 그 자리에서 당장 해방시켜 주는 예수님을 찾았는데, 고통 속에 버려져 있는 우리가 바로 예수라고는 생각하지 못했다'고 말하면서 깊은 생각에 잠겼어요.

우리가 여러 가지 상황 속에서 예수를 찾는데, 그때마다 나를 해방시켜 주는 예수, 우리 사회를 해방시켜 주는 예수, 금방 정의를 이룩하는, 어떤 의미에서 승리하는 예수를 찾는데, 그 예수를 발견하지 못하는 데서 좌절하고 실망한다는 생각이 듭니다.

조 그 말씀에서 우리는 우리들의 현실 상황에서 예수를 파악할 때, 고난당하는 예수, 패배하는 예수를 발견해야 한다고 볼 수 있겠는데요. 그러면 무엇이 아직까지 예수를 고난당하게 만들고 아직까지도 예수를 패배하게 만드느냐, 유대 율법이나 로마의 법, 또는 정책이, 또 당시의 상황이 예수로 하여금 십자가를 지게 했고 십자가에서 죽게 하였다면, 그것은 그 한 번에 끝나지 않고 수없이 되풀이되어서, 우리 사회에서도 예수를 고난당하게 하고 패배하게 만드는데, 무엇이 예수를 그렇게 만들고 있다고 생각하십니까?

김 일반 사회, 교회까지 포함해서 세속적인 권력, 황금의 우상화, 율법주의 등이겠지요. 우리는 흔히 그 당시 예수를 십자가에 못박은 것은 권력층, 바리새파들이라고 말하는데, 오늘의 예수도 똑같은 그러한 '악의 세력' 때문에 못박히는 것이죠.

십자가에 매달리신 하느님

조 그렇게 십자가에서 죽어가며 고난받는 예수와 해방자인 예수의 정체 사이에는 어떤 관계가 있다고 보십니까?

김 이런 질문을 제기하면서 이야기할 수 있을 것 같습니다. 예수님이 선택한 제자들이 예수님의 정체를 알았느냐? 제자들이 기대하는 예수는, 역시 그 시대의 유대민족이 일반적으로 기대하던 예수, 자신들을 금방 로마의 예속에서 벗어나게 하는 예수로 기대하지 않았는가, 제자들이 오랫동안 함께 살면서도 그 예수를 정확하게 알아보지 못했다, 그것 때문에 결국은 예수께서 당신의 죽음이 눈앞에 왔다는 것을 알고 심각하게 번민하실 때에도, 제자들은 그 뜻을 알아듣지 못하고 '그런 일은 절대로 있어서는 안 된다'고 대표적으로 사도 베드로가 말했다든지 하는 모습을 볼 때, 예수의 정체는 제자들도 이해하지 못한 것 같습니다.

예수께서 수난을 당하시고 — 수난을 당하실 때는 제자들도 도망갔죠 — 부활하신 다음에도, 제자들이 부활하신 예수를 만나서 그 예수를 완전히 믿게 됐느냐, 예를 들어 예수께서 마지막 승천하던 때의 뜻있는 표현으로 '그들 가운데 아직도 믿지 않는 사람들이 있었다'는 말이 있습니다. 그러고 보면 부활하신 예수를 만나서 한편으로는 예수를 믿은 것 같으면서도 한편으로는 믿지 않은 제자들도 상당히 있었던 거죠.

그러던 제자들이 실제로 예수의 정체를 알게 되는 것은, 부활하시고 그가 약속하신 성령이 임하시고 성령을 받아 성령을 통해서 그들이 예수가 그리스도라는 것, 메시아라는 것을 깨닫고 믿게 된 때라고 봐야죠. 그 뒤 그들이 복음을 선포하게 되지요.

저는 이런 생각이 들어요. 그러면 그 제자들이 완전한 의미로 예수의 정체를 알게 되었겠는가, 그들이 예수를 확실히 파악하고 믿고 선포했지만, 그러나 예수의 정신을 완전히 안다는 것, 요즘 말할 때, 믿음의 차원에서 볼 때는 그것은 무한신비 자체인데, 그것을 인간이 지적으로 완전히 안다고 할 수는 없습니다. 결국 그들 자신이 예수의 이름으로 고난을 받을 때도 모든 사도들이 다 순교하지 않았습니까. 고난을 받은 그 시간에 예수를 더 깊이 깨닫지 않았겠는가, 예수가 왜 수난을 당하고 십자가를 짊어지고 죽음을 당해야 했는가를 더 알게 되지 않았겠는가 하는 생각이 들어요.

따라서 예수의 정체를 알지 못하는 이유 가운데 하나가 예수의 제자들뿐 아니라 오늘의 크리스천에게도 예수께 기대하는 것, 아까 말했지만 예수가 우리 사회에서 영광되게 나타나야 하고 강한 힘이 발휘되어야 하는데, 그렇지 않고 어떻게 보면 사람들이 보기에는 늘 불의한 세력이 득세하게 되고 정의로운 자는 억압당하는 것으로 보이죠. 이것은 예수에게서 나아가 신이 존재하느냐 하는 문제까지 되지요.

몰트만이 쓴 《십자가에 달리신 하느님》을 보면 인용한 작품이 하나 나오는데, 아우슈비츠에서 한 소년이 교수형을 당하는 것을 지켜보고 그때 누군가가 '하느님이 어디 계시냐' 하고 물으니까, 그 가운데 누군가가 '하느님은 저기 계시다, 목매어 달려 있는 저기에 하느님도 달려 있다'고 하는 말이 있지요.

몰트만이 인용한 엘리 비젤의 《Night》라는 이 작품은 《흑야》(黑夜)라는 제목으로 우리나라에서도 출판되었지요. 그런 의미의 십자가에 달리신 하느님을 볼 수 있는, 예수를 볼 수 있는 눈을 우리가 가졌느냐, 사도들에게 받아들여지기 힘들었던 것과 같이 오늘의 우리도 예수가 십자가에 달리신 것을 받아들이기 힘들어 하지 않는가, 예수가 상처입은 것을 우리가 받아들일 수 있는가, 예수가 말한 어린이는 단지 나이 어린 것을 말할 뿐 아니라 누군가 받쳐주지 않으면, 도와주지 않으면 혼자의 힘으로는 도저히 살아갈 수 없는 약한 자들, 버림받은 자들을 포함해서 한 말이 아닌가 싶어요.

그러면 예수가 그런 사람들과 자신을 일체화시켰다는 것은 우리가 바로 그 예수를 받아들일 수 있어야 한다는 것이죠. 그러나 또 하나 예수의 정체가 오늘도 드러나지 않는 것은 이른바 믿는 자들인 우리만 해도 옛날의 제자들과 마찬가지로 그런 예수의 정체를 우리가 받아들일 수 없기 때문이거든요.

네덜란드 신부님(헨리 나우웬)이 쓴 《*Wounded Healer*》— '상처받은 치유자'라는 뜻이죠 — 그 책 맨 마지막 장에 유대에 전해 내려오는 일화가 하나 나옵니다. 어느 랍비가 엘리야에게 가서 '메시아가 언제 옵니까' 하고 물었더니, 엘리야가 말하기를 '네가 직접 가서 물어봐라. 저기 성문에 가면 거지떼가 있다. 거기에는 모든 거지들이 자기의 상처를 감은 붕대를 풀었다 감았다 하고 있는데, 그 가운데 하나가 다른 거지들과는 달리 자기 상처의 어떤 부분만을 풀었다가 감곤 한다, 자기도 다른 이들과 똑같이 상처입은 사람인데. 그 이유는 어느 순간이든지 남이 나를 필요로 할 때 그에게 도움을 줄 수 있는 시간을 가지기 위해서 그렇게 하는 것이다. 그가 바로 메시아다'라고 하는 이야기예요.

오늘 우리는 어떤 의미에서는 모두 다 상처를 입었어요. 이 사람은 이렇게, 저 사람은 저렇게, 그리고 너도 나도 상처를 드러내요. 그리고 모두 다 치유받기를 원하죠. 그런데 만일 우리 가운데 누군가가 자기도 상처입었고, 고통당하고, 소외되어 있고, 억눌려 있으면서도 자기 자신을 생각하는 것이 아니라 늘 남을 생각하는 마음을 가지고 있다고 할 때에, 그러한 사람이야말로 뭔가 참다운 해방을 가져오는 사람이 아니냐 하는 것이죠.

해방은 약한 자와 자신을 일치시킨 때

조 결국 우리 사회에서 해방하시는 예수 그리스도, 눌린 자, 빼앗긴 자들과 같이 하시는, 그들로 나타나는 예수 그리스도께서 오늘의 우리에게 주시는 해방의 말씀의 내용은, 그들과 그리스도를 믿는 우리들 사이에 일체화를 발견해야 한다는 것으로 해석하면 되겠습니까?

김 예, 그렇습니다. 한국교회의 모습이 수적으로나 양적으로 강한 교회보다는, 즉 승리하는 교회의 이미지보다는 자기 스스로도 약하고 늘 약한 자와 자기 자신을 일치시킬 만큼 열려 있을 때, 확실히 많은 이에게 해방과 희망을 줄 수 있겠지요.

조 그런 면에서라면 가톨릭은 어떨지 모르겠습니다만, 개신교의 경우 '70년대 이후 교회의 급격한 성장을 가져왔습니다. 그 증가라는 것이 지금 추기경님께서 말씀하신 대로 상처받은 사람들과 일체화된 모습으로서 그리스도를 파악하는 사람들의 수가 아니라, 이것은 완전히 하느님께 제물을 드리고, 제사를 지내고, 내 아픔의 상처를 치유받으려고 하는 사람들의 수만 증가한다고 하는 진단이 되어지는데요. 오늘의 현실에서 하느님께서는 제사를 원하는 것인가, 아니면 상처받은 사람들에게 나를 일체화시켜서 하느님의 의가 펼쳐지는 모습을 원하시는 것인지 하는 문제가 개신교의 경우 교회의 현상으로 심각합니다. 추기경님께서는 이 문제를 어떻게 생각하시는지요?

김 음, 그 문제는 늘 있는 것이지요. 특히 오늘날 한국교회 안에서 그것이 수적인 팽창 때문에 두드러지는 것같이 느껴질 수도 있겠습니다. 물론 하느님 스스로 '내가 원하는 것은 제사가 아니고 자비다'라고 말씀하셨지요.

그런데 저는 교회에 나오는 모든 사람들이 일률적으로 이기적이고, 기복적(祈福的)이라고 판정하는 것은 보류하고 싶어요. 왜냐하면 나도 그 가운데 한 사람이고, 각자가 다 양면을 가지고 있다고 생각됩니다. 물론 교회 전체적인 의식(意識)의 문제겠지만, 그분들이 교회에 나와서 정말 복음의 말씀을 듣고서 남을 향해서 마음을 열고 전환될 때, 수적으로 증가하는 것이 반드시 나쁘다고 볼 수는 없겠지요.

문제는 늘 있겠지만, 우리가 예수를 믿을 때, 그의 말씀을 듣고 살려고 노력할 때, 거기에 인간의 삶의 개선이 있지 않겠어요. 그런데 교회에 오는 이들에게, 그들이 오는 것까지 근본적으로 비판해 버리고 나면, 그들은 어디로 가겠어요. 복음을 듣고 예수와 접촉하는 것을 어디에서 하겠어요. 모두 무교회주의가 되어야 할 거냐? (웃음) 저 자신도 그렇고 누구나 다 위로도 받고 싶고, 사랑도 받고 싶고, 치유도 받고 싶고, 누군가 나를 감싸주기를 바라고 하느님께 의탁하고 싶고 그렇지 않습니까?

모르겠어요, 사람이 어느 날 자기를 향한 하느님의 사랑이, 조건 없는 사랑이 나 같은 존재까지도 용서해 주시고 사랑해 주신다는 것을 깊이 깨닫게 된다면, 그리고 초라한 나를 하느님이 받아주신다는 것을 깊이 깨닫는다면, 그때 그 마음은 다른 이에게도 열리지 않겠는가.

질문하신 문제하고 제 얘기가 빗나갔는지 모르겠습니다.

조 예, 이번에는 우리가 억눌린 사람, 갇혀 있는 사람과 예수 그리스도를 일체화시켜서 생각하는 것과는 별개의 문제로 예수 그리스도가 예수를 따른다는 사람들에 의해서 교회라고 하는 체제 안에 오히려 갇혀버린 현상 같은 것은 어떻게 생각해야겠습니까?

김 우리가 교회라는 것을 정의할 때 좀 구분해야 되겠지요. 지금 말씀하신 사회적인, 인간적인 조직인 교회도 있고, 또 신앙의 눈으로 보는 교회, 즉 그리스도의 몸인 교회가 있지 않겠어요. 그러면 지금 현재 눈으로 보는 교회가 바로 믿음에서 보는 그리스도의 몸인 교회와 일치해서 딱 떨어지느냐 하면 그렇지 않지요.(웃음) 그렇다고 그 양자가 따로 있느냐 하면 그렇지도 않고요. 불완전하고 오류투성이인, 그리스도의 몸을 드러내기보다는 그리스도의 참모습을 가리는 구실도 하고 있는 거기에 그리스도의 몸이 또 있어요. 그렇지 않아요?

나는 하느님이 우리처럼 옹졸하지 않고 굉장히 관용하다고 봐요, 당신의 사도를 택하실 때처럼. 당신의 사도들은 굉장히 못난 사람들이었지요. 그렇지요? 어디 하나 완전한 사도가 있었나요. 첫 제자인 베드로만 봐도 늘 실수하고, 예수님 정신을 제대로 못 알아들었지요. 사도 바울도 자기가 질그릇 같다고 했지요. 언제나 깨지기 쉽고, 그래서 불완전해서 어떤 오류도 범하고 하는 존재들을 일꾼으로 택하셨어요. 그런 그릇 안에 하느님은 당신의 보물을 잔뜩 담아주셨어요. 거기에서 오히려 우리가 깊이 인식해야 할 것은 우리가 무슨 일이 잘 되어갈 때, 그것은 내 힘이 아니고 주께서 함께 일해 주신다, 라는 인식을 갖는 것, 자기를 자꾸 비우는 작업을 해야 더욱 더 그리스도의 모습이 드러나겠지요.

그러나 말씀하셨듯이, 오늘의 교회가 그리스도를 드러내기보다는 참된 그리스도를 가리고 있다, 그런 역할을 교회가 하고 있다는 점은 우리가 늘 생각하고 반성해야 된다고 봐요.

간디가 그랬다고 하지요. 'I like Christ, but I don't like Christians, because they are not like Christ.'(나는 그리스도를 좋아하지만, 크리스천들은 좋아하지 않는다. 왜냐하면 그들은 그리스도를 닮지 않았기 때문이다) 오늘 우리 사회에서 많은 사람들이 그렇게 비판하고 있는 것 같아요.

조 정리를 하기 위해서 다시 한 번 여쭤봐야겠는데요. 해방자 예수, 해방자로서 예수의 모습이라고 했을 때, 구체적으로 예수는 무엇에서부터 누구를 해방하려고 했는가, 예수가 해방한 구체적인 내용은 무엇이냐 하는 것을 말씀해 주십시오.

김 구체적으로 해방은 뭘 의미하는가 하는 것이겠지요? 이것은 뭐 제가 생각한다기보다는, 해방이란 인간을 참으로 인간다운 인간으로 만들어 주는 것이라고 생각합니다. 어떤 의미에서는 인간 본래의 모습, 성서적으로 표현한다면, 하느님의 모습으로 창조된 우리가 죄로 말미암아 손상됐는데 그것을 하느님이 뜻하시는 본래의 존재로 회복시켜 주는 것, 참인간으로 만들어 주는 것을 해방이라고 생각합니다. 덧붙이자면, 결국 하느님이 뜻하시는 것은 우리 모든 인간이 하느님의 자녀로 다시 태어나는 것, 그럼으로써 우리가 참으로 형제 되는 것이죠. 예수님이 말씀하신 대로, 서로 일치하고 사랑하는 것, 그래서 모두가 태양 같은 존재로 빛나는 것, 그것이 예수가 이룩하려는 해방의 작업이지요.

조 그러면 예수가 이룩하려는 해방의 작업을 막고 있는, 그래서 계속해서 인간을 억눌린 상태로 놓아두려는 세력은 구체적으로 무엇이라고 생각할 수 있겠습니까?

김 악의 세력이죠. 그것은 체제 안에도 있고, 내 안에도 있고, 교회 안에도 있습니다. 우상숭배가 있지요. 우상숭배라면 일반적으로 크리스천들은 물질로 된 것을 숭배하는 것이라고만 생각하기 쉬운데요. 모든 인간은 어떤 의미에서 우상숭배를 가지고 있다고 봅니다. '자아 우상'이지요. 근본적으로 예수의 해방을 막고 있는 것은, 그 예수에게 완전히 자리를 비워주지 않는 '자아'가 아닌가, 만일 내가 예수로 하여금 그분에게 자유를 드리고 내 안에서 일할 수 있게 한다면, 해방하실 그분을 내 안에 가두지 않고 해방시켜 드린다면, 그것이 해방이죠.

조 그 말씀이 지금까지 저희가 얻으려고 했던 핵심 같습니다.

인간의 역사를 하느님을 구속하는 역사로 파악한다고 할 때, 하느님을 해방하는 역사는 우리의 현실이 어떻든 계속해서 일어난다고 믿는데요. 지난번 몰트만이 《기독교사상》에서 좌담을 할 때, 당신이 희망을 말하는데 정말 우리에게 희망이 아직도 남아 있느냐, 라는 질문을 했었는데, 그때 몰트만의 대답이 한국에서 김지하*씨가 죽지 않고 남아 있다는 것, 또 폴란드에서 바웬사**가 노동자를 이끌고 투쟁할 수 있는 가능성이 아직 남아 있다는 것 등은 최소한 우리에게 아직도 희망이 남아 있는 증거가 아닌가 하는 얘기를 했

---

* 1941~ . 1960년대와 1970년대에는 반체제 저항시인으로, 1980년대 중반 이후에는 생명사상가로 활동하고 있는 시인이자 사상가이다. 1970년 권력층의 부정부패를 풍자한 담시(譚詩) 〈오적〉(五賊)을 발표하여 박정희 정권의 탄압을 받았으며, 1974년 민청학련 사건에 연루되어 사형을 선고받았다가 무기징역으로 감형되었다.

** Lech Walesa. 1943~ . 폴란드의 노동운동가·정치가. 공산 폴란드 최초의 자유노조인 '연대'(Solidarity)의 전국위원회 의장을 지냈다. 1983년 노벨 평화상을 받았으며 1990년 초대 직선 대통령에 당선되었다.

습니다. 그것을 언뜻 연상하면서 우리 역사에서, 한국역사뿐만 아니라 세계사에서 지금 하느님의 해방의 역사는 구체적으로 어떤 형태로 나타나고 있다고 생각되시는지요?

김 몰트만이 말한 대로 구체적인 하나의 사건을 희망의 징표로 볼 수도 있겠습니다. 그러나 예를 들어, 만일 폴란드의 자유노조가 소련군의 진주로 완전히 묵사발이 된다고 하면 그때는 어떻게 될 거냐.(웃음)

조 운동의 가능성을 보고 한 얘기겠지요.

무신론으로는 인간의 존엄, 평등 설명할 수 없어

김 물론 저는 거기에도 의미가 있다는 것을 부정하지는 않아요. 몰트만이 얘기했을 때, 그것은 자유노조가 꼭 성공한다는 것이 아니고, 그것이 더 혹독한 고난을 겪을지도 모른다는 것을 가정했겠지요.

그러면서 저도요, 시대의 징표로서 하느님께서 구원의 역사를 줄곧 행하고 계시다는 것을 느낄 수 있다고 봅니다. 이 말을 하는 것은 한편으로는 정치적인 억압, 경제적인 착취, 인간소외 등이 크게 문제되면서 또 다른 한편으로는 인간의 존엄성이라든지, 인간의 평등 등에 대한 인식이, 갈망이 강한 것을 볼 수 있기 때문입니다. 또 어느 때보다도 이 세계가 하나의 세계가 되어야 하겠다, 그것은 매스컴이나 국제무역 등 물리적인 것을 포함해서라도 인간에게 오늘의 세계는 부득이 하나의 세계가 되지 않으면 모두가 망하고 만다, 동서 양 진영의 대립, 남북문제 등을, 말하자면 그것을 초월해서 하나의 세계가 되지 않으면 존재할 수 없다는 인식이 고조되고 있지요.

그런 의미로, 국가·민족·인종·이데올로기를 초극해야 한다는 갈망 등이 강해지고 있지요. 외적으로 볼 때는, 인간의 역사가 정치권력이나 힘으로 이끌려가는 것같이 보이는데, 실제로 인간의 역사를 참되게 이끌어가는 것은 공통적으로 인간의 마음을 다시 찾게 해주시는 하느님이시다, 하는 것을 알 수 있지요.

그런데 인간의 존엄을 얘기할 때 하나 말하고 싶은 것이 있어요. 인간의 존엄을 현대인간의 지식이 증명할 수 있느냐, 또 인간이 하나 되어야겠다, 하는 것을 지식으로, 과학으로 증명할 수 있느냐, 철학이 인간의 존엄을 말하지만 철학이 증명합니까? 현대인간의 이기적인 지식이 자기가 증명하지도 못할 것을 말하고 있습니다. 인간의 존엄이 실행되는지 어떤지는 모르지만, 모든 헌법에 반영되어 있지요. 지식인들이 신문이나 다른 매스컴에서 인간의 존엄을 얘기하는데, 어떤 때는 모순을 느껴요. 그 사람이 무신론자일 수도 있지요. 그런데 무신론을 바탕으로 인간의 존엄성을 얘기할 수 있는가? 무신론이라면 인간이 존엄할 이유가 하나도 없어요. 뭐가 존엄합니까?

조 단지 포유류, 젖먹이 동물이라고 한다면, 존엄할 게 하나도 없지요.(웃음)

김 아무리 봐도 평등하지 않은데 왜 평등이냐, 인간의 존엄성을 바탕으로 해야 평등이 나오지요. 그러면 그것은 정말 믿음의 차원이라고 생각됩니다. 사람들이 그것을 인정하지 않더라도 실제로는 그것은 믿음의 차원의 이야기예요.

그러면 그렇게 역사하시는 그분이 계시다고 볼 때, 핵무기나 부를 잡고 있는 힘의 집단들이 역사를 이끄는 것 같지만, 그렇지 않지요. 옛날의 이스라엘 역사를 보면, 사건이 일어날 때는 주변 강대국들이, 마지막에는 로마제국이 그 역사를 주도해 가는 것처럼 보였죠. 그런데 실제로 역사는 나사렛 예수에게로 오지요. 로마의 핍박, 그 이전의 바빌론, 이집트 등의 핍박을 받는 소수 이스라엘 민족의 역사가 결국 그 시대의 역사를 이끌어나가지요. 역사가 주는 의미는 그런 것이 아닐까요.

조 현실적인 문제로, 우리가 몸담고 있는 교회라고 하는 것은 언제나 국가라는 한계를 뛰어넘지 못하는 속성에 젖어 있습니다. 교회가 국가라는 테두리 속에 갇혀 있는 것이 실제적인 현상인데, 이것을 극복하기 위해서는 어떻게 해야 하는가, 국가이익이라는 문제에 부딪쳤을 때 언제나 교회가 세계를 생각하기보다는 국가와 밀착되어 버리는 것이 오늘날 세계 교회의 현상이 아닌가, 따라서 국가에 의해서 교회가 갇혀 있지 않느냐, 그런 면에서 교회의 해방은 어떻게 이루어질 수 있겠습니까?

김 저는 이렇게 생각합니다. 교회가 어느 사회 속에 있을 때 그것은 사회 속의 교회고, 국가 속에 있을 때 그것은 국가 속의 교회이지요. 또 그래야 된다고 봐요. 말하자면 그 사회 속에서, 그 속에서 사는 모든 사람들과 더불어 희로애락을 나누는 것이 정말 교회다, 또 넓게 세계를 보면 세계 속의 교회이고 그것을 떠난 교회가 있을 수 없지요. 왜냐하면 교회는 그리스도의 몸이기 때문에 그리스도 자신이 세계 속에 육화(肉化)되어 있고 모든 사람과 유대를 가지고 있습니다. 그래서 그 그리스도의 교회일진대 모든 사람과 유대를 가져야지요.

그러나 한편은 교회가 땅에서 솟아난 교회가 아니고, 그리스도로부터 창립된 교회이기 때문에 세상에 속하지 않지요. 그러면서도 세상 속에 있는 교회란 말이죠. 그러니까 교회는 속성으로 봐서 세상에 속하지 않는다, 그러나 세상 속에 있다고 말할 수 있겠지요?

조 말씀하시는 뜻은 알겠습니다. 그러나 그 세상 속에 속해 있는 교회가 가령, 국가와 국가의 대립, 민족과 민족이 대립하는 정치적인 사건이 빚어질 때는 교회가 국가라는 테두리를 벗어나서 하나의 세계, 인간의 존엄성을 보여주어야만 할 때, 현실적으로 그렇게 하지 못할 때 오는 갈등은 어떻게 해결해야 하는가 하는 것이죠.

오늘의 교회가 해야 할 일, 그것은 무엇인가

김 내가 크리스천인데 동시에 이 나라의 국민이다, 시민이다. 그 시민의 의무와 크리스천의 삶이 갈등을 가져올 수가 있지요. 마찬가지로 교회도 하나의 조직으로서 확대된 의미의 갈등을 가지겠지요.

그러나 크리스천으로서, 혹은 교회로서 늘 생각해야 할 것은 무엇이 그가 속한 겨레와 국가의 참된 선이냐, 구체적인 국가적인 집단이 말하는 이익이 반드시 이 겨레의 참된 이익이냐 할 때는 문제가 다르지요. 공동선(共同善)이라는 것이 반드시 어떤 정치권력이 말하는 국가이익과 똑같은 의미로 떨어지는 것은 아니지요. 맞을 때도 있고, 굉장한 차이가 있을 때도 있지요. 그럴 때, 크리스천이기 위해서, 바로 그가 속한 겨레와 국가를 사랑하기 때문에, 권력에 의해서 주어지는 이익이 참된 것이 아니라고 한다면 뚜렷이 말해야겠지요.

예를 들어 히틀러 때, 많은 독일인들은 히틀러를 따르는 것이 국가적인 이익이라고 생각해서 히틀러를 따랐지요. 그러나 소수였지만 본회퍼와 같은 상당수 크리스천들은 그것이 독일 민족을 위해서도 이익이 아니라는 것을 분명히 알고서 저항했지요. 또 그분들의 순교가 결과적으로 맞지 않았습니까? 히틀러가 독일을 위한다고 한 것이 독일을 망하게 한 것이지요.

오늘도 문제 하나하나를 보면 까다롭고 어려움에 놓을 때가 많은 것 같아요. 예를 들어 동서관계를 볼 때, 미국사람들이 생각할 때는 소련이 군비확장을 한다, 그것이 세계평화에 위협이 된다. 그래서 이편에서도 군비확장을 해야만 평화를 유지할 수 있다고 생각할 수 있지 않겠어요? 그래서 서로 군비경쟁을 하게 되면 언젠가는 그것이 오히려 세계를 완전히 파괴하는 위험이 증대한다고 볼 수 있지요. 그렇다고 레이건보고 당신도 크리스천이니까 군비경쟁을 중지해야 한다고 말할 때, 그것이 먹혀들어가겠느냐, 안 먹혀들어가지요. 결국 서로가 믿고 한 테이블에 앉아서 서로를 조정하면서 핵무기 생산을 중단하고 오히려 그것을 폐기해 나가자고 하는 것이 길인데, 그것이 안 되는 데서 실제적인 어려움이 따르지요.

그러나 크리스천은 그런 세계 속에서도 비록 그런 소리가 먹혀들어가지 않더라도 옛날의 예언자들이 박해를 받으면서도 해야 할 소리를 한 것 같이 해야 되겠지요.

조 바로 그 말씀이 지금 제가 드리려고 하는 말의 대답이 되는 것 같은데요, 하느님의 해방의 역사를 이 땅에 실현하기 위해서 교회가 해야 할 일, 그것은 무엇인가 하는 것을 자세하게 마무리지어 주시고, 마지막으로 이것이 12월호가 되니까 이 땅의 모든 크리스천들에게 들려주시고 싶은 메시지가 있으시면 해주시지요.

김 오늘 이 시대가 정말 어려운 것 같아요. 그전부터 써오던 말이지만, 양극화현상이 그전보다 더 심각하게 되어가지 않느냐는 느낌이 드네요. 나라를 힘에 의해서 억지로라도 끌고 가야 하겠다, 소수일지 모르지만 이제는 힘밖에 남은 것이 없다는 경향이 고조되어 나갈 때 우리가 어떻게 되겠는가 하는 우려가 있어요.

이럴 때 교회는 모든 경우에서 상처 입기 쉽지요. 진정 교회가 교회다울 때는 힘이 있는 것이 아니고, 그리스도처럼 상처 입기 쉽지요. 유대인과 이방인을 하나로 묶기 위해서 결국 그리스도가 취한 길은 다른 것이 아니고, 자기 스스로를 십자가에 바쳤지요. 이 시대에서도 교회가 해야 할 역할은 그것이 아닌가, 이렇게 느껴집니다. 글쎄, 그게 어떻게 구체적으로 실현되어야 하는가는 내다볼 수 없지만, 우리에게 제일 필요한 것은 사람과 사람이 서로 미워하지 않고. 서로 받아들이고 손을 잡아야 되는 것이 아닌가 합니다.

이른바 흑백논리라는 것이 있는데, 그것이 연장되면 어느 층이 없어져야 된다는 것이죠. 요전에 《조선일보》에 이태영 박사님이 쓴 글을 읽었는데, 참 참고할 만하다고 생각해요. 예를 들어 젊은 세대가 생각할 때는 40대 이상의 기성세대는 깡그리 없어져야 한다. 또 정치·경제를 지도하는 기성세대가 볼 때는 젊은 층은 깡그리 없어져야 한다는 식으로 서로 받아들이지 못한다면, 이 층 저 층 다 빼면 무엇이 남느냐는 것이죠. 늙어서 안 돼, 젊어서 안 돼, 또 여자라서 안 돼, 하면 무엇이 남겠느냐는 것이지요.

내년은 특별히 유엔이 정한 노인의 해이지요. 이 사회가 정말 노인을 비롯해서 지체부자유자 등 약한 자를 위해서, 또 지금은 아직 사회의 주인 자리에 있지 못하지만 장차 주인이 될 사람들로서 신선한 양심과 이상을 지닌 젊은 세대를 위해서 서로 넓은 마음으로 받아들일 때, 이 사회는 건전하게 발전할 수 있지 않겠습니까? 그런 필요성 속에서 교회는 스스로 바로 그런 마음을 증진시켜 나가야겠지요. 그런 의미에서 교회는 예수님이 가신 십자가의 길을, 고난의 길을 가야 하지 않겠는가, 하고 생각합니다.

조 시간이 많이 지났습니다. 좋은 말씀 감사합니다.

《기독교사상》 1981년 12월호

■ 김수환 추기경과 대화를 나눈 사람들

박권상(朴權相)

1929~. 서울대 영문과 졸업. 《한국일보》 논설위원. 《동아일보》 논설위원 · 편집국장. 제5공화국 언론통폐합 정책으로 1980년 강제해직. 《시사저널》 주필. KBS 사장(1998~2003).

정운성(鄭運成)

1945~. 고려대 정치외교학과 졸업. 《조선일보》 체육부 · 사회부 · 정치부 기자. 《조선일보》 사회부 차장. 《스포츠조선》 사회레저부 부장 · 경영기획실 부실장.

손세일(孫世一)

1935~. 서울대 정치학과 졸업. 미국 인디애나대학교 대학원 졸업. 일본 도쿄대 대학원 졸업. 《사상계》 편집장. 《신동아》 편집장. 《동아일보》 논설위원. 11, 14, 15대 국회의원.

선우휘(鮮于輝)

1922~1986. 경성사범학교 졸업. 《조선일보》 사회부 기자. 대령 예편. 《한국일보》 논설위원. 《조선일보》 논설위원 · 편집국장 · 주필 · 논설고문. 방송심의위원장. 소설가. 동인문학상 수상. 작품 《불꽃》, 《망향》 등이 있다.

강원룡(姜元龍)

1917~2006. 일본 메이지학원 졸업. 한국신학대(한신대) 졸업. 미국 유니언 신학대학 졸업. 미국 뉴스쿨대학원 졸업. 경동교회 목사. 한국기독교협의회 회장. 크리스천 아카데미(현 대화문화 아카데미) 설립. 세계기독교협의회(WCC) 위원.

이병주(李炳注)

1921~1992. 일본 메이지대학 문예과 졸업. 일본 와세다대학 불문과 중퇴.《국제신보》주필 겸 편집국장. 소설가. 한국문학상·한국창작문학상 수상. 작품《지리산》,《관부연락선》등이 있다.

최일남(崔一男)

1932~. 서울대 국문과 졸업.《민국일보》·《경향신문》문화부장.《동아일보》문화부장·편집국장. 제5공화국 언론통폐합 정책으로 1980년 강제해직.《동아일보》논설위원.《한겨레신문》논설위원. 소설가. 작품《쑥 이야기》,《흐르는 북》등이 있다.

정훈(丁薰)

1944~. 고려대 행정학과 졸업.《한국일보》문화부 기자·도쿄특파원·국제부장.《서울경제신문》사회부장·출판국장·논설위원. 서울특별시립 한남직업전문학교 교장.

이준우(李俊佑)

1937~. 연세대 정치외교학과 졸업.《조선일보》문화부장. 한국데이터베이스진흥센터 전무. 중앙대 신방대학원 객원교수.

남중구(南仲九)

1940~2008. 서울대 정치학과 졸업.《동아일보》정치부장·런던특파원·편집부국장·논설실장. 신문방송편집인협회 회장.

정달영(鄭達永)

1939~2006. 한국외대 독일어과 졸업.《한국일보》문화부장·편집국장·상무이사·주필. 한국외대 신문방송학과 겸임교수.

276

반영환(潘永煥)

1936~2004. 서울대 국문과 졸업. 《조선일보》·《경향신문》 기자. 《서울신문》
문화부장·편집 부국장·논설고문. 방송위원회 심의위원. 《한국문화재신문》 사장.

이종석(李種奭)

1935~. 서울대 국문과 졸업. 《동아일보》 문화부장·논설위원·상임고문. 독
립기념관 이사. 한국문화정책개발원 원장.

오홍근(吳弘根)

1942~. 고려대 국문과 졸업. 《동양방송》 기자. 《중앙일보》 사회부장. 국정홍
보처장. 청와대 대변인. 한국가스공사 사장.

김희진(金禧鎭)

1934~2004. 서울대 법학과 졸업. 일본 게이오대학 석사과정 수료. KBS 해설
위원. 《한국경제신문》 논설위원. 월간 《에머지》 논설담당 편집위원.

강은교(姜恩喬)

1945~. 연세대 영문과 졸업. 동 대학교 국문과 대학원 졸업. 동아대 국문과
교수. 시인. 현대문학상·정지용문학상 수상. 시집 《허무집》, 《빈자일기》 등이
있다.

조만(曹滿)

1941~. 서울신학대학 졸업. 연세대 연합신학원 졸업. 대한기독교서회 간행
《기독교사상》 주간. 인천 서머나 성결교회 담임목사. 역서로 《성서의 노동관》
(리차드슨), 《인간이 되신 하나님》(존 메쿼리) 등이 있다.